엄마를
요리하고
싶었던
남자

엄마를
요리하고
싶었던
남자

**현대사회가 낳은
불안과 광기에 관한
특별한 관찰기**

마갈리 보동 브뤼젤 · 레지 데코트 지음

이희정 옮김

푸른
지식

이 도서의 국립중앙도서관 출판시도서목록(CIP)은 e-CIP홈페이지(http://www.nl.go.kr/ecip)와
국가자료공동목록시스템(http://www.nl.go.kr/kolisnet)에서 이용하실 수 있습니다. (CIP제어번호 : CIP2016007108)

엄마를 요리하고 싶었던 남자

초판 1쇄 발행 2016년 4월 5일

지은이 마갈리 보동 브뤼젤 · 레지 데코트
옮긴이 이희정
펴낸이 윤미정

책임편집 차언조
책임교정 김계영
홍보 마케팅 이민영

펴낸곳 푸른지식 출판등록 제2011−000056호 2010년 3월 10일
주소 서울특별시 마포구 월드컵북로 16길 41 2층
전화 02)312−2656 팩스 02)312−2654
이메일 dreams@greenknowledge.co.kr
블로그 www.gkbooks.kr

ISBN 978−89−98282−69−1 03180

잘못된 책은 바꾸어 드립니다.
책값은 뒤표지에 있습니다.

광기와 고통에 관한
인간 내면 관찰기

광기, 감금당한 광기에 대한 궤변들 가운데 어떤 것도 나는 잊지 않았다. 그리하여 나는 그 모든 것을 다시 말할 수 있을 것이다, 그 체계를 장악하였으니.

    내 건강은 위협받았다. 공포가 찾아왔다. 나는 여러 날 잠에 빠져 있었다. 일어나도, 가장 슬픈 꿈을 계속 꾸었다. 죽음의 시기가 무르익었으며, 내 연약함은 많은 위험이 도사리는 길을 통해 이 세계와 어둠과 소용돌이가 가득한 나라인 키메리아의 경계로 나를 데려갔다.

아르투르 랭보, 「지옥에서 보낸 한철」

세월이 흐르면서 나는 결정적인 만남이 뜻밖의 순간에 이루어질 때가 얼마나 많은지 알아차렸다. 마치 그 순간을 위해 계속 주의를 기울인 이들을 걸러낸 것처럼, 그런 만남은 부지불식간에 찾아온다.

    우리 아들들이 다니던 초등학교 복도에서 마갈리 보동 브뤼젤 박사를 처음 만났다. 당시 각각 일곱 살, 여덟 살이던 아이들은 서로 절친

한 사이였다. 마갈리와 친해지게 되면서 그녀가 매우 독특한 일을 한다는 사실을 알고, 하루는 그녀에게 근무하는 정신과중환자병동(UMD, Unité pour malades difficiles)을 견학할 수 있느냐고 물었다. 나는 첫 소설을 막 내놓은 참이었는데, 이러한 호기심은 내 상상력의 원천이었다. 마갈리가 내 관심을 예민하게 받아들일 수도 있었다. 하지만 자기 일에 열정적이었던 그녀는 자신의 일상을 나누는 것에 흥미를 느끼는 듯했다. 내가 어쩌면 언젠가 자신의 이야기를 책에 쓰게 될지라도 말이다.

2003년 4월 3일, 처음으로 나는 폴기로(Paul-Guiraud)정신병원의 앙리콜랭(Henri-Colin)정신과중환자병동 안으로 들어갔다. 두꺼운 돌벽으로 사방이 둘러싸인 그곳은 위험한 정신질환자를 수용하고자 안전한 빌주이프(Villejuif)의 구시가지에 지었다. 마갈리에게서 몇몇 사례를 미리 들어둔 나는 매우 끔찍한 범죄를 저지른 사람들이 그곳에 입원해 있다는 사실을 알았다. 접근하기 어렵기로 유명한 폐쇄된 세계의 문턱을 넘기 전에 흔히들 그러듯 나 역시 가벼운 흥분을 느꼈다. 그때까지 나는 바로 그 순간이 내 작업과 삶에 어떤 영향을 미칠지 전혀 몰랐다.

당시 마갈리는 신입 환자를 받는 38병동에서 근무했다. 그곳에 오는 환자는 대부분 상태가 불안정한 데다 파악하기 어려운 이들이었다. 마갈리는 여러 병동, 병실, 구내식당, 작업 치료실, 바깥세상과 단절된 산책로 등을 보여주며 병원 내에서 환자를 어떻게 관리하고 치료하는지, 보안 조치는 어떻게 이루어지는지 설명해주었다. 간호팀 구성원들도 소개해주었는데, 나는 그들의 전문성과 인간미에 무척 감명을 받았다. 간호팀은 환자가 기댈 마지막 보루이므로 절대로 꺾여서는 안 되고 어떤 일이든 이겨내야만 했다. 그건 지금도 마찬가지다.

오랫동안 내 기억 속에 남은 장면이 있다. 마갈리와 나는 남성 간호사 한 명과 함께 환자들이 하루 대부분 시간을 보내는 공동 거실을 지나가고 있었다. 그런데 환자들이 주치의인 마갈리를 알아보자마자 그녀 주위를 에워싸고 온갖 질문을 쏟아내기 시작했다. 최악의 일을 겪고 무거운 과거에 짓눌린 그들은 자신들의 불안감에 대한 답을 의사에게 얻고자 했다. 마갈리를 새삼 다시 보게 되었다. 새하얀 블라우스를 입은 마갈리가 태양처럼 환히 빛났다. 키가 늘씬하게 큰 그녀는 마치 환자를 굽어살피는 성녀 같았다.

정신과중환자병동 첫 방문 때 나는 전문가를 위한 정신의학 교과서와 자료를 잔뜩 얻고, 머릿속에 여러 가지 장면과 아이디어를 가득 담아왔다. 이를 바탕으로 혼란스럽고 끔찍한 세계에 기초한 소설을 쓰는 데 전념했다. '중증 정신질환'이라고 불리는 문제에서 착안하여 플롯을 짜기도 했다. 마갈리가 열쇠를 준 이 세계는 내게 특별한 반향을 불러일으켰다. 어쩌면 그녀의 환자들에게서 어마어마한 고뇌를 발견해서일지도 모르고, 또 어쩌면 그들의 끔찍한 범죄에서 말로 할 수 없는 어떤 불안의 구체적이고 극단적인 표현을 보아서일지도 몰랐다.

그로부터 채 2년이 지나지 않은 2005년 1월, 내 신작 『38 병동 (Pavillon 38)』이 출간되었다. 소설 속 여주인공은 마갈리에게서 모티브를 따왔다. 한 여성 정신과 의사가 확실치 않은 진단을 받은 사악한 환자를 병원에서 내보내서 벌어지는 이야기를 담은 소설인데, 우아한 마갈리는 고맙게도 내게 악감정을 품지 않았다.

10년 만에 마갈리 보동 브뤼젤 박사는 자기 분야에서 최고 권위자가 되었다. 그리고 나는 정신의학에서 소재를 얻은 소설 몇 권을 썼다. 그동안 나는 그녀가 발전하는 모습을 생생히 지켜보았다. 젊은 정신과 의사가 차츰 책임이 있는 자리에 오르며 더욱 강인한 인간이 되어갔다. 마갈리는 '괴물'과 대면하면서 그것을 길들였다. 처음에는 허구와 현실을 오가는 가벼운 책을 쓰려고 했다. 하지만 쓰다 보니 소설이 아니라 마갈리 자신이 화자이자 주요 인물인 다큐멘터리가 되었다. 이것은 병과 환자를 대면한 정신과 의사의 이야기다. 물론 환자들의 이름은 가명을 사용했다.

이 책은 우리 두 사람이 깊이 대화를 나누고, 원고를 같이 쓰고, 끊임없이 함께 검토한 결과물이다. 내가 마갈리에게 던진 순진무구한 질문들이 정신의학에 대해 잘 모르는 독자의 호기심을 충족해주길 바란다. 내게는 정신의학 전문가가 글솜씨와 더불어 말로 표현할 수 없는 수수께끼들을 하나하나 풀어내는 이야기 솜씨도 갖추었다는 것을 발견하게 된 기회이기도 했다.

레지 데코트

무엇보다 이 책은 여기에 나오는 환자들과 내가 만났던 모든 환자에게 바치는 헌사다. 환자들은 자신들의 고통과 깊숙한 내면을 내게 선물로 주었다. 그들이 내게 준 믿음과 성실함에 나는 언제나 깊은 감동을 느꼈다. 그들에게 폐를 끼치지 않고자, 또 그들과 함께했던 작업에서 알게 된 비밀을 존중하고자 환자들의 이름과 성, 그들을 만난 기간과 장소는 임의로 바꾸었다. 나는 남녀노소, 재산과 지위를 불문하고 많은 사람을 만났다. 그들 모두 고통에 시달리며 심각한 범죄를 저질렀는데, 망상장애, 조현병(정신분열증), 양극성기분장애(조울증), 반사회적 인격장애(사이코패스) 등 사람들이 위험한 정신질환이라고 일컫는 병을 앓고 있었다.

열두 개 정도의 임상 사례를 무작위로 소개하겠다. 마치 진료소에서 환자를 진찰할 때, 혹은 교도소에서 신입 환자를 맞을 때 누가 어떤 병으로 들어올지, 어떤 이야기를 들려줄지 알지 못한 채로 그들을 만나는 것처럼 말이다. 이들은 정신의학에서 분류하는 위험한 질환자가 아니라 자신을 지키려 안간힘을 쓰는 약한 존재이자 인류의 구성원이다. 그들에게 이 자리를 빌려 다시 한 번 인사를 건네고 싶다.

마갈리 보동 브뤼젤

1부

"나는 어머니의 목을 졸랐어요. 그전에 어머니를 흠씬 두들겨 팼는데, 어머니가 내 앞에서 또다시 뻔뻔스럽게 거짓말하는 것 같았거든요. 나는 어머니를 확실히 죽이고 싶어서, 어머니의 목을 잘라냈어요. 그런 다음 머리를 여러 가지 향신료와 함께 냄비에 집어넣었지요. 어머닌 아버지를 서서히 죽이고 싶어 했어요. 그래서 먹을 걸 전혀 만들어주지 않거나, 작은 접시에 담아줬죠. 아버지는 어머니가 준 음식을 보고 화를 냈어요. 나는 어머니가 귀신에 사로잡혀 있었다고 생각해요. 직장에서 승진한 다음부터 그렇게 된 거예요." ― '엄마를 요리하고 싶었던 남자' 중에서

엄마를 요리하고
싶었던 남자

그날 아침, 나는 우리끼리 하는 이야기로 '새내기를 풀어주는 사람'이 되어서 다들 일벌처럼 부지런히 움직이는 교도소 1국에 느지막이 도착했다. 1층에 있는 탁자에 나사로 고정해놓은 팔걸이 없는 의자에 앉은 경비원이 5층 통로에 매달린 남자에게 고함을 질렀다. 경비원은 그 남자에게 족히 1920년부터 사용되었을 것 같은 마대를 좀 더 빨리 내리라고 소리쳤다. 마대 속에는 교도소 구내식당에서 사용하는 수감자용 식권이 들었다. 경비원이 줄을 풀자 마대는 교도관의 손으로 들어갔다. 고릿적 방식이지만 효율적이었다.

그날따라 새로 온 사람이 너무 많아서 다들 우왕좌왕 움직였다. 수감자는 열에서 열두 명씩 무리를 지어서 대기실에서 기다렸다. 무거운 문은 철 빗장이 걸려 있는데, 빗장을 빼서 문을 열면 벽 가득 야한 낙서가 보였다. 매주 지워도 소용없었다. 안쪽에 있는 수감자는 대개 젊은 남자인데 유치장 생활에 지친 기색이 역력했다. 며칠 동안 제대로 씻지도 못해서 체취가 진동했다. 하얀 옷을 입은 신체 간호 부서의 간호

14

사들이 왔다 갔다 했다. 우리 과에서 일하는 간호사들도 1층의 넓은 공간을 바쁘게 돌아다녔다. 건물 전체에 햇빛이 들게 해주는 6층의 커다란 창에 차가운 비가 부딪쳐 흘러내렸다. 아래층에는 간호사실, 보건부서, 보호관찰 및 이감 업무 담당 부서, 경비원실, 교도관실, 과장 사무실이 있었다. 위층에는 1~3인이 사용하는 수용실이 있는데, 텔레비전이 늘 켜져 있었다.

너무 소란스러워서 다들 신경이 곤두섰다. 나는 감기에 걸렸는데 머리가 깨질 듯이 아팠다. 정신과 간호사인 데이지는 새로 들어오는 모든 사람을 검진한 뒤 의사에게 취약해 보이는 사람, 정신병에 걸리거나 걸릴 위험이 있는 사람을 보고하는 업무를 맡고 있었다. 데이지는 내가 너무 늦게 도착해서 기분이 썩 좋지 않았다.

"오늘은 열여섯 명인데, 제가 벌써 아홉 명을 봤거든요. 선생님이 일곱 명을 보시면 되는데, 저기 저 사람은 지금 바로 보셔야 해요."

데이지는 내게 수사판사(juge d'instruction, 프랑스의 독특한 사법 제도. 경찰을 지휘하고, 사건을 수사하며, 구속영장을 발부하고, 기소하는 판사—옮긴이 주)가 쓴 메모를 건네주었다. 메모에는 그 피의자를 "적어도 정신분석 전문가가 도착할 때까지" 격리 구역에 감금해야 하고, "정신과 검진을 긴급하게 실시해야 할 것"으로 보이고, "지역정신보건센터(SMPR, services médico-psychologiques régionaux)에서 관찰과 검진을 해야 한다는 처방이 있었음"이라고 적혀 있었다. 나는 이미 그에 관한 정보가 있었다. 범죄 기록을 보니 가중처벌의 사유가 되는 존속살해라고 나와 있었다.

"어머니를 죽이고 머리를 잘랐다나 봐요."

데이지가 덧붙였다. 그녀는 다소 까다로운 성격이지만, 공감도 잘 하고 다정한 간호사였다. 특히 젊은 약물중독자에게는 어머니처럼 관심을 보였다.

"저한테는 아무 말도 하지 않아요. 배가 아프다고 불평만 하고요. 정신병원에서 퇴원한 경력도 있어요."

데이지는 바빴다. 나 역시 죄책감을 느끼며 흰 가운을 입고 서둘러 일에 달려들었다.

그렇게 해서 만나게 된 뤼드비크는 눈빛이 어둡고 피부가 아주 창백했다. 그는 젊고, 아니 젊어 보이고, 호리호리하고, 팽팽히 긴장한 것 같고, 머리가 좋아 보였다. 우리는 몇 마디 말을 나누었다. 그는 피곤하다고 했고, 나는 곧바로 정신과입원병동(UPH, unité psychiatric d'hospitalisation)에 입원하기를 권했다. 뤼드비크는 오만상을 찌푸리며 약간 주저하는 투로 그러겠다고 했다. 얼굴을 찡그리는 이유는 복통 때문이라고 했다. 5분 후 나는 사무실에서 나와서 교도관을 불러 말했다.

"뤼드비크 씨는 지금 여기서 나갑니다."

나는 이감 신청서에 서명하고 총무실로 부리나케 내려갔다. 총무실은 신입 수감자 대기실 바로 옆에 있었다.

"우리가 뤼드비크 씨를 데려가요. 정신과입원병동에서 다시 볼 겁니다."

총무를 담당하는 넬리가 습관처럼 나를 보고 생긋 웃으며 모든 일을 처리해주었다.

환자는 취약자 구역에서 의사가 소지를 허용한 개인 물건을 넣은 꾸러미를 들고 경비원에게 이끌려 정신과입원병동으로 온다. 그곳에서 흰 가운을 입은 직원들이 그를 맞으며 구두끈, 허리띠, 볼펜, 면도칼, 라이터 등 위험한 물건을 사흘간 맡기라고 요청한다. 특별한 반대 의견이 없는 한 일반 수감자에게는 소지가 허용되는 물건이지만, 정신과입원병동에서는 금지한다. 환자는 텔레비전이 있는 개인 수용실에 배치된다.

나는 신입 수감자를 검진하는 일을 계속했고, 정오가 지나서야 1국에서 나왔다.

뤼드비크가 범죄를 저지르고 이틀 후에 정신병원에 입원하도록 조처하였고, 그곳에서 일주일 정도 머물렀다. 입원 당시 작성된 보고서가 오후에 팩스로 왔다.

"환자는 이웃집에 침입해 일본제 무기로 매우 난폭하고 이해할 수 없는 방식으로 공격을 가했다. 이에 출동한 경찰이 환자를 병원으로 데려왔다. 환자는 이웃 사람에게 본인 모친의 가방을 달라고 요청했다. 그는 흥분한 상태였고, 구류를 계속할 수 없을 만큼 정신이 혼미했다. 환자가 병원에 도착했을 즈음, 이웃들과 환자 모친의 직장이 이틀 전부터 모친이 실종되었음을 알려왔다."

사건 이후에 내려진 결론은 경악할 만한 것이었다.

"논리 정연하게 진술하며, 정신병으로 사고 능력을 상실했다는 징후가 전혀 없다. 지속적인 망상(정신의학 관련 용어는 책 말미의 용어 부분에 따로 모아 설명했다.) 요소와 의심은 약물 복용의 부작용과 같은 정신 병리적 문제로 보인다." 최종 결론은 이랬다. "약물 남용으로 인한 급성 행동장애(지속해서 타인의 권리를 침범하거나 나이에 걸맞지 않게 사회적 규범을 어기는 행동이 나타나는 장애-편집자 주(출처 : 두산백과))로 보인다."

엉성한 정신과적 관찰이 범법 행위를 저지른 정신질환자를 사이코패스로 둔갑시키고, 혼란스러운 상태에서 겪은 망상을 약물 복용 탓으로 돌리고 있었다. 하지만 우리는 뤼드비크에게 망상장애(편집증, paranoia)라는 진단을 내렸고, 나중에 그를 검진한 전문가들의 의견도 마찬가지였다.

다음 날 뤼드비크는 정신과입원병동에 없었다. 도착한 당일 저녁에 충수염이 의심되어 병원 응급실로 실려 가서 충수 천공으로 말미암은 복막염으로 즉시 수술을 받았다. 수술 후속 조처 역시 별다른 문제가 없었다. 나중이 되어서야 심각하긴 해도 특별할 것은 없는 이러한 소화 기능 상실이 어떤 상징적 의미가 있는지 알게 되었다. 뤼드비크의 이야기와 사건을 되짚어보면 이 수술은 전혀 다른 의미가 있다.

그로부터 일주일 후, 뤼드비크는 정신과입원병동으로 돌아왔다. 인턴 라울이 그를 맞았다. 지중해 연안 지방 출신인 과묵한 라울을 나는 참 좋아한다. 그 다음 날, 나는 차트에 적힌 라울의 메모를 읽었다.

"환자는 냉정한 태도를 보이고, 자신의 행동을 후회하지 않는다고 설명한다. 울기도 하지만 자부심을 느낀다고 주장한다. 긴장돼 보이고, 수술을 받아서 눈에 띄게 피곤해 보인다."

간호사실로 쓰는 조그만 방에 도착하자마자 나는 뤼드비크가 실제로 어떤 짓을 저질렀는지에 대한 브리핑을 이미 들은 상태였다. 하지만 나는 차트를 읽다가 다리가 풀려서 의자에 털썩 주저앉았다.

"환자는 자신의 모친이 부친 몰래 바람을 피웠으며, 그 때문에 자신이 모친을 죽이고 몸통에서 머리를 떼어냈다고 주장한다."

라울은 뤼드비크가 불안해하고 해석망상(환각이 없거나 있어도 드물고, 현실의 사건이나 실제 감각을 기점으로 잘못된 추론이나 해석을 발전시키는 망상-편집자 주) 증상을 보인다고 썼다. 그리고 도저히 믿기 어려운 이야기가 이어졌다.

"환자는 모친의 머리를 요리했다. 생전에 모친이 요리를 무척 잘했으므로, 모친을 요리로 만드는 것이 당연하다고 생각했다."

뤼드비크는 1년 넘게 입원할 예정이었고, 우리는 그의 치료 과정과 사법적 처리 과정을 함께할 터였다. 또한, 뤼드비크의 행위가 우리 각자에게 불러일으키는 공포심을 팀 차원에서 함께 연구했다. 소박하고 영민한 뤼드비크에게 우리는 차츰 연민을 느끼게 되었다. 그의 차가운 고통 속에 얼마나 심각한 병이 자리 잡고 있는지를 알게 되었기 때문이었다. 그 병은 뤼드비크의 책임이 아니었다.

지금 내가 손에 든 뤼드비크의 차트에 간호 관찰 기록이 남아 있다. 간호사들은 언제나 단순 명료한 필체로 방대한 기록을 남겨놓는다. 해독할 수 없을 정도로 휘갈겨 쓴 필기체, 특히 내가 쓴 글씨가 많고 처방이나 진단 결과 들도 적혀 있다. 내 책상 위에는 뤼드비크의 목에 둘러졌던 굵고 튼튼한 검은 끈이 놓여 있었다. 끈은 가을의 늦은 오후 햇빛을 받아 기이하게 번쩍거렸다. 경찰청에서 보낸 공문서 위에 고양이가 엎드려 있었다. 내가 키우는 조그만 다갈색 고양이인데, 늘 졸린 듯한 눈을 하고 있다. 공문서에는 "정신질환으로 말미암은 범죄행위를 책임질 수 없다는 예심 법원의 선고에 따라 구금을 중단하고" 중환자병동으로 환자를 이감하라고 적혀 있었다. 기념품 몇 개와 정신과 진료 이력이 적힌 2절판(A4) 용지 수백 장이 내겐 가장 인상적이었다.

다시 뤼드비크의 이야기로 돌아가 보자. 치료감호소로 돌아온 지 이틀째 되는 날, 뤼드비크는 수술이 끝난 후 자신이 새로운 위와 창자를 갖게 되었다고 믿었다. 아예 소화기관이 통째로 바뀌었다는 생각조차 했다. 그런 생각에 잠도 제대로 자지 못했다. 간호사 나디아가 뤼드비크를 다독이며 아니라고 설명해주었다.

뤼드비크는 의사와 계속 상담했는데, 담당 의사는 실비였다. 실비는 주장이 강하고 똑똑한 여성이다. 차트에서 실비가 쓴 부분을 읽는데, 이유는 알 수 없지만 분홍색 펜을 사용했다. 뤼드비크는 이렇게 말했다.

"어머니가 완전히 다른 사람이 되었어요. 내 물건을 훔쳐서 남한테 주더라고요. 돈 때문에 그런 짓을 하는 거죠. 아버지를 죽이고 싶어 했어요. 내가 확실히 알았어요. 내가 떠날 수도 있었지만, 그건 인명 구조 태만죄잖아요. 예전엔 어머니가 우리에게 맛있는 음식을 많이 만들어 줬었는데, 그렇게 딴사람이 된 후론 먹을 게 쿠스쿠스(밀가루를 손으로 비벼서 만든 좁쌀 모양의 알갱이, 또는 여기에 고기나 채소 스튜를 곁들여 먹는 북아프리카의 전통 요리-옮긴이 주)밖에 없었어요."

실비가 조악한 인조가죽 의자에 앉아 뤼드비크를 마주하는 모습이 눈에 선했다. 옆에는 회색 머리칼의 과묵하고 감수성이 예민한 남성 간호사인 토마가 묵묵히 뤼드비크의 이야기를 듣고 있었을 터였다. 뤼드비크가 말문이 막혀 입을 다문다면, 실비는 늘 그렇듯 따뜻한 눈빛으로 그를 바라보며 말했을 것이다.

"그래서요?"

뤼드비크는 말을 이어나가고, 실비는 다시 적어나가기 시작한다.

"나는 어머니의 목을 졸랐어요. 그전에 어머니를 흠씬 두들겨 팼는데, 어머니가 내 앞에서 또다시 **뻔뻔스럽게** 거짓말하는 것 같았거든요. 나는 어머니를 확실히 죽이고 싶어서, 어머니의 목을 잘라냈어요. 그런 다음 머리를 여러 가지 향신료와 함께 냄비에 집어넣었지요. 어머닌 아버지를 서서히 죽이고 싶어 했어요. 그래서 먹을 걸 전혀 만들어주지 않거나, 작은 접시에 담아줬죠. 아버지는 어머니가 준 음식을 보고 화를 냈어요. 나는 어머니가 귀신에 사로잡혀 있었다고 생각해요. 직장에서 승진한 다음부터 그렇게 된 거예요."

실비는 분명히 고개를 끄덕였을 것이고, 언제나 그렇듯 악수를 나누며 상담을 끝냈을 것이다. 이어지는 며칠 동안 간호사들은 뤼드비크가 울적하고 불안한 모습을 보인다고 썼다. 그는 치료를 받을 때 망설이는 듯했고, 늘 혼자 있었다.

겨울이 지나면서 뤼드비크의 상태는 조금씩 좋아졌다. 자주 울적해했지만 사람들이 물으면 자신의 행위를 이야기해주었다. 전문가들이 그를 보러 왔다. 뤼드비크는 어머니가 돈을 보내주던 삼촌을 걱정했다. 삼촌에게서는 소식이 없었고, 요양 기관에 보내진 듯한 아버지에게서도 마찬가지였다.

봄이 되자 뤼드비크는 자살하고 싶은 생각이 불쑥불쑥 들다가 사라진다고 했다. 상담을 계속하면서 조금씩 나아지는 모습을 보였다.

뤼드비크가 우리를 신뢰한다는 것을 느낄 수 있었다. 이제 그를 다른 사람들에게 소개할 순간이 온 것이다.

내가 전체 진료 팀 앞에서 공개 상담을 할 수 있겠느냐고 하자 뤼드비크는 동의했다. 상담은 치료감호소 3층 대강의실에서 진행하기로 했다. 성범죄자가 그룹 치료를 할 때 사용하는 장소인데, 그날 오후에는 각자 수용실에 있기로 했다. 오후 세 시쯤, 산책 시간이 끝나고 곧바로 나는 2층으로 내려가서 뤼드비크를 찾아갔다. 물론 며칠 전에 미리 그를 만나서 계획을 상세히 설명하고 확인받은 상태였다.

공개 상담을 하면 나중에 팀원들이 환자의 행적과 사건 당시 임상적 상태를 함께 연구할 수 있다. 또한, 환자도 자신이 걸어온 길을 이해하고, 가능하다면 자신의 병과 치료할 필요성도 이해할 수 있게 된다. 공개 상담을 진행하는 것은 피곤한 일이다. 똑같은 말을 계속 반복해야 하고, 목소리가 자꾸만 잦아드는 환자에게 이야기를 계속할 수 있도록 격려해줘야 하고, 환자의 표현에서 임상적인 신호가 잘 나타날 수 있도록 바로잡아 줘야 한다. 강의실 한쪽 구석에 작은 책상과 의자 두 개가 놓여 있고, 다양한 의료진이 책상 쪽과 거리를 두고 마치 극장 관람석에 있는 것처럼 앉아 있었다. 환자와 내가 다른 이들을 신경 쓰지 않고 내밀한 이야기를 좀 더 잘 나눌 수 있도록, 일종의 보호막 속에 있는 효과를 주려는 자리 배치 기술이었다.

대강의실에 들어섰을 때 간호사, 심리학자, 총무실 직원, 사회복지사, 의사 등 스물다섯 명이 앉아 있어서 뤼드비크가 약간 놀란 것 같았다. 소곤소곤 인사를 나누는 소리가 들렸다. 나는 늘 그렇듯 먼저 뤼드비크에게 감사를 표하고 안심시키는 말을 했다.

"여기엔 오로지 뤼드비크 씨 같은 사람들에게 관심이 있는 전문가들만 모여 있어요. 정신적인 문제로 고통에 시달리고, 그 때문에 교도소로 오게 된 행위를 저지른 사람들 말이에요. 뤼드비크 씨가 여기서 하는 모든 이야기를 우리는 직업상의 비밀로 지킬 것입니다. 이번 작업은 우리가 뤼드비크 씨를 더 잘 이해하는 데 도움을 줄 것이며, 뤼드비크 씨도 뭔가를 얻을 수 있을 것입니다. 여기서 한 이야기를 담당 의사에게 다시 이야기하셔도 됩니다."

안쪽에 앉아 있던 실비가 미소 지었고, 나디아도 웃었다. 라울과 토마는 조금 떨어진 곳에 앉아 있었다. 상담이 시작되었다.

먼저 뤼드비크가 살아온 내력부터 물었다. 듣는 사람을 배려해서 가장 쉬운 부분부터 시작한 것이다. 뤼드비크는 프랑스에서 태어났는데, 부모는 동유럽 출신 이민자로 둘 다 회사원이었다. 외아들이던 뤼드비크는 좋은 성적으로 고등학교를 졸업하고, 대학에서 인류학을 전공하여 석사 학위까지 땄다. 사건이 일어났을 당시 한 국제 학교에서 자료관리원으로 일하고 있었다. 연애는 한 번도 해본 적이 없었다. 마약류 관리법 위반으로 재판을 받고 구류를 산 적이 있으며, 정신과 치료 전력은 없었다.

이제 그의 범죄행위를 질문할 차례가 왔다. 강의실 안 모든 사람이 숨죽이며 집중하고 있어서 파리 한 마리가 날아가는 소리밖에 들리지 않았다. 나도 집중했다.

"무슨 일이 있었던 건가요?"

뤼드비크는 내 눈을 똑바로 바라보며 이야기했다.

"우리 부모님은 이혼했었어요. 그런데 10년이 지난 뒤에 아버지 집에 불이 나서 아버지가 질식 사고를 당했어요. 그래서 어머니 집으로 아버지가 들어와서 살게 되었는데, 건강이 더 나빠지는 거예요. 어머니가 아버지 몰래 바람을 피우는 걸 내가 봤어요. 우리를 해치고 싶어 한다는 것도 알게 됐고요. 직장에서 어떤 남자를 잘못 만난 것이었어요. 악령에 사로잡힌 거죠."

어머니가 다른 가족을 해친다는 건 말할 것도 없이 피해망상(남이 자기에게 해를 입힌다고 생각하는 망상—편집자 주)에서 나온 주장이다.

뤼드비크가 무슨 대답을 할지 알았지만 대화를 좀 더 발전시켜 보았다. 팀원들, 특히 인턴들에게 대답을 들려주고 싶었기 때문이다. 인턴들은 수련을 위해 뤼드비크의 이야기를 반드시 들어야 했다.

"해친다고 했는데, 뤼드비크 씨 생각엔 어머님이 어느 정도까지 두 사람을 해칠 수 있을 것 같았어요?"

역시 그는 내 생각대로 대답했다.

"죽일 것 같았어요. 우리는 곧 죽을지도 모르는 위험한 상황이었어요."

뤼드비크가 우리에게 평범한 일상이 어떻게 악몽이 되었는지를 설명하는 대목에 이르자 분위기가 더욱 고조되었다. 그는 무슨 일이 벌어지고, 어떻게 변해가는지를 알려주는 징후를 보았다고 했다.

"텔레비전이 이런저런 이야기를 하고 싶어 했어요. 부엌에 있는 파프리카도 나한테 무슨 일이 있었는지 일깨워줬죠. 하루는 허리띠를 못

찾겠더라고요. 그때 알았죠. 어머니가 그걸 가져갔다는 걸요. 허리띠는 아마 팔렸을 거예요."

무엇보다 부친의 몸이 조금씩 변하더니 좀비 같은 모습으로 바뀌었다.

"마이클 잭슨의「스릴러」뮤직비디오에 나오는 그 괴물 있잖아요. 아버지가 그렇게 변하는 걸 내 눈으로 똑똑히 봤어요."

뤼드비크가 말을 이었다.

"아버지는 미라가 되었어요. 내가 보니까 손도 꼭 죽은 사람 손 같더라고요. 살아 있는 시체 같았어요. 아버지는 위험한 상황이었고, 나도 마찬가지였어요."

망상은 체계적으로 구성되어 있고, 요약하고 해석할 수 있다. 일종의 악령에 사로잡혀 사악해진 어머니는 더는 예전의 어머니가 아니었다. 타인, 복제판, 마녀가 된 것이었다. 통상적인 어머니가 상징하는 애정이 넘치는 보호자와는 반대되는 이미지였다. 가족을 위해 요리하는 어머니 본연의 임무를 저버리고 오히려 아버지를 쇠약하게 하고 아들을 위험에 빠뜨렸다. 또한, 뤼드비크가 자신의 허리띠가 없어진 걸 발견하면서 어머니의 위험성은 더욱 확실해졌다. 제 배만 불리고자 아들의 물건을 훔치기까지 한 것이다. 남편을 죽이고 자식을 착취하는 것, 그보다 나쁜 짓이 어디에 있겠는가?

뤼드비크와 나는 물 한 잔씩을 마시고 다시 상담을 이어갔다.

"내가 위험에 빠진 걸 알게 된 거죠. 어느 날 저녁, 뭔지는 모르겠지만, 하여간 부엌에서 뭘 찾고 있었는데 어머니가 '넌 기억을 잃었어.'라고 하더군요. 내 정체성을 모조리 부인한 거예요. 도저히 참을 수 없는 일이었죠."

나는 계속 이야기하라고 눈빛으로 격려했다. 뤼드비크에게 나와 강의실에서 조용히 지켜보는 모든 사람이 그를 존중한다는 것을 보여주고 싶었다. 물론 몇 명은 불편함을 느끼고 있었겠지만 말이다. 뤼드비크가 말했다.

"나는 어머니를 건드리기도 싫었어요. 그래서 내 쌍절곤으로 때렸지요. 내가 열세 살 때 아버지가 준 선물이었어요. 아버지가 내게 준 사랑의 상징 같은 물건이었죠. 몇 번 맞더니 어머니는 바닥에 쓰러졌어요. 내게 '너 지금 뭐하는 거니?' 하고 묻더군요. 나는 어머니의 목을 졸랐어요. 칼로 머리를 잘라내고 나서, 여러 가지 향신료와 함께 전자레인지에 돌렸어요. 어머니는 늘 쿠스쿠스만 만들었고, 난 쿠스쿠스라면 진절머리가 났어요. 어머닌 일부러 형편없는 음식을 준 거예요."

뤼드비크는 복수하려고 했다고 자신을 변호했다. 그뿐만이 아니었다.

"어머니를 죽이라고 하느님이 나를 선택하셨어요. 나는 하느님의 사자일 뿐이었어요. 하느님이 내게 주신 임무였거든요. 끔찍하긴 했지만 어쩔 수 없었어요. 내가 선택되었거든요."

그는 부엌을 닦아내고, 어머니 시신의 나머지 부분을 씻기고 향수를 뿌린 다음 비닐봉지에 넣었다. 마치 어머니의 신체 중 어떤 부분은 능욕해도 되지만 어떤 부분은 존중할 만한 가치가 있는 것처럼 말이다. 나중에 경찰이 쓰레기통에서 나머지 시신을 발견한다. 뤼드비크가 이웃과 벌인 언쟁 때문에 경찰이 출동하고 사건 수사가 시작된 그날이었다. 뤼드비크가 자신의 행동에 관한 이야기를 마칠 무렵, 우리는 미리 입수한 부검 결과지를 다시 읽어보았다.

"관찰한 머리는 D 씨의 얼굴과 유사성을 보인다. 외관, 피부조직, 얼굴의 연부(軟部) 조직뿐만 아니라 뇌와 소뇌의 일부도 D 씨의 것이다. 뇌와 소뇌는 머리를 뜨거운 물에 넣고 익힌 것으로 보인다. 절단면을 보면 사후에 톱날과 같은 도구를 이용한 듯하며, 절단 부위는 2번과 3번 경추 사이이다. 엑스선 촬영 결과, 오른쪽 안와(眼窩) 기저와 왼쪽 코뼈에 구타로 말미암은 골절이 발견되었다."

뤼드비크는 자신이 사용한 방법은 후회하지만, 어머니는 죽어 마땅한 사람이므로 전혀 애석하지 않다고 했다. 그는 여전히 어머니가 사악한 사람이라는 망상적 확신을 하고 있었다. 그러나 뤼드비크는 우울하고 고립되어 있다고 느꼈다. 자신이 치료가 필요하거나 위험한 사람이라고 생각하지 않았고, 자신이 한 행동에 대해 재판과 처벌을 받기를 바랐다. 한마디로 미친 사람 취급을 받고 싶어 하지 않았다.

논쟁은 처음부터 망상장애 진단을 두고 벌어졌다. 이러한 병리학적 유형의 환자를 치료하는 통상적인 방법으로는 망상의 핵심을 공략하기가 어렵다. 망상이 체계적이고 논리적일수록 치료하기가 어렵다는 말이 있다. 우리는 약간 지친 채로 강의실을 나섰고, 인턴들은 넋이 나간 표정이었다. 뤼드비크는 수용실까지 동행한 간호사에게 이야기하고 나니 해방감이 들어서 참 좋다고 털어놓았다.

여름이 왔고, 치료는 순조롭게 진행되었다. 뤼드비크는 브렛 이스턴 엘리스(Bret Easton Ellis)의 『0보다 적은(*Less than Zero*)』을 읽고 토마에게 "책

제목이 자기랑 닮았다."라고 말했다. 토마가 작성한 꼼꼼한 차트를 읽으며 나는 "등장인물들을 닮은 건 아니길." 하고 중얼거렸다. 우리 병동 사회복지과에서 뤼드비크를 위해 장애 보조금을 신청했다. 뤼드비크도 정신감정(담당 법관이 피의자가 범행 당시에 형사책임능력이 있었는지 판정할 자료를 얻고자 정신의학 전문가에게 의뢰하여 피의자의 정신 상태를 의학적으로 판정하는 일—편집자 주) 결과를 알았다. 결과는 '망상장애, 혹은 편집적 망상을 동반한 조현병'이었다.

뤼드비크는 자신이 병에 걸렸고, 오랫동안 치료를 받아야 한다는 사실에 조금씩 적응했다. 엘자가 담당하는 인지 치료 모임에도 참여했다. 젊고 열정적인 심리상담사인 엘자는 그룹 치료를 했는데, 참여하는 환자들은 자신이 앓는 병의 증상을 잘 알았다. 이제 금기어는 없고 병은 수치스러운 저주가 될 수 없었다. 때때로 복도에서 들리는 경비원들의 너털웃음까지 더해져서 시끌벅적한 방에서 환자들이 치료 모임을 했다. 뤼드비크는 정신과입원병동에서 나가면 두바이에 가서 살 생각이라고 했다. 아직 현실에 완전히 발을 붙이지 못한 상태였다. 그는 사건 당시 '제정신이 아니었음'을 인정했지만, 여전히 어머니가 악령에 사로잡혀 있었고, 자신의 행동은 정당했다고 생각했다.

이듬해에 뤼드비크는 예심재판소에 출두했다. 법관들은 뤼드비크가 형법적으로 책임질 수 없다는 판결을 내렸다. 동료 정신의학 전문가 두 명이 같은 결론을 내린 결과였다.

"우리는 절대적인 망상적 확신을 발견할 수 있었으며, 이는 망상적 해석과 몇 가지 직감으로 생성되었다. 망상은 주로 부친의 독살 위험, 음모, 피해 등 학대와 관련한 주제로 체계화되었다. 피해자는 학대자로 지목된 사람이었다. 모친 살해는 편집적 망상과 직접적인 관련이 있다. L 씨는 위험한 상태이므로 중환자병동에 입원해야 한다. 또한, 정신과적 치료와 약물 치료를 영구적으로 시행해야 한다."

그보다 두 달 전에 법원의 호출을 받고 잠깐 나갔다가 들어와서 뤼드비크는 구두끈으로 목매려고 시도한 적이 있었다.

"죽음이란 게 어떤 건지 보고 싶었어요. 이대로 모든 걸 끝내고 싶었어요. 하지만 지옥에 갈까 봐 무서웠어요."

사실 중환자병동으로 이감될 거란 생각에 불안했던 것이다. 뤼드비크는 무슨 일이 기다릴지 정확히 몰랐지만, 그래도 감옥에 머물지 않을 거란 건 알았다. 이제 그는 어머니를 그런 방식으로 죽인 걸 후회하지만, 어머니가 음식에 독을 탔다는 주장은 굽히지 않았다. 어느 날 저녁, 뤼드비크는 토마에게 처음으로 어머니가 보고 싶다고 고백했다. 토마에게 자신이 "그때 일을 계속 되새긴다."라고 말했다. 공청회가 있기 며칠 전 뤼드비크는 걱정하고 우울해했다. 외로움을 느낀다고도 했다.

저녁 늦게 정신과입원병동에 돌아온 뤼드비크는 야간 진료 팀에게 자신이 여러 질문에 대답하고 전문가의 이야기를 들었다고 이야기했다. 실종된 아버지 때문에 이웃과 자신이 울었다는 이야기도 했다. 또한, 자신에게 무슨 일이 일어날지, 특히 중환자병동에 대해서 질문을 많이 했다.

2주 후에 확정 판결이 내려졌고, 뤼드비크는 4월 초에 정신과입원

병동을 나갔다. 기록을 보니 치료감호 대상자로 지정된 지 1년이 조금
넘은 기간 동안 입원해 있었다.

콩코드 여객기를
추락시키려던 남자

나는 막스를 프렌(Fresnes)교도소의 정신과입원병동에서 만났다. 막스는 옷을 제대로 걸치지 않았고 슬퍼 보였다. 나도 이유 없이 계속 기분이 울적했는데, 아마 3월인데도 아직 겨울 날씨라 그런 것 같았다. 햇빛이 부족하고 화창한 아침을 맞지 못해 몸이 늘 찌뿌둥했다. 새로 들어온 막스를 맞은 의사는 조아킴이었는데, 젊고 진지하며 안경을 끼고 매사에 정확했다. 조아킴은 내게 막스가 끔찍한 사건과 복합적인 진단이 뒤섞인 경우라고 귀띔해주었다.

막스는 두 건의 고의적 살인과 여러 건의 심각한 강간으로 기소되었다. 겨울의 끝 무렵 어느 날 아침, 두 번째 살인을 저지르고 7년이 지난 후 막스는 동네 경찰서에 가서 자수했다. 이미 다른 사람이 범인으로 몰려 형을 사는 중이었다. 교도소에 들어가고 3주 후, 막스는 양 팔뚝의 정맥을 자르고 작은 병 두 개에 든 강하게 희석한 표백제를 들이부었다. 표백제는 수용실에 비치된 것이었다. 그가 상처를 봉합하고 정신과입원병동에 다시 돌아왔을 때, 나는 막스의 침울한 눈빛을 마주하고 그의 괴이한 머릿속을 이해하려고 시도했다.

나는 옛날 의료 차트를 다시 읽고 손으로 만져보는 걸 좋아한다. 지금은 차트를 컴퓨터에 입력해서 프린터로 '뽑아야' 한다. 간호 일지, 임상 관찰 기록, 처방전, 입원 보고서 등 모든 문서 자료가 전산화되었고, 진단명도 F로 시작하고 숫자 몇 개가 붙는 비밀 코드로 입력되어 있다. 예컨대 "그 환자는 F20"이라고 하면 전문가끼리 알아듣는 식이다.

옛날 차트 서류철은 커다랗고, 밤색이며, 너덜너덜하다. 부스럭거리는 봉투 속에는 알록달록한 용지가 주체할 수 없을 만큼 많이 들었지만, 그 속에 환자의 고통에 관한 기억이 모조리 들어가 있지는 않다. 낡은 자료에서는 습기, 먼지, 잉크, 가끔 커피 냄새가 났다. 글씨체는 알아보기 어려웠지만 간혹 기적적으로 해독할 수 있긴 했다. 임상적인 질문과 지시 사항에서 간호사와 의사가 망설인 흔적, 좋은 소식과 나쁜 소식을 미뤄 짐작할 수 있었다. 취소를 뜻하는 가위표, 문단 맨 처음으로 돌아가라는 화살표, 느낌표도 적혀 있었다. 느낌표는 치료가 제대로 이루어지지 않거나 환자의 상태가 악화하거나 의료진이 한계에 부딪힐 때의 분노, 놀람, 경고, 격분 같은 감정을 표현한 기호였다. 낡은 자료는 살아 움직였다. 한 장 한 장 넘기면서 책상 위에 펼쳐놓으니 막스가 내 앞에 앉아 자기 이야기를 조금씩 풀어내는 느낌이 들었다. 전체 팀원들 앞에서 임상 사례를 발표하던 중 막스에게 질문했던 기억이 났다. 그는 나지막한 목소리로 자신이 어떤 행동을 했는지를 이야기했다.

의료적 관찰을 기록한 파란색 공책 사이사이에는 간호사의 의견이 적힌 분홍색 용지가 삽입돼 있었다. 그 기록을 찬찬히 넘기며 읽다 보니 당시 무슨 일이 있었는지도 기억나고, 고통에 시달리는 개인과 의료 팀이 만나면서 느끼고 겪게 되는 복잡한 속사정이 생생히 되살아났다. 어두운 복도, 수용실 앞을 지날 때 환자가 "간호사 선생님, 잠깐만요." 혹은 "경비원, 경비원!" 하고 웅얼거리는 소리, 몇 미터 떨어진 곳에 있는 간호사실에서 간호조무사들이 웃는 소리, 칸딘스키의 포스터를 붙여놓은 내 사무실……. 그 좁은 사무실에서 나는 일하고, 때때로 꿈꾸었다. 용기 있는 우리 팀이 열심히 일한 만큼 풍성한 보답을 받기를!

막스의 사건은 아주 끔찍하고 가혹했다. 그는 같은 장소에서 1년이 약간 넘는 간격을 두고 여자 둘을 죽이고 강간했다. 하지만 경찰에 잡히지 않았고, 착오로 다른 남자가 대신 잡혀서 형을 선고받았다. 막스는 첫 살인을 저지른 직후 전화를 걸어 자수했지만, 경찰이 장난으로 여겼다. 그 후 7년 동안 막스는 항상은 아니지만 가끔 자신이 저지른 짓을 생각하며 지냈다. 사건이 일어나기 몇 년 전부터 그는 노숙자로 지내며 정신과 치료를 받았다. 막스의 자료에는 간결하고 단편적이지만, 사건 전의 상황에 대한 설명도 나왔다.

"노숙자이며 시청에서 잠을 잠. 칼로 사람을 다치게 해서 교도소에 수감된 적이 있고, 열여섯 살 때부터 술을 마시기 시작함. 술을 끊고 싶어 함."

두 번째 면담은 8년 후에 있었는데, 막스가 두 건의 살인 사건을 저지르고 4년이 지난 시점이었다. 그 사건에 대해서는 여전히 처벌을 받지 않고 있었다.

"폭력과 성폭행으로 수감되었던 적이 있고, 치료감호 명령을 받았으며, 폭력으로 총 네 번 수감되어 5년 복역. 술에 취해서 성폭행을 두 번 저질렀는데, 본인은 교도소에서 정신과 치료를 받아 많이 나아졌다고 이야기함. 불안감을 때때로 느낀다고 함. 괴이한 일을 하라고 시키는 자신의 목소리가 귀에 들리며, 그러면 스스로 제어가 안 된다고 함. 여러 가지 재앙을 상상하며, 눈에 보이지 않는 정체불명의 존재와 접촉한다고 주장함."

막스는 한 달에 한 번 정도 정신과 진료를 받았는데, 또다시 수감되는 바람에 치료가 1년쯤 중단되었다. 이후로는 꽤 정기적으로 치료를 받으러 다녔다.

"묘한 분위기, 회피하는 눈길, 공격 충동과 망상적 활동은 없음."

마지막 수감 생활이 끝나자 치료도 종료되었다. 막스는 이번에는 전화로 그치지 않고 직접 경찰서로 가서 자수했다. 마침내 경찰도 그의 자수를 진지하게 받아들였다.

"구류 상태에서 강력범죄부의 전화를 받고 자신이 죽이고 강간했다고 함."

막스의 차트에는 휘갈긴 필체로 마지막에 이렇게 기록돼 있었다.

"지역정신보건센터 총무실에서 자료를 요청해옴."

심통이 난 내 고양이가 이미 낡아서 너덜너덜해진 자료에 한 번 더 손톱자국을 냈다. 지역정신보건센터 의료 팀이 교도소에 수용된 막스를 맡았다. 의료 팀은 다른 모든 수감자와 마찬가지로 막스에게서도 역시 임상적 측면에서 매우 독특한 부분을 감지해냈다. 여성 간호사의 기록이다.

"작은 공원에서 여성을 공격, 목 졸라 죽이고 강간한 다음 비밀 종교의식을 치름."

정신과 의사는 이렇게 썼다.

"이전에 여섯 건의 사건을 저지르면서 환자 본인이 여러 번 요청했으나 정신과에 입원하도록 조처된 적이 한 번도 없었음. 살인, 강간, 마법 의식의 일환으로 피해자의 피를 마신 혐의로 수감하도록 조처됨. 환자는 그것이 괴물 같은 행동이었다고 이야기함. 피해자의 피가 자신에게 힘을 주었다고 함. 자신을 적대시하는 여성들에게 둘러싸인 느낌, 막연하지만 누군가 자신을 괴롭힌다는 느낌이 들었다고 함. 치료를 요청함. 자살 의도는 없음. 본인의 야만성에서 벗어나고자 자수했으며, 새로운 삶을 시작하고 싶다고 함. 누이 집에서 살 것이라고 하며, 술 때문에 공격적으로 변한다고 생각함."

독실에 수용할 것을 권하는 소견과 함께 항정신병제가 처방되었다. 막스는 일반 교도소에서 20일 남짓 수감 생활을 하다가 정맥을 잘랐다. 이어지는 면담에서 막스는 이야기했다.

"악몽 때문에 매일같이 잠에서 깨요. 정신착란(의식이 지각적으로나 인지적으로 혼동되어 지각, 기억, 주의, 사고 등의 지적 능력을 일시적으로 잃어버린 상태-편집자 주)이 극에 달했고, 예전의 내 모습을 다시 만났어요. 나는 다른 육체에 들어가고 싶었어요. 표백제 물을 마시고 토했어요. 면도칼을 가지고 팔목 정맥을 그었죠. 피가 굳어서 다시 그었어요. 지금은 살아 있는 게 좋아요."

사건을 간략하게 언급했다.

"장소는 늘 한 작은 공원이었어요. 거기서 1년의 간격을 두고 여자 둘을 죽였죠. 교회에서 예배를 보고 나서, 내 안에서 들려오는 악의 목소리를 닥치게 하고 싶었거든요. 최근에야 나는 좋은 사람이 되었어요. 예전에 나는 신이라도 된 듯한 기분으로 살았고, 범죄를 저지른 건 내게 힘을 불어넣기 위해서였어요. 나는 죽은 여자들의 피를 마시고, 속옷을 가져갔어요."

담당 의사의 기록에 따르면, 며칠 동안 면담하면서 막스의 태도는 점점 더 좋아졌고, 감정 표현은 여전히 없었지만 불안한 기색 없이 속을 털어놓았다. 독서 취향과 글쓰기에 관해서도 이야기했고, 제임스 엘로이(James Ellroy)의 『검은 달리아(The Black Dahlia)』를 언급했다. 정신과입원병동에서 치료를 받는 것도 동의했다. 막스의 첫 정신과 입원이었고, 그때 나는 그를 처음 만났다. 자료를 보니 그때 기억이 생생히 떠올랐다.

우리는 동물의 창자처럼 좁고 구불구불한 복도를 지나 왼쪽 면에 붙은 조그만 진찰실로 갔다. 옛 수용실을 개조해 진찰실로 만든 곳이어서 불빛이 거의 없이 어두침침하고 창문이 아주 높이 달렸다. 탁자 위에는 아무것도 없고, 의료진이 앉을 의자들은 출입문 근처에 있었다. 환자가 공격적으로 변하면 탁자를 돌아서 우리 쪽으로 오기 전에 재빨리 문밖으로 나갈 수 있게 하기 위해서였다. 복도에는 만일에 대비해 교도관 한 명과 경비원 두 명이 늘 대기했다.

나보다 며칠 전에 인턴 라울이 막스를 만났다. 라울 옆에는 상냥하고 끈질긴 성격의 간호사인 아녜스가 있었다. 라울이 차트에 이렇게 기록했다.

"부모가 헤어진 시점인 여덟 살 때부터 시작된 온갖 상상을 이야기함. 청소년기까지 상상이 이어졌는데, 열여섯 살 때부터 음주를 시작하면서 더 증폭되었다고 함."

그리고 한 쪽을 더 넘기자 이번에는 내가 그 비좁은 진찰실에서 막스를 마주하고 들은 이야기를 적은 기록이 있었다.

"모르겠어요. 나도 이해가 안 되는데, 사람을 끊임없이 공격하고 싶었던 적이 있었어요. 나는 점점 더 위험해졌어요. 내 머릿속에 있던 그것 때문이었어요. 나를 발산하고 싶었죠."

막스는 망상에 빠졌고, 나는 그를 치료하고자 머릿속에 무엇이 있었는지 알고 싶었다. 그에게서 우리를 보호하고 싶기도 했다. 조금씩 막스의 머릿속을 들여다보면서 몇 가지를 알게 되었다. 막스는 자신이 "컴퓨터 프로그램"을 실현할 힘이 있어서 미래를 조종할 수 있다고 믿었다. 그래서 2000년 고네스(Gonesse)에서 일어난 콩코드 여객기 추락 사고(2000년 7월 25일 프랑스 파리 드골공항을 이륙한 콩코드 여객기가 파리 인근 고네스 마을의 한 호텔에 추락하며 승객과 승무원 등 탑승자 109명과 추락 현장에 있던 주민 4명 등 모두 113명이 사망한 사건- 옮긴이 주)를 자신이 일으켰으며, 다음 해에 일어난 세계무역센터 테러도 자기 책임이라고 했다. 또한, 시간도 마음대로 조종할 수 있어서 날짜를 다른 방식으로 센다고 했다. 예를 들어 2월은 3번 달인데, 2의 반인 1을 반드시 더해야 하기 (2+1=3) 때문이라는 것이다. 차트에 기록된 내 결론을 읽어보았다.

"단독으로 면담하지 말고 반드시 남성 직원 한 사람과 함께 만날 것. 항정신병제와 진정제를 포함한 모든 처방 약의 용량을 높일 것. 요주의++."

몇 주가, 몇 달이, 몇 년이 흘렀다. 1년 반의 입원 기간에 우리 병동의 여러 의료진이 막스를 맡아서 치료했고, 구속된 지 4년이 흘러 재판이 시작되자 다시 돌아왔다. 재판 날이 다가오면 정신과입원병동을 거쳐 간 많은 수감자가 다시 돌아온다. 막스는 상태가 많이 좋아진 것 같았다. 침착해 보였고, 상담 태도도 좋으며, 의료진과 신뢰 관계도 형성되었다. 상담을 거듭하면서 막스는 우리에게 자신의 뒤틀린 내면을 보여주었다.

그는 자신이 무서운 환상을 본다고 했다. 청소년기부터 "엄청나게 폭력적인 영화"에서처럼 사고를 당한 사람, 크게 다친 사람 들이 환각이 아니라 의식이 있는 상태에서 백일몽처럼 주위를 떠다닌다는 것이다. 일종의 환청도 듣는데, 자기 목소리가 나쁜 행동을 하라고 명령하거나 욕한다고 했다. 그래서 막스는 자신을 보호하려고 의식을 치른다고 했다. 예를 들어, 악운을 쫓으려고 물을 마실 때도 한 번이 아니라 두 번씩 마시는 식이다. 한 번 마음을 여니 이 사람 저 사람 가리지 않고 속을 털어놓았다.

몇 년이 지난 후에 당시에 내가 남긴 기록을 다시 읽어보았다.

"몸집이 불었고 여전히 침착하고 냉정함. 현재 여성 간호사 두 명과 함께 면담하는데 주의해야 함. 출입문 근처에 경비원을 늘 상주시킴."

막스는 우리에게 들려주는 이야기를 거의 매일 수용실에서 글로 썼다. 따라서 막스의 차트는 그의 책이나 마찬가지였다.

실비는 아무렇게나 가운을 걸치고 다녔지만, 예리한 눈빛으로 환자를 보고, 언제나 최선을 다해 섬세하게 환자를 이해하려 했다. 실비가 간호사 아녜스와 함께 그 비좁은 진찰실에서 막스를 만났다. 늘 그렇듯 환자에게 기억에 남은 최대한 예전 일에 대한 질문을 던졌다. 지금 우리를 괴롭히는 문제, 우리가 맞닥뜨린 수수께끼의 답을 찾으려는 시도였다. 물론 정신의학적 문제의 모든 답을 환자가 살아온 내력에서 찾을 수 있는 것은 아니다.

막스의 부모는 아들이 아픈 걸 일찍 알아차리고, 막스가 아주 어렸을 적부터 그를 진정시키고자 탕 목욕을 시켰다. 초등학교 때는 형제나 누이 들과는 달리 무척 소심하고 공부를 등한시했다. 막스는 자신이 늘 슬프고 외톨이였다고 기억했다. 지나치게 소심한 성격 때문에 반 친구들의 놀림거리가 되기 일쑤였는데, 모욕감을 느꼈다고 했다. 청소년기에 들어서는 점차 자기 속으로 움츠러들었다. 9형제가 살던 집안 분위기는 뻣뻣하고 악의적이었다. 성격장애(사회적 기능이나 행동을 할 수 없을 정도로 환경에 적응하지 못하는 성격의 장애-편집자 주)가 있는 형이 연중행사처럼 집 물건을 모조리 때려 부수었다. 막스 자신은 아주 어릴 때부터 벌써 무서운 악몽에 시달렸고, 열여섯 살 되던 해에 술을 마시면 꿈을 덜 꾸고 무시무시한 생각과 끔찍한 밤을 잊을 수 있다는 걸 알게 되었다. 치료를 받고 나서부터는 그 시절에 자신이 극심한 우울증에 시달렸다고 생각하게 되었다. 부모가 이혼했는데, 막스는 누나가 어머니를 부추겨서 아버지랑 헤어지게 했다며 치를 떨었다. 아버지가 직업적으로 워낙 성공해서 질투하는 사람이 많았다고도 했다. 막스는 과거에도, 지금도 어머니를 무척 사랑한다며, 어머니가 상냥한 사람이었다고 묘사했다. 하지만 누나는 집안의 주도권을 쥐고 뭐든 제멋대로 하려고 한다며 진저리를 쳤다. 사소한 부분이라도 놓치는 법이 없는 실비가 이때 아주 좋은 질문을 던졌다.

"누나가 몇 살인가요?"

실비는 이미 답을 알았지만, 사건 당시에 두 피해자가 누나와 동갑인 마흔 살이었다는 사실을 막스가 직접 말하고 자기 귀로 들어야 했다.

정신과입원병동에서 위안을 얻고 세심한 간호와 처방 약의 효과로 안정을 찾으며 막스의 상태는 나아졌다. 하지만 아직도 자신이 콜롬비아 정글에 억류된 유명한 프랑스계 콜롬비아 정치인(잉그리드 베탕쿠르 풀레시오, Ingrid Betancourt Pulecio, 콜롬비아의 여성 정치인. 프랑스계 아버지와 콜롬비아계 어머니 사이에서 출생, 프랑스와 콜롬비아의 이중국적을 가지고 있다. 2002년 녹색산소당의 대통령 선거 후보였으나, 반군에 납치되었다가 2008년 구출되었다.—옮긴이 주)을 구출할 수 있지 않을까 하는 생각을 했다. 막스는 오로지 생각의 힘으로 자기랑 이름과 나이가 같은 수감자를 탈출시킬 수 있을 거라고 믿었다. 여전히 혼란스러워하고 냉정했지만, 태도는 어느 정도 순응적으로 바뀌었다. 그는 수용실에 틀어박혀 하루 내내 글을 썼고, 가끔 간호사들에게 자신이 쓴 글 중 한 편을 읽어주었다. 여전히 악운을 쫓고자 요령부득한 의식을 치르곤 했다. 토막 살해를 당한 여자들이 보이는 백일몽을 꾼다고도 했다. 살인자가 여자를 죽이고 배를 가르거나 사지를 잘라내는데, 그 광란의 자리에 참여하는 자신의 모습이 보일 때도 잦다고 했다. 막스는 치료를 성실히 받았고, 사회성도 많이 나아졌다. 다른 수감자들과 악수하고 난 뒤 손도 덜 자주 씻고, 나쁜 생각을 몰아내고자 커피 잔을 세는 일도 그만두었다. 나쁜 생각 자체가 덜 든다고 했다. 산책도 정기적으로 나갔다. 막스는 이제 일반적인 수감 생활로 돌아가도 될 정도로 회복되었다. 그래서 어느 가을날 아침, 도착한 지 1년 반 만에 정신과입원병동을 떠났다.

2국에서는 똑똑하고 열정적인 동료 의사 크리스텔이 막스를 맡았다. 차트에는 막스가 병적인 생각을 계속하지만 스스로 조절할 수 있는 상태고, 무엇보다 자기 속을 털어놓을 수 있게 되어 치료가 순조롭게 이루어지고 있다고 기록돼 있었다. 자신이 경찰서에 가서 자수한 것은 "그런 짓을 멈추게 하려는 의도에서"였다고 막스는 설명했다. "그런 짓"이란 병적인 생각과 범죄를 말하는 것이고, 자수하지 않았다면 또다시 저질렀을지도 모른다고 했다. 사건 이후 자신이 한 성매매 여성을 육체적, 성적으로 폭행한 것이 살인으로 이어질 수도 있었다고 막스는 잘라 말했다. 하지만 그 피해자는 필사적으로 저항하여 살아남았다. 막스는 끈질기게 계속되는 백일몽 때문에 산책 중인 수감자를 죽일 것 같아서 두려운 마음에 산책을 그만두었다는 이야기도 했다. 자신의 목소리인 듯한 남자 목소리를 늘 듣는데 무척 상스럽게 욕한다고 했다. 막스는 치료를 계속 받았으며, 4주에 한 번씩 고용량의 신경안정제 주사도 순순히 맞았다.

봄이 되자 막스는 완전히 진정된 것 같았다. 담당 사회복지사들 덕분에 심각한 정신장애가 인정되어 장애수당도 받을 수 있게 되었다.

또다시 1년이 흘렀다. 차트의 필체를 보니 이제 조아킴이 막스의 담당 의사가 되었다.

수감되고 몇 달 후, 막스는 조절이 필요한 당뇨병 진단을 받고 프렌교 도소 내에 있는 국립프렌병원에 며칠 입원했다. 20세기 초부터 이어져 오는 유일한 국립 교도소의 병원인 프렌병원의 전신은 1897년에 세워진 옛 중앙교도소 의무실이었다. 프렌병원은 수감자에게 일반적인 의료 서비스, 안전한 입원 시설, 재적응 및 재교육 프로그램을 제공하는 의료 기관이다. 프렌병원에서 퇴원하면서 막스는 다시 정신과입원병동으로 왔다. 몇 주 후면 재판이 시작되므로 상태를 지켜볼 필요가 있어서였다.

정신 의료 관련 전문가로 이루어진 청중 앞에서 막스의 공개 상담을 하기로 했다. 이것이 바로 샤르코(Jean Martin Charcot, 1825~1893, 프 랑스의 신경병리학자. 신경 계통 질병을 처음으로 보고했다.-편집자 주) 교수를 유명하게 한 상담 방식이었다. 수많은 임상적 질문이 쏟아지고, 환자가 자리를 뜬 뒤에 이어지는 토론에서 아주 많은 것을 얻을 수 있다. 수사판사에게 위임을 받은 전문가들은 막스가 성도착적 측면을 동반한 반사회적 인격장애, 그리고 정신병적 현상이라는 결론을 내렸다. 또한, 사건을 저지를 당시 막스는 망상에 사로잡히긴 했지만, 그보다 반사회적·성도착증적 성향에 더 영향을 받았다는 의견을 내놓았다. 그들은 막스가 범죄학적, 정신의학적 측면에서 극도로 위험한 상태이며 예후도 우려스럽다고 단언했다. 하지만 전체적인 병적 증후로 보았을 때 사건 당시 막스의 판단력은 손상되었다고 판단했다.

3층 세미나실은 사람이 가득 차 있었다. 지역정신보건센터와 정신과입원병동, 그리고 교도소에서 막스를 담당했던 팀원 전체가 초대되었기 때문이다. 게다가 막스는 매우 흥미로운 사례로 알려졌다. 며칠 전에 중죄재판소에서 재판이 열렸고, 막스가 수차례 받았던 정신감정은 형량을 줄이는 데 아무런 도움이 되지 않았다. 나는 막스에게 인사를 건네고 내 옆에 앉으라고 했다. 우리 앞에는 작은 탁자가 놓여 있었고, 그 맞은편에 정신 의료 전문가들이 여러 줄로 앉아 있었다. 물론 막스에게는 사전에 알리고, 상담에 나와 달라고 요청하고, 동의까지 받았다. 공개 상담에서 환자의 사전 동의는 필수적이다. 내가 전날 수용실에서 막스에게 공개 상담이라는 방식을 통해 그의 행적 전체를 정확히 판단할 수 있을지도 모른다고 설명하자 그는 동의했다. 상담 당일 막스는 내 왼쪽에 앉았다. 냉담한 표정을 지었지만 약간 긴장한 것 같아서 물을 한 잔 가져다주었다. 나도 물을 마시고 시작했다. 나는 먼저 막스에게 감사를 전하고, 우리는 판사가 아니라 의료진이라는 점을 분명히 하며 그를 안심시켰다.

　　막스가 담당 의사와 간호사 들에게 많이 털어놓았던 어린 시절은 빠르게 넘어갔다. 그는 두 건의 살인을 저지르기 전에 형을 다섯 차례 선고받았다고 회상했다. 그중 한 건은 성매매 여성을 때리고 성폭행한 혐의였다. 오래전부터 폭음을 해왔다고도 했다. 어릴 적부터 주술과 마법에 관심이 많았으며, 병적인 상상을 자주 했다고 털어놓았다.

　　"나는 늘 나만의 상상 세계에 틀어박혀 있었어요. 언제나 몽상에 잠겨 있어서 학교 성적도 형편없었죠. 나중에 내 생각이 현실이 되었죠.

노숙자로 지낼 때 모두 나를 쳐다보고 혐오하는 것 같았어요."

막스는 과대망상(사실보다 과장하여 터무니없는 헛된 생각을 하는 증상-편집자 주)적인 생각을 언급한 적이 있지만, 구체적으로 이야기한 건 그날이 처음이었다.

"콩코드 여객기 추락 사고를 내가 일으켰다고 생각했어요. 나만 해석할 수 있는 글, 그림, 도표를 가지고서요. 예를 들면, 하얀색 네모 네 개를 그리고 다른 줄에 동그라미 네 개를 그린단 말이에요. 그 사이에 연결선을 그리면 동그라미가 네모에 영향을 주게 되죠. 그리고 나서 그게 현실로 이루어졌는지 보려고 돌아다녔거든요. 그런데 추락 사고가 났어요. 게다가 주술을 쓰면서 자동차 유리창을 열어놓고 다녔거든요. 그랬더니 아제드에프(AZF) 폭발 사고(2001년 9월 21일, 프랑스 툴루즈 (Toulouse) AZF 화학 공장에서 난 대형 폭발 사고. 31명이 사망하고 2500명이 부상을 당했다.-옮긴이 주)가 났다니까요."

나는 막스가 관심을 두었던 여성 정치인에 관해 물었다. 그녀가 콜롬비아 무장 혁명 조직(FARC)에 억류되었다가 풀려난 것을 어떻게 생각하는지 이야기해달라고 했다. 막스는 의기양양하게 대답했다.

"내가 그랬는지 우연이었는지 생각해봤는데요, 솔직히 50퍼센트는 내 덕분이었다고 생각해요."

마침내 막스가 형을 받고 교도소에 수감된 계기가 된 사건, 두 건의 살인 사건을 이야기할 시간이 왔다. 막스는 그 행위가 "인신 공양"이었다고 했다. 낮은 목소리로 이야기해서 모두 귀를 기울였다. 3월 초의 햇빛이 세미나실에 비스듬히 들어왔다.

"나는 스스로 아주 강하고, 사악하고, 소심한 면이 전혀 없는 인물을 만들어냈어요. 나랑은 성격이 완전히 반대였죠. 나는 냉혹한 사람이 되었고, 내 힘이 세지게 하려면 희생이 필요했어요. 그래서 처음에는 그 여자의 피로 마법 의식을 거행했지요."

막스는 자신이 하는 말이 부끄러워서 고개를 푹 숙이고 이야기했다. 그러나 무덤덤하게 털어놓는 이야기는 등골이 오싹해질 정도였다.

"첫 번째 여자는 죽이고 나서 내 손가락을 질 속에 여덟 번, 항문에 여덟 번 넣었어요. 88 사이클을 닫고 힘을 얻으려고요. 그러고 나서 신문을 한 부 사서 피해자의 탐폰을 숫자 1이 나오는 기사 위에 얹었죠. 의식이 끝난 후 모두 불태웠어요. 나는 주술을 부리고 브루스가 나오도록 했어요. 브루스는 또 다른 나였어요. 마치 미국 만화에 나오는 등장인물 이름 같죠. 나는 대악당이 되었어요. 마치 어떤 신에게 인도받는 것 같았고, 악마가 되고 싶었어요."

세미나실에 침묵이 내려앉았다. 내 마음속도 마찬가지였다. 나는 질문했다.

"두 번째 여자는 어떻게 했나요?"

막스는 여전히 무덤덤하고 서글픈 어조로 대답했다.

"1년 반 후, 같은 장소, 그 작은 공원이었어요. 목을 졸랐는데 여자가 죽지 않았다는 생각이 들더군요. 그래서 유리병이 깨질 정도로 머리를 세게 내려쳤어요. 그리고 첫 번째 여자한테 했던 것과 똑같이 여덟 번씩 의식을 치렀죠. 그런 다음 피해자의 배에 피로 기호 여러 개를 써넣었어요. 오후에 경찰서에 전화했는데 그냥 끊더라고요. 사실 나는 자랑하고 싶었어요."

세 번째 사건으로 막스는 교도소에 갔다.

"그 여자를 보고 흥분해서 엘리베이터까지 따라 들어가서 성폭행했어요. 하지만 죽이고 싶진 않았어요."

막스는 형을 치르고 석방되었다. 성폭행 초범이었고 디엔에이(DNA)가 아직 범죄자 목록에 등록되지 않았다는 이유에서였다. 막스가 자수하지 않았다면 대신 형을 선고받은 남자가 풀려나지 못했을지도 모르며, 새로운 피해자가 발생했을지도 모른다.

막스는 현재 자신의 상황을 정확히 알았다.

"20년 동안 임시 석방이 없는 30년 형을 선고받았어요. 나는 망상 장애 환자이고, 조현병 환자가 되는 중인지도 모르겠어요. 나는 악마처럼 위험한 사람이라고 생각해요. 하지만 예전보단 많이 나아졌어요. 악몽을 더는 안 꾸거든요. 때때로 주술을 생각해요. 나는 정신적으로 고통받는다고 생각해요."

막스는 연말까지 정신과입원병동에 입원해 있었다. 담당 의사 조아 킴에게 "내부적 긴장감"을 호소했지만, 임상심리사와 간호사 들이 주도하는 치료 활동 모임에 참가할 정도로 상태가 많이 안정되었다. 그는 점점 더 많은 활동에 참여했다. '감정 연극' 활동에 특히 열의를 보였고, 주로 공포를 연기했다. 사회성 치료 작업실에서는 음주 욕구 문제를 집중해서 탐구했으며, 인지 치료 모임에도 참가했다. 인지 치료 모임의 목표는 환자가 병과 증상을 이해하도록 하는 것이다. 그러면 자기 병을 인지하고 다른 방식으로 볼 수 있게 되기 때문이다. 막스는 인지 치료 모임에서 자신의 "끔찍한 백일몽"을 주로 많이 언급했다. 그는 또한 범죄와 공상과학소설(SF)을 직접 쓰기도 했다. 영화『마이너리티 리포트(*Minority Report*)』에서처럼 범죄에 관한 예지몽을 꾸는 형사가 주인공인 소설도 있었다. 예지몽 덕분에 소설 속 형사는 잠재적인 범죄자를 잡을 수 있었다. 실제로 범죄를 저지른 막스와는 달리 그의 소설 속 주인공은 악을 예감하고 제압했으며, 악행을 명령하고 실현하는 악당은 막스 자신이었다.

막스는 자신 때문에 억울한 옥살이를 한 남자의 재판에서 증언했다. 그리고 머리를 밤송이처럼 짧게 깎고 다니는 신입 인턴 스테판에게 재판을 통해 피해자 모두에게 사과할 수 있어서 마음이 한결 편해졌다고 털어놓았다. 당시 막스의 진심을 의심하긴 어렵다. 형기를 마치려고 기관으로 옮겨지기 전, 막스는 다시 일반 수감동에 가서 2국에서 치료를 받고 싶다고 요청했다. 우리가 절대 이해할 수 없을 논리에 따라 막스가 느끼는 살인 충동의 강도가 달라진다고 했다. 진단명은 다양했지만, 대체로 반사회적 인격장애와 조현병 사이에서 왔다 갔다 했다. 반사회적 인격장애는 조현병과는 달리 형법상의 책임을 져야 한다.

막스는 다른 평범한 정신질환자처럼 치료 기관의 규칙과 리듬을 완전히 받아들이고 적응해갔다. 그의 일부는 망상에 계속 빠져 있었지만, 다른 일부는 맑은 정신으로 남아 있었다. 일반적인 조현병 환자와는 달리 막스가 듣는 환청은 낯선 자가 아니라 자기 목소리였다. 이전에 정신병원에 입원한 적은 한 번도 없었으며, 두 건의 살인 사건을 저지른 동기가 가학증과 성적 쾌락이었다는 점도 배제할 수 없었다. 막스는 확실히 병이 깊이 들어 있었지만, 단순하게 결론지을 수 없는 상태였다. 간혹 반사회적 인격장애처럼 보이는 조현병을 만날 때가 있는데, 막스는 그 반대인 것 같았다.

법원은 사건 당시 판단력이 완전하지 않았다는 점을 인정하면서도 막스가 본인의 행위를 책임질 수 있다고 판단했다. 변호사는 항소할 것을 권했으나 막스는 판결을 받아들였다.

막스는 성탄절이 되기 며칠 전 교도소를 떠났다. 낡은 밤색 서류철에서 나는 그가 어디로 갔는지, 어떤 운명이 그를 기다리고 있었는지에 대한 어떤 실마리도 찾을 수 없었다.

주치의를 미치도록 증오한 남자

무척 좋아하는 낡은 사륜구동 차를 몰고 나는 안개가 자욱한 센 강변 도로를 따라가는 중이었다. 퐁뇌프(Pont-Neuf) 다리의 돌난간이 불쑥 나타나고, 곧이어 오른쪽으로 파리시립병원이 보였다. 2층에 '응급 환자를 구하자.'라는 플래카드가 걸려 있었다. 늦은 시간 흰 가운을 입은 사람들이 가득 찬 좁은 방에서 대기하던 인턴 시절이 떠올랐다. 구급차와 소방차가 분주하게 오가는 현관에는 파리 밤거리를 헤매던 극빈자, 시커먼 차림새의 고스족(Goth Tribe), 자살 기도자 들로 북적였다. 진주처럼 반들거리며 흐르는 상아색 강물과 안개 사이로 나타나는 유람선을 보며 옛 추억을 되새기는데 휴대전화가 깜박여서 황급히 (하지만 조심스럽게) 통화 버튼을 눌렀다.

"네, 소장님?"

교도소장은 때때로 내 개인 번호로 전화를 걸어와 특별 관리 수감자에 대해 알려준다.

"덩치가 크고요, 특이 사항으로는 의사를 무척 싫어합니다."

환자가 정신 의료 기관을 좋아하지 않는다는 말로 알아들었지만 전화 통화를 오래 할 수 없었다.

"네, 소장님. 오늘 아침에 볼 거예요."

백미러를 통해 벌써 생루이(Saint-Louis) 섬이 보였고 베르시(Bercy) 다리가 가까워졌다. 나는 때 이른 축제 분위기를 내는 가로등 불빛 때문에 베르시 다리를 좋아한다. 물론 11월의 안개 낀 고요한 아침을 꿈꿀 처지는 아니었다. 악몽이 나를 기다리고 있었다.

환자를 정확하게 잘 진단하는 미레유는 사무실로 쓰는 수용실에서 늘 마시는 맛없는 차를 곁에 두고 벌써 일을 시작했다. 어떻게 그렇게 일찍 사무실에 도착하는지 모르겠지만 그녀는 늘 첫 번째로 출근한다. 내게 권하는 정체 모를 차 한 잔을 미소와 함께 사양했다. 미레유는 여느 때와 마찬가지로 우스개를 섞어가며 간결하고 실수 없이 상황을 보고했다.

"4년 전 수감 생활을 시작한 이래 수용실을 한 번도 나가지 않고 고립된 채 지낸다고 합니다. 종신형을 선고받았는데 항소하려고 기다리고 있고요. 아무도 만나고 싶어 하지 않는답니다."

나는 서류 위에 얹힌 뜨거운 찻잔을 조심스럽게 들어 올렸다. 물론 미레유의 중독에 가까운 차 애호의 상징과도 같은 동그란 자국이 누런 봉투에 선명하게 찍혀 있었다. 나는 못 말리겠다는 듯 눈을 위로 치켜뜰 수밖에 없었고, 미레유는 아마 속으로 투덜댔겠지만 웃으며 말을 이었다.

"서류에는 아무 내용도 없어요. 환자 상태는 교도소에서 관찰되었고, 사회보장국 담당자는 아직 가지 못했거든요. 밤낮 할 것 없이 수용실에서 혼자 지내고, 운동장에 나가는 것도 거부하고, 위생을 전혀 챙기지 않고, 성적인 면을 지나치게 걱정하고, 사람들과 접촉을 거부합니다."

내겐 그 정도만 해도 무척 병적인 상태로 보여서, 어서 나아지도록 함께 싸워야 할 것 같았다. 그런데 미레유가 덧붙였다.

"이 환자가 자기 주치의를 죽이고 토막 냈다는 건 알고 계시죠?"

그 말을 듣고 나는 수수께끼 같은 수감자를 얼른 만나러 가기로 마음먹었다. 다만 혼자는 아니고 수간호사인 외젠과 함께 가기로 했다.

동료 의사들도 마찬가지겠지만 나 역시 떡갈나무 책장과 크고 오래된 책상이 들어찬 커다란 도서관 열람실보다 옹색한 면회실이 더 좋다. 창백한 얼굴의 앙리가 면회실로 들어왔다. 머리와 수염은 텁수룩하고, 손톱은 길며, 치아 상태는 엉망이고, 손가락은 니코틴에 절어 누런색이었다. 얼굴은 피곤해 보였지만, 희한하리만큼 하얀 피부였다. 그는 독특한 억양으로 천천히 말하고 전혀 웃지 않았다. 하지만 사실을 묻는 내 질문에는 논리를 갖춰서 꽤 길게 대답했다. 아무것도 바라는 게 없으니 그저 가만히 내버려두라고 했다. 정신적인 고통에 시달리지도 않고, 정신병에 걸린 건 더더욱 아니니 가라고 고집을 부렸다. 하지만 수년 전부터 처방을 받아온 항우울제 치료는 계속하겠다고 했다. 나는 항우울제는 이제 거의 소용이 없으며 다른 치료가 필요하므로 전문 의료진이 그를 만나러 올 거라고 대답했다.

정신과입원병동에서 잔뼈가 굵은 외젠은 늘 점잖고 신중하다. 그가 정확하고 성실하게 일하는 모습을 나는 참 좋아한다. 외젠이 면회실을 나서면서 말했다.

"이 친구 정신착란 증상이 아주 심한데요."

몇 주 후 나는 파리중죄법원장의 명령서를 받았다. 앙리의 항소 재판 직전에 정신감정을 허락한다는 내용이었다. 내 임무는 앙리의 현 상태가 어떠한지, 예전에 정신감정과 치료를 받은 이후에 상태가 얼마나 나아졌는지를 파악하고, 치료될 가능성과 위험성에 관한 의견을 내놓는 것이었다. 첫 번째 재판 전에 정신의학 전문가 두 명이 앙리를 진찰했는데, 각기 결론이 엇갈렸다. 한 사람은 사건 당시 앙리에게 판단력이 아예 없었다고 했고, 다른 사람은 변질되긴 했어도 판단력이 없었던 건 아니라고 했다. 하지만 두 사람 모두 망상장애라는 진단을 내렸다. 이제 내가 하게 될 세 번째 감정으로 앙리가 적절한 치료를 받도록 해달라고 요청할 기회를 얻게 될 터였다.

비가 오는 어둠침침한 오후, 거리는 쓸쓸하고 추웠다. 이번에는 환자 면회가 아니라 피고인의 정신감정을 하려는 자리였으므로 혼자 갔다. 전문가와 변호사 전용인 좁은 면회실로 안내를 받았다. 나는 일어서서 경계하는 표정을 짓는 앙리의 야윈 손을 쥐고 악수했다. 겉으로는 침착해 보였다. 그는 나를 전문가로 임명한 법원 명령서를 확인해보고 상담을 거부했다. 조금 전까지 가족 면회실에 있었고, 새로운 정신감정이 자신의 사건에 별로 도움이 되지 않을 것 같다는 이유에서였다. 나는 정신감정이 꼭 필요하다고 간청했고, 결국 앙리의 태도가 서서히 누그러졌다. 하지만 표정은 여전히 굳고, 정중하고, 긴장하고, 진지했다. 그는 끊임없이 걱정을 내비치며, 정확한 단어를 찾으려고 고심하며, 대답을 천천히 했다. 앙리는 그렇게 내게 엄청난 이야기를 털어놓았다.

전문가마다 자신만의 상담 기술이 있다. 단도직입적으로 사건을 묻기 시작하는 이들도 있지만, 나는 먼저 환자의 개인적인 신상을 이야기하는 걸 좋아한다. 그런 다음 정신과 치료를 받기 전 이야기를 하고, 그 후에 지적·인지적·정서적 기능을 검사한다. 나는 환자에 '푹 잠겨들' 방법을 모색한다. 어떤 면에서 내 방식은 내가 꼼꼼히 관찰할 시간을 갖고자 환자가 곧바로 자기 행위를 언급하는 것을 방해하는 것이다. 처음에는 환자가 알아차리지 못하도록 간접적으로 방해하고, 그다음에는 여러 가지 질문을 던지거나 기억, 주의력, 집중력, 판단력, 사고력, 지적 수준에 대한 아주 쉬운 검사를 하면서 직접적으로 방해한다. 만날 때 보여주는 태도나 목소리 톤에서 환자의 긴장 상태, 불신 혹은 적대심, 소심함, 불편함, 반응성과 충동성 등 심리적인 측면을 좀 더 많이 감지할 수 있다. 환자의 겉모습은 그가 자신에게 얼마나 신경을 쓰는지, 외모에 관심이 있는지를 보여준다. 또한, 자기중심주의도 드러내고, 조현병의 증상 중 하나인 상동증(stereotypy, 같은 말이나 같은 행동을 반복하는 증상), 우울증의 특징인 정신운동(의식, 흥분, 만족 따위의 모든 정신 작용으로 일어나는 운동 현상-편집자 주) 지연, 반대로 조광증(躁狂症)이나 불안증을 생각해볼 수 있는 경미한 격정(subagitation)도 보여준다.

어떻게 말하는지 보는 것으로도 환자를 파악할 수 있다. 양극성기분장애 환자는 어조가 아주 빠르거나 느리고, 조현병 환자는 앞뒤가 맞지 않는 말을 한다. 나는 환자의 기분을 물어보면서 검진을 계속해나간다.

"기분은 어떤가요? 잘 먹고, 잘 자고 있나요? 무슨 걱정거리라도 있어요?"

무슨 일이 벌어지는지, 환자가 어떤 대답을 하는지 지켜본 다음, 환각이나 망상이 있는지를 관찰한다. 환자가 정신과 입원 경력이 있다고 알려주면 질문 방향을 조절한다.

"기이한 일을 경험한 적이 있나요?"

'기이하다'는 말은 불가능의 영역을 열어주므로 아주 좋은 용어다.

"무슨 일이요?"

보통은 이렇게 대답하지만 난처한 표정으로 침묵을 지키는 사람도 있다. 그러면 나는 기회를 놓치지 않고 질문을 발전시킨다.

"기이한 일이라는 건요, 예를 들어 목소리 같은 거요. 목소리를 들은 적이 있나요?"

환자가 질문을 잘 이해했는데도 아니라는 대답이 바로 나오지 않으면 맞다는 뜻이다.

"목소리……, 네, 가끔요. 이상하긴 한데 늘 그런 건 아니에요. 정말 목소리를 들은 건지도 모르겠고요."

"목소리가 머릿속에서 직접 들렸나요, 아니면 귀로 들렸나요? 그러니까, 내가 당신 옆에 있었다면 목소리를 들을 수 있었을까요, 아니면 당신 혼자만 들을 수 있나요?"

"머릿속에서 직접" 목소리가 들려왔다고 하면 '정신 내적(intrapsychic)' 환각이며, "귀로 들렸다"라고 하면 '청각 구두(acoustico-verbal)' 환각이다.

정신병적 상태의 두 번째 주요 증상인 망상의 양상을 파악하려면 물어야 하는 질문도 있다. 오감(청각, 시각, 후각, 촉각, 미각)을 통해 느끼지만 존재하지 않는 것을 환각이라고 정의한다면, 망상은 현실을 새로 구성하는 것이다. 환자는 자신이 상상하고, 각색하고, 환각으로 본 일이 실제로 일어나고 있다고 믿는다. 그런 환자에게는 기이한 일을 경험한 적이 있느냐고 묻기보다는 걱정스러운 일이 없느냐고 물어야 한다. 혹은 환자를 괴롭히거나 해치려는(피해 망상이 있는지 알아볼 수 있는 아주 좋은 용어) 사람이 있는지, 두려워하는 것이 있는지를 묻는다. 좀 더 명확한 뜻을 전달하도록 질문을 바꿔가며 하고, 환자가 자신에게 일어난 일을 잘 이야기할 수 있도록 도와야 한다. 가끔 한 번에 모든 게 '쏟아져 나올' 때가 있는데, 이럴 때 환자는 말하고 싶은 욕구가 생기고 의사에게 신뢰를 느낀다. 하지만 대체로 환자는 의사를 불신하여 입을 꾹 다물고 말을 얼버무린다. 얼버무리는 말은 현실감을 상실했다는 것을 의미하기도 한다.

"모르겠어요. 이상해요. 가끔 생각해보는데요……."

이야기를 계속하도록 하려면 힌트를 줘야 한다.

"예를 들면, 텔레비전이나 광고를 볼 때 한 번씩 누가 당신에게 말을 한다든가 그런 적은 없나요?"

정신병 상태에서는 모든 것이 의미가 있을 수 있다는 것을 알아야 한다. 일반인이 당연하다고 동의하는 확실성의 영역에 환자는 포함되어 있지 않다. 일반인은 자신이 살아 있는지, 나이가 몇 살인지, 지금이 몇 시고 무슨 요일인지 안다. 또한, 생활이 논리적인 방식으로 정상적으로 흘러간다는 것도 안다. 하지만 환자는 환각 때문에 다른 방식으로 인식할 뿐만 아니라, 자신과 세상을 표현하고 이해할 능력이 완전히 소실되어서 정확하게 비판할 수도 없다.

망상장애 환자는 자신의 망상을 통해 '가짜 현실(pseudo-reality)'을 논리적으로 재구성하려고 시도한다. 추론은 제대로 하지만 전제가 잘못되었고 판단력을 상실했으므로 그를 비판할 능력이 없다. 조현병 환자는 이런 초보적인 조절력도 없다. 그의 망상은 지리멸렬하고 의미가 없으며, 의미라는 개념 자체가 산산이 부서진 '가짜 논리(pseudo-logique)'다.

"아버님이 당신에게 말하는 것이 어떻게 가능하죠? 아버님이 거기 계셨나요?"

"아니요. 하지만 난 듣는다고요."

"그렇다면 아버님이 멀리서 당신에게 어떻게 말할 수 있나요?"

"몰라요. 난 들어요."

그리고 대화는 끝이다. 환자는 불가해, 불합리, 부조리, 비논리, 혼란, 고통, 공포에 의문을 전혀 품지 않는다.

환자의 정신 검진은 치밀하게 이루어진다. 상담을 주도해야 하며, 이야기를 들으면서 가끔은 환자의 말을 중간에 자르고 우리의 주제로 돌아오도록 해야 한다. 또한, 환자가 자신의 내면을 계속 털어놓을 수 있도록 이야기의 방향도 조절해야 한다. 시간이 꽤 늘어날 수도 있고, 가끔 혼란스럽기도 하고, 억눌렸던 사연이 아주 조금씩 풀려나오기도 하지만 간혹 단번에 터져 나올 수도 있다.

"그 집에 악한 기운이 감돈다는 걸, 말하자면 귀신이 들렸다는 걸 나는 알았어요. 그 집은 저주받았어요. 집이 그런 짓을 저지르게 했어요. 집은 마귀의 앞잡이예요. 그 집 딸도 그래요. 악랄하고, 계급의 의무를 다하려고 하지 않았어요. 내가 목욕재계할 때마다 비웃었지요. 나는 기분이 좋지 않았어요. 위험에 빠져 있었고……. 집이 나한테 성관계를 맺으라고 강요했어요. 나는 할례를 받았으니까 그건 나쁜 짓이었거든요. 나는 또 기분이 나빴어요. 모든 것이 이상하고, 악마 같았어요. 게다가 전날 저녁에『크리미널 마인드(Criminal minds)』를 봤는데요, 마침 거기서 누군가를 칼로 죽이는 장면이 나왔거든요."

이 악몽은 환자에겐 꿈이 아닌 현실이다. 환자는 악몽 속에서 받은 지시와 똑같은 신호를 세상이 자신에게 보낸다고 생각한다.

"나는 칼을 집어 들고 둘 다 죽였어요. 지금은 후회하지만 여한은 없어요. 둘 다 마귀의 앞잡이였으니까요."

냉랭한 침묵이 흐른다. 하지만 우리 둘 다 감정이 북받쳐 오르고 고통스럽다. 이것은 공포 영화가 아니다. 나는 자기 이야기를 하는 남자를 마주하고 있다. 그가 말한 내용을 나는 존중한다. 내색은 하지 않지만 동정심도 든다. 나는 정신병으로 황폐해진 내면을 접할 때마다 슬퍼지기 때문이다.

나는 환자에게 감사의 마음을 자주 표현한다. 이런 순간을 만나는 건 흔한 일이 아니다. 나는 환자에게 집중한다. 정신과 치료를 한다는 건 심장을 청진하거나 간을 촉진하는 것과는 다른 일이다.

"나를 믿어줘서 고마워요. 이야기해줘서 영광이었어요. 당신이 해준 이야기는 내게 선물과도 같아요."

이럴 때 나는 환자와 뭔가 중요한 걸 나눈 느낌이 든다. 환자와 의사가 서로 이렇게 강한 감정을 느낄 때 진료의 질이 높아진다. 정신과 의사로 여러 해를 보내면서 나는 공감의 영역 밖에 있는 환자와는 일할 수 없다고 생각하게 되었다.

사법 정신감정(형사 감정)으로 돌아가 보자. 정신감정을 해보면 대부분 사람은 정상으로 나온다. 범죄자 중 정신질환을 앓는 사람은 극소수에 불과하기 때문이다. 나는 마지막으로 묻는다.

"그래서 무슨 일이 일어났나요?"

그러면 피고인은 많은 말을 할 때도 있고, 거의 말을 하지 않을 때도 있으며, 드물게는 입을 꾹 다물고 대답을 거부한다.

"내가 관심이 있는 건 오로지 사건이 어떻게 일어났느냐 하는 것입니다. 경찰과는 아무런 관계가 없어요. 내가 판사님에게 설명해야 하는 건 사건이 일어났을 때 당신의 머릿속이 어땠는지 하는 겁니다."

그러면 다양한 대답이 나온다. 사건 당시 정신병적 상태에 있었다고 추정되는 피고인의 경우에는 폭력적인 행동을 하도록 한 정신병적 메커니즘을 완전히 이해하려면 좀 더 강경하게 이야기를 이끌어내야 한다. 법의학적 대처를 하려면 증거가 필요하기 때문이다. 사건의 원인이 된 정신질환, 연속적인 증상을 반드시 알아내고 명백하게 밝혀내야 한다.

다시 만났을 때 앙리는 이야기를 풀어놓기 시작했다. 그는 캐나다인 아버지와 프랑스인 어머니 사이에서 태어나 캐나다 밴쿠버에서 자랐다. 집안은 부유했고 특별히 문제가 없었다. 학업 성적이 우수하고 명문대를 졸업한 덕분에 금융계에서 수월하게 첫 직장을 잡았다. 열일곱 살 때 부모님이 이혼해서 우울증 삽화(depressive episode, 기분이 저하되어 우울하고 거의 모든 활동에 흥미나 즐거움을 잃어버린 상태-편집자 주)가 나타났고, 세로토닌 양을 늘리는 항우울제인 세르트랄린(sertraline, 졸로푸트(Zoloft))을 처방받아서 치료했다. 일하던 금융회사가 도산하자 앙리는 다른 도시로 가서 재취업했다. 이는 그가 적응력이 높고 취업 시장에서 자신의 능력을 정확하게 알았음을 의미한다.

건강보험이 있었던 앙리는 여드름을 치료받으려고 피부과 의원을 찾아갔다. 의사의 연락처는 전화번호부에서 찾아냈다. 첫 진찰을 받으러 갔을 때 비타민에이(A) 유도체인 아이소트레티노인(isotretinoin, 아큐탄(Accutane))을 처방받았다. 그런데 약을 처방받고 이틀 후 그는 강한 불안감과 자신이 타인이 된 듯한 느낌을 받았다. 얼굴이 붉게 상기되고 눈도 충혈되었다. 앙리는 공포에 질리고 당황했다. 영문을 알 수 없는 소리가 끊임없이 귓가에 윙윙 맴돌았다. 성기에 감각이 없어지고 심각한 발기불능을 겪기 시작했다.

확실히 "머리에 병이 걸린 것" 같아서 낙담한 앙리는 병원 응급실에 가보았지만, 명확한 진단이 나오지 않았다. 병가를 너무 많이 내서 회사에서 해고당했지만, 앙리는 오로지 자신의 건강 상태에만 관심이 있었다. 결국, 아버지 집에 돌아가서 살게 되었고, 아버지의 충고에 따라 정신과 의사에게 찾아가서 또다시 졸로푸트를 처방받았다. 그 이후로 계속 졸로푸트를 처방받아서 복용한다고 했다.

앙리는 자신의 증상이 전적으로 아이소트레티노인 때문이라고 생각했다. 그래서 피부과 의사한테 전화를 걸었지만, 의사는 그리 진지하게 받아들이는 것 같지 않았다. 앙리는 이내 피부과 의사가 자신을 조롱한다고 확신하게 되었고, 전화로 그를 괴롭히기 시작했다. 의사가 거짓말한다고 생각했으므로 때때로 가명을 쓰기도 했다. 그리고 의사가 약의 부작용을 제대로 알려주지 않은 심각한 직업상의 과오를 저질렀다는 것을 알게 되었다.

"수백 번 전화한 끝에 그 약이 위험하다는 사실을 의사가 이미 알았다는 걸 알게 됐어요. 거짓말한 거죠. 돈 때문에 그런 짓을 했어요. 약이 위험하다는 걸 모든 환자에게 숨겼어요. 그래서 나는 기다렸지요."

앙리는 피부과 의사에게 고소하겠다고 위협했다.

"할 테면 해요, 이 사람아."

의사의 대답에 앙리는 그를 증오하기 시작했다. 이것이 앙리가 훗날 저지르게 될 범죄의 징후이자 계기다. 무시당하고 장해를 입었다는 생각에서 행위가 촉발되기 때문이다.

정신적·육체적 고통 때문에 느낀 절망감에 분노와 복수심이 뒤섞였다. 앙리는 자살도 생각했다. 고통과 병의 원인인 뇌 손상을 부검으로 밝히고 피부과 의사의 유죄를 입증해야 하므로 뇌를 온전히 보존하는 방법으로 죽을 생각이었다.

그는 일을 아예 그만두고 몇 달간 유럽 여행을 했다. 외가에도 가고 성매매 여성과 첫 성관계도 했다. 상태가 조금씩 나아졌다.

앙리는 장학금을 받고 법학을 전공하기 시작했다. 법학 지식을 이용해서 자신이 직접 피해 보상을 청구할 작정이었다. 공부에 열중하면서 정신적으로 여유도 생겼는지 시험을 보는 족족 좋은 성적으로 통과했다. 다음 해에는 여대생과 연애를 시작하기도 했지만, 안 좋게 끝나는 바람에 우울증이 다시 도지고 점점 심해졌다. 학교를 자퇴하고 온라인 포커 게임에 빠져서 일주일에 20시간을 넘게 했다. 코카인도 다량 복용했다. 몇 달 만에 12만 5000달러가량의 거액을 벌어들이기도 했지만, 그만큼 많이 잃기도 해서 수입은 늘 제자리였다.

되는 일이 하나도 없었다. 발기불능 때문에 비뇨기과 의사를 찾아갔지만, 속 시원한 대답은 듣지 못했다. 자살하기로 마음먹고 부모님에게 마지막 메시지를 남기려고 비디오카메라를 샀다. 피해망상이 다시 시작되었고 악화되었다. 포커 게임에서 딴 돈과 의사가 벌어들였을 돈을 비교하니 자신의 인생이 돌이킬 수 없이 망가졌다는 생각이 들었다. 앙리는 여러 가지 복수할 계획을 상상해보았다. 의사에게도 똑같은 약을 억지로 먹인다든가, 호수에 빠뜨린다거나 하는 계획이었다. 피부과 의사는 벌을 받아야 하지만, 현행 사법 제도로는 벌을 줄 수 없으므로 부당하다는 생각이 들었다. 그래서 앙리는 자신이 직접 의사에게 벌을 내리는 임무를 맡기로 했다. 그뿐만 아니라 의사가 또다시 남을 해치지 못하도록 시력을 빼앗든지 사지를 잘라서 아예 불구로 만들어버릴 작정이었다. 정의는 살아 있고 앙리는 정의의 화신이었다. 그는 끔찍하게 고통스러웠다.

"그 당시 나는 죽은 거나 마찬가지였어요. 그놈이 내 미래를 모조리 빼앗아갔고, 내 영혼을 훔쳐갔어요. 사회를 보호하려면 그놈이 의사 노릇을 계속하는 걸 막아야 했어요."

앙리는 행동에 나섰다. 자살하고 싶은 생각에 사로잡혀서 인터넷으로 펜토바르비탈 나트륨(pentobarbital sodium, 진정제나 수면제로 쓰이는 약품-편집자 주)을 찾아보았는데, 캐나다에서는 동물의 안락사에만 사용되는 금지 약물이었다. 그래서 비행기를 타고 멕시코로 가서 약을 구했다. 귀국길에 앙리는 렌터카를 빌려서 타고 수백 킬로미터를 달려 4년 만에 처음으로 피부과 의원을 찾아갔다. 그는 도중에 잡화점에 들러 톱, 접착테이프, 가위, 용접기를 샀다. 용접기는 피부과 의사의 사지를 자르면 생기게 될 상처를 불로 지지려고 샀다. 가명으로 예약하고 코카인을 버번위스키에 타서 네다섯 잔을 마신 후 의원에 도착했다고 앙리는 회상했다. 그는 오후 진료의 마지막 환자였는데, 후드 점퍼를 뒤집어쓰고 대기실 가장 구석진 소파에 앉아 있었다고 했다. 나중에 접착테이프로 결박한 의사의 저항이 너무 강해서 사지를 절단할 수 없었으므로 여러 번 칼로 찌를 수밖에 없었다고도 했다.

앙리는 계속 감정 없는 빠른 말투로 사건을 설명했다.

"그놈을 바닥에 던지고 양손과 양발을 잘라보려고 했어요. 하지만 안 되더라고요. 자꾸 막으려고 해서 칼로 많이, 많이 찔렀어요. 그러니까 죽더군요."

의사를 죽인 다음 앙리는 떠났고, 그를 보거나 소리를 들은 이는 아무도 없었다. 우선 앙리는 미리 방을 잡아놓았던 모텔로 돌아갔다.

복수하고 나니 죽음의 충동이 일시적으로 사라져서 자살하고 싶은 생각이 들지 않았다. 그는 육로로 여러 날을 달려 멕시코에 도착했는데, 도중에 신용카드는 사용하지 않았다. 그런 다음 이중국적의 이점을 이용해 프랑스령 앤틸리스제도(Antilles)로 갔다. 그리고 겨우 몇 달 후 스스로 경찰서로 가서 자수했다.

1심에서 종신 징역형을 선고받았다. 5년이 지났지만 앙리의 피해망상은 전혀 나아지지 않았다.

"의사가 약에 관한 경고를 숨겼어요. 그게 위험한 줄 이미 알면서요. 게다가 나한테 과도한 양을 처방해줬어요. 돈 때문에 그런 짓을 한 거예요."

앙리는 극도로 절망했다.

"될 대로 되라 싶어요. 아무 상관없어요. 난 이미 죽은 몸이고, 재판해봤자 아무런 이득도 없을 거라고 생각해요. 어쨌든 바깥에서 잘 살 수도 없을 거고요. 뇌가 망가져서……. 감정도 못 느끼고 정상적인 삶을 살 수도 없어요. 나는 감정을 담당하는 뇌 부위가 작동하지 않아요. 그래서 성 문제도 겪고 있죠. 발기와 사정은 되는데 느낌이 없어요. 나는 바뀌었고, 내 인격도 바뀌었어요. 전에는 삶을 누릴 수 있었는데, 지금은 못 해요."

앙리는 판단력에 심각한 장애가 있었다. 그는 죽은 피해자를 여전히 증오하며, 오로지 돈을 벌 목적으로 위험한 약을 일부러 처방해줬다고 믿었다. 또한, 항고하면 형량이 많이 줄어들 것이고, 당장 석방될 수도 있을 거라고 확신했다. 석방 이후의 계획도 이야기해주었다.

"어쩌면 어머니랑 같이 살지도 몰라요. 그런 삶에 적응해야겠죠. 코트다쥐르(Côte d'Azur) 아니면 앤틸리스제도에 살게 될 거예요."

망상적인 직감에 근거한 예상을 하기도 했다.

"지금은 다들 그놈이 한 짓을 알 거라 생각해요. 내 생각엔 그래서 그 약이 시장에서 회수된 것 같아요. 사실 난 아무것도 몰랐어요. 변호사가 거짓말했거든요. 그 사람들이 우리 어머니에게 아무 말도 하지 말라고 했어요. 원고 측에서 캐나다 법무부에 전화를 걸고, 또 캐나다 법무부는 프랑스 법무부에 전화를 걸었단 말이에요. 그래서 1심에서 프랑스 대통령이 개입해서 중형을 받은 거예요."

앙리가 이렇게 확신하는 근거는 환청 때문이다.

"감시자들이 하는 이야기가 들리는데요, 캐나다와 프랑스에서 보도되었다는 거예요. 그 보도에서 내가 곧 교도소를 나갈 거라고 했대요. 그 의사가 죽어도 싸다고, 그런 일을 당해도 싸다고 했대요."

이전에 정신감정을 한 전문가들은 앙리가 위험하다는 결론을 내리고, 기분조절제와 항정신병제를 병행한 심리 치료를 해야 한다는 데 동의했다. 내가 검진했을 때 앙리는 피해자가 자신을 해치려고 했고, 돈 때문에 일부러 극도로 위험한 약물을 처방했다고 여전히 굳게 믿고 있었다. 정의를 실현하고 진실을 밝히려면 피해자를 죽이는 길밖에 없었다고 생각하기도 했다. 그의 과대망상적 증후는 피해자에 집중되어 있었지만, 이제 피해자의 가족, 프랑스와 캐나다의 법무부, 프랑스 대통령에까지 확장되었다. 앙리의 증상이 악화되었다는 의미였다. 망상은 비판의 여지없는 절대적인 확신에 기반을 두고 있었다. 위험성은 더욱 커졌다. 살인을 저지르기 전에 앙리가 기대한 것과는 달리 피해자의 죽음으로 자신의 정신 상태도, 삶의 질도 전혀 나아지지 않았다. 그의 굳건한 믿음에는 털끝만큼의 흔들림도 없었다. 나는 과대망상증의 벽 앞에 서 있었다. 그것은 외부의 영향을 전혀 받지 않는 난해하고 닫힌 사고방식이었다. 굳은 확신을 기반으로 논리적이고 일관성 있게 추론 하지만, 현실성이 전혀 없는 잘못된 전제에서 출발한 것이 문제였다.

"그 의사는 내가 입을 피해는 전혀 아랑곳하지 않고 오로지 자기 이익만을 생각했어요. 나를 해치려고 일부러 그런 거죠."

1899년 독일의 정신의학자 크레펠린(Emil Kraepelin, 1856~1926, 독일 의 정신의학자. 근대 정신의학의 아버지. 각 정신질환을 계통적으로 분류하여 현 재 사용되는 정신의학의 진단과 개념의 기초를 확립했다. -옮긴이 주)은 망상장 애를 "지속적인 망상 체계의 잠복적 진행이며, 내부적인 요인에 의존하 며 만성적이다. 이러한 망상 체계는 절대 흔들리지 않으며, 완전히 체 계화된 사고나 의지, 행동이 뒷받침된다."라고 정의했다. 옛 스승의 탁 월한 지적이다. 이 정의 속에 모든 것이 담겼다. 미국정신학협회에서 발 간하는『정신장애의 진단 및 통계 편람(Diagnostic and Statistical Manual of Mental Disorder)』은 '망상장애'를 건조하게 기술하고 이상행동(사회적으 로 가치가 없거나 일상생활에 적합하지 않은 행동-편집자 주)에서 의미를 찾지 않는다. 그래서 옛날 학자들이 연구했던 광적인 사고에 뒤얽힌 우여곡 절, 의미가 산산이 부서진다는 느낌을 온전히 받을 수 없다.

앙리는 망상을 완화하거나 조절하기 위한 신경이완제나 항정신 병제 치료를 거부했다. 이러한 약물은 특히 망상이나 환각을 완화하는 작용을 하며 '항정신용제'라고 부르기도 한다. 앙리는 병을 인지하지 못하는 질병불각증을 보이며, 정신과적 치료를 모조리 거부했다. 그래서 나는 필요하다면 강제로 치료하거나 약을 투여하는 강제 입원을 추천하는 결론을 내렸다.

2주가 지나고 법원 출두일이 다가왔다. 파리중죄재판소의 법정은 무척 근사했다. 여성 재판장과 배석판사들이 앉은 의자 등받이의 조각에서 눈을 뗄 수가 없었다. 천장은 공들인 세공 장식이 되어 있었고, 화려하고 우아한 장식은 슬픈 악몽 같은 사건과 대조를 이루었다. 나는 이런 상황을 정말 받아들이기 힘들다.

앙리는 이미 변호사 선임을 한 번 거부했다. 그가 자신을 "미친 사람으로 취급하려고 했기 때문"이었다. 지금 변호를 맡은 변호사는 갈색 머리에 늘씬한 젊은 여성인데, 역시 자신의 의뢰인이 아프다는 걸 진지하고 열정적으로 증명하고 싶어 했다. 내 증언이 끝날 무렵, 변호사는 내게 앙리의 형사책임에 대해 질문했다. 내 업무 범위에 포함되어 있지 않은 부분이었지만 재판장이 허락했다.

"전문가로서 어떻게 생각하십니까?"

내가 기다리던 질문이었다.

"재판장님, 이 환자는 제가 방금 기술한 정신질환 때문에 사건 당시 판단력을 완전히 상실한 상태였습니다. 또한, 제가 증명했듯, 사건이 일어난 직접적이며 전적인 원인은 환자의 연속적인 망상장애 때문입니다. 제 소견으로 환자는 형사책임능력이 없습니다."

내 왼편 약간 위쪽에 앙리가 조각상처럼 꿈쩍도 하지 않고 앉아 있었다. 나는 용기를 내서 그를 슬쩍 바라보았다. 오른편에는 피해자 가족들이 피곤한 얼굴로 앉아 있었다. 어쩌면 시차 적응 때문일지도 모르지만, 그보다는 아직 삭이지 못한 혐오감 때문인 것 같았다. 재판장이 내게 감사를 표했다. 재판이 이 정도 진행되면 나는 희망을 거의 품지 않는다. 앙리의 변호사에게 서글픈 미소를 지어 보였다.

며칠 후 1심 판결을 확정 짓는 결정이 내려졌다. 이전 판결보다 약간 감형된 치료감호와 더불어 일정 기간 감형과 임시 석방을 금지하는 상대적 종신형이었다. 그렇게 앙리는 판단력이 없는 상태에서 저지른 행위에 대해 중형을 받고 책임을 져야 하는 수없이 많은 정신질환자 중 한 명이 될 터였다. 게다가 배심원들이 혐오스러운 범죄행위에서 나타난 정신이상의 징후에 더욱 과중한 형을 내렸다. 사람들은 범죄자를 두려워하는데, 그 범죄자가 정신질환자라면 공포감이 배가된다. 무슨 짓을 할지 예측할 수 없기 때문이다. 교도소의 좁은 통로를 걷거나, 좁은 수용실에 처박혀 있거나, 혹은 교도소 마당에서 산책하며 무거운 공기를 들이마시거나, 정신질환자는 두려움에 떠는 모든 사람과 거리를 두고 혼자 갇혔다. 나는 환자인 앙리를 그런 곳에 둘 수 없었다.

격리 구역에서 여러 달을 보낸 후, 미레유와 외젠이 수차례 간청한 끝에 마침내 앙리는 낮에는 교도소 정신과입원병동에서 입원 치료를 받기로 했다. 신경이완제인 할로페리돌(haloperidol)을 투여하기 시작하면서 앙리의 태도는 다소 부드러워졌다. 하지만 치료에 거의 동조해주지 않았다. 게다가 여전히 망상에 시달리면서 자신이 정신질환을 앓는다는 사실마저 부인했다. 앙리는 중환자병동으로 이감되어 6개월 동안 입원했다가 정신과입원병동으로 돌아왔다.

앙리는 정신과입원병동에 거의 1년을 머물렀다. 마침내 치료를 받아들여서 미술 치료 활동에 참가하고, 산책하러 나갔다. 핏기 없이 새하얗던 안색이 정상으로 돌아왔다. 하지만 그는 "10년 전부터 사람들이 (자신의) 뇌에 이상을 일으켜와서" 여전히 우울하다고 했다. 자신의 행동에 대한 죄책감이 전혀 없었고, 피해자는 물론 해로운 약품을 시장에 내놓은 제약 회사에도 여전히 원한을 품고 있었다. 그래도 앙리는 많이 좋아졌다. 앙리의 두툼한 진료기록부를 보면 이제는 가끔 웃기도 한다고 기록돼 있었다. 진료기록부에는 군데군데 커피로 짐작되는 얼룩이 묻었다. 이 글을 쓴 시점에 앙리는 몇 주 동안 수감자평가센터에 입소 중이었다. 그의 상태와 무거운 형을 최대한 고려한 교도소로 이감될 터였다.

나는 앙리를 자주 생각했다. 학생들도 앙리 사건에 많은 관심을 기울였다. 앙리는 사례 발표 대상이기도 했다. 사례 발표는 전문가들이 조용히 앉아서 지켜보는 가운데 발표자가 환자에게 질문하고 환자는 자신의 이야기를 풀어놓는 자리다.

하류 쪽의 센 강변도로를 운전해서 가는데 폭우가 퍼붓더니 아스팔트 도로가 물에 잠기기 시작했다. 전조등 불빛에 끈적끈적해 보이는 자잘한 물결이 이는 것이 보였다. 좌우로 움직이는 와이퍼와 빵빵거리는 경적 소리 속에서 나는 또다시 앙리의 이야기를 떠올렸다. 나는 망상이 시작된 계기가 된 피부과 치료 후 10여 년이 지난 뒤에 앙리를 만났다. 그때까지 앙리는 증상을 완화할 어떤 치료도 받지 못했다. 그는 홀로 칩거하며 자신에게 무관심(Incurique)한 채 스스로 피해자임을 절대적으로 확신하며, 개인적으로나 법적으로 자신이 어떤 상황에 부닥쳤는지 객관적으로 이해하지 못했다.

앙리는 피부과 의사가 아큐탄을 처방한 동기나 의도에 망상을 품고 있었다. 그뿐만 아니라 그 약 때문에 신체이형장애(정상적인 외모인데도 자기 외모에 결함이나 기형이 있다고 상상하여 집착하고 고치려는 정신질환-편집자 주)가 생겼다고 굳게 믿었다. 그런데 앙리가 주장하는 대로 아이소트레티노인 성분의 약을 먹고 48시간이 지났다고 해서 그런 증상이 나타날 수는 없다. 자문을 맡은 전문가들도 이런 점을 분명히 확인한 보고서를 제출했고, 조사 결과 피해자인 피부과 의사의 평판은 매우 좋았다고 했다.

이 끔찍한 사건을 피할 수는 없었을까? 앙리의 과거에서 그런 사건을 일으킬 만한 취약한 요소를 감지할 수는 없었을까? 청소년기에 앙리는 저절로 사라졌다가 나타나곤 하는 반복적인 강박 증상을 보였다고 한다. 그는 점차 자신이 남들과 다르다고 느꼈다. 친구를 사귀고, 대화를 계속해나가고, 농담하는 게 어려웠고, 특히 젊은 여성과 함께 있거나 연애할 때 불편하고 움츠러들었다. 앙리는 그런 불편함의 원인이 자신의 이중국적과 이중 문화 때문이라고 했다. 반복적으로 나타나는 우울증 삽화는 오로지 졸로푸트만으로 다스렸다. 머리 회전이 빨라지고, 집중적으로 활동하는 시기가 반복적으로 있었던 듯하다. 온라인 포커 게임에 빠진다든가, 살인을 저지르기 전 발 빠르게 행동했을 때가 그랬다. 이런 상황으로 보아 양극성기분장애를 생각해볼 수도 있다. 하지만 역시 가장 뿌리가 깊고 치명적인 문제는 지속해서 나타나는 망상이었다.

결국, 근본적으로 취약하며 자기애적 측면에서 상처를 입은 한 인간의 초상을 그려볼 수 있다. 대학생 때 했던 연애가 실패하면서 자신이 복용했던 약의 부작용에 대해 트라우마(외상성신경증, 재해를 당한 뒤에 생기는 비정상적인 심리적 반응-편집자 주)로 남은 경험이 되살아났다고 나는 추측한다. 그에게 있었던 신체이형장애가 증명하듯, 어쩌면 망상장애는 어렸을 때부터 서서히 진행되었다고 보는 것이 더 정확할 것이다. 앙리는 자신의 얼굴이 "나이에 비해서 너무 늙어 보인다."라고 생각해서 피부과 치료를 받으려고 했다. 첫 처방을 받았을 때부터 망상적인 의심이 시작되어 점점 강해졌는데, 신체 환각 때문에 더욱 심해진 것 같다. 앙리가 법학을 전공하면서 안정적인 생활을 하던 몇 달간은 망상이 일시적으로 사라졌다. 하지만 생활 리듬이 깨지면서 이성의 둑도 무너져서 앙리의 의식은 광기의 차가운 파도에 휩쓸려갔다. 그날 저녁 센강 근처 도로가 물에 잠겼듯이 말이다. 다음 날 강변도로의 통행이 금지되었다.

엄마에게 편안한 죽음을 주고 싶었던 딸

정신질환은 사회적 지위, 인종, 지적 수준 등과 상관없이 모든 사람이 걸릴 수 있다. 조현병의 경우 백 명 중 한 명이 앓고 있으며, 이중 폭력적인 성향을 보이는 사람은 극히 일부다. 그런데 위법행위를 하는 정신질환자는 여성보다 남성이 훨씬 많다. 프랑스에서는 여성 수감자의 비율이 전체 수감자의 약 4퍼센트인데, 위법행위를 하는 여성 정신질환자의 비율도 이와 비슷하다. 결국, 정신질환에 걸린 사람은 어떤 전형성을 보인다고도 할 수 있다. 그러므로 철학 교사 자격증이 있는 여성이 살인미수로 기소된 것은 이례적인 사례였다. 여러 해가 지났지만, 그녀를 만난 건 인상적이면서도 약간 고통스러운 기억으로 남아 있다.

캉(Caen)지방법원에서 의뢰한 정신감정을 위해 2010년 즈음에 아멜리를 만났다. 정신이상 증상을 보이는지, 형법적 제재를 받을 수 있는 상태인지, 판단력이 있는지를 알아보는 정신감정으로 내가 늘 하는 일이었다. 작은 조립식 건물에서 아멜리와 마주했다. 낮이 점점 길어지는 계절이었지만 그곳은 여전히 춥고 눅눅했다. 건물 안에는 복도와 조그만 사무실 세 개가 나란히 붙어 있었는데, 복도에 난 창밖으로 화창한 바깥 풍경과 100년은 되었음 직한 플라타너스가 보였다. 가지치기가 잘못되었는지 군데군데 기다란 나뭇가지가 땅까지 닿았다. 금요일 아침, 으슬으슬한 냉기가 아직은 남아 있었다. 하지만 변덕 심한 초봄 날씨가 마침내 풀리려는지 우거진 나무 사이로 따스한 기운이 느껴졌다. 나는 첫 번째 사무실에 자리를 잡았다. 병원 세탁실에서 가져온 푸른색 후드 코트를 어깨에 걸쳤다. 하도 입고 다녀서 이제는 나와 한 몸이 된 것 같은 코트였다.

아멜리는 불구속 상태에서 살인미수 혐의를 조사받고 있었다. 사안은 심각했지만 아멜리는 위험하거나 법망을 피해 달아날 염려가 없다고 법원이 판단한 것 같았다. 나는 비서인 라켈이 만들어준 자료를 가지고 일했다. 에스파냐 출신인 라켈은 클리시(Clichy), 프렌교도소, 빌주이프까지 나와 함께 보조를 맞춰왔다. 오직 타파스(tapas, 에스파냐의 전체 요리-옮긴이 주)와 안달루시아(Andalucía)식 저녁 식사에 대고만 맹세하는 유쾌한 라켈이 없으면 나는 아무 일도 못 할 것이다. 키보드에서 나는 딸깍거리는 소리를 들으며 나는 아멜리를 기다렸다. 사건이 유독 무겁게 다가왔다. 아마 내가 여러 해 전부터 속속들이 잘 아는 고통을 마주하게 될 터였기 때문인 듯했다. 죽어가는 어머니를 곁에서 지켜보는 고통 말이다.

짧은 머리의 50대 여성이 들어왔다. 과체중이고 옷매무새는 거의 신경을 쓰지 않았는데, 긴장하고 슬픈 표정이었다. 제부가 함께 들어왔는데 한눈에 보아도 정말 처형을 세심하게 보살피고 도와주었다. 제부는 복도에 있는 접이식 의자에 앉아서 기다렸다. 접이식 의자는 그나마 딱 하나 있는 대기실 비품이었다. 새들이 지저귀는 소리마저 구슬프게 들리는 허름한 작은 사무실, 내 앞에 아멜리가 앉아 있었다.

아멜리는 불쑥 자신이 "잘 못 지내는 편"이라고 말을 꺼냈다. 형편이 안 좋다는 이야기였다.

"재판이 1년 반 후에 열린다는 소식을 들었어요. 게다가 빚이 점점 늘고 있어요. 돈을 물 쓰듯 낭비했거든요. 사실 난 기분이 안 좋아요."

나는 곧바로 검진 방향을 기분, 다시 말해 정서와 감정의 영역으로 돌렸다. 아멜리는 너무 일찍 잠이 깨서 푹 잔 느낌이 들지 않는다고 했고, 식욕이 없진 않지만 여러 주 전부터 자살하고 싶다는 생각이 든다고 했다.

자살 위기에 대해서 꼼꼼히 검사했다. 아멜리의 경우에는 "내가 사라지는 게 더 나을 거야."라는 식의 막연한 관념이 아니라 벌써 자살과 관련한 시나리오가 있었다. 그녀는 "전철에 몸을 던져서" 죽을 생각이라며 울음을 터뜨렸다. 다행히 아직 구체적으로 계획을 짜놓은 상태는 아니었다.

"어떻게 할 생각이에요? 생각해놓은 장소나 시간은 있나요?"

통념과는 달리 자살을 생각하는 환자에게는 이렇게 구체적인 질문을 해야 한다. 그렇다고 환자에게 "나쁜 생각을 하게 할" 위험은 없다. 오히려 이런 질문을 함으로써 자살 위험이 어느 정도 수준인지 심각성을 가늠할 수 있고, 실질적으로 어떻게 개입해야 할지 알 수 있다.

환자에게도 이런 질문은 많은 도움이 된다. 환자를 사로잡은 자살에 대한 생각을 스스로 표현할 수 있도록 해주기 때문이다. 죽음을, 특히 자기 죽음을 구체적으로 이야기하면서 깊은 고독감에서 놓여날 수 있다. 자살 기도자는 자신이 죽음을 생각한다는 걸 이야기함으로써 정신적인 고통을 덜 수 있다. 다 빼앗긴 것처럼 허무한 인생길에서 자살은 하나의 탈출구에 지나지 않지만, 대화는 대안을 향한 길을 열어주고 공감을 불러일으킨다. 때로는 이러한 공감만으로도 삶의 궤도와 결정을 완전히 바꾸어놓을 수도 있다. 이제 어떤 미래를 상상해야 할지 알 수 없게 된 머릿속에 기찻길 위에 쓰러진 자신의 이미지가 각인되어 있다. 하지만 아멜리는 아직 생각을 실행에 옮기겠다고 결정하지 않았고 계획을 세우지도 않았다. 그다음이 시나리오가 구체적으로 완성되는 단계인데, 이때 역설적으로 자살 기도자가 진정되기도 하므로 주의해야 한다. 결단을 내리고 방법을 찾아서 실행에 옮기는 과정에서 자살 기도자의 불안감이 해소되는 것이다. 갑자기 웃기 시작하는 우울증 환자를 유심히 살펴봐야 한다.

아멜리의 절망감이 고스란히 전해졌지만, 나는 일관성을 지켜야 했다. 평소대로 나는 살아온 내력을 물어보는 질문부터 시작했다. 이야기를 나눠 보니 평균보다 훨씬 높은 지능이 있지만, 엄청난 고통에 시달리는 사람이었다. 줄곧 눈물만 흘리다가 어느 정도 진정되자 질문에 자발적으로 대답하고 협조해주었다. 생각이 유연한 데다 빠르고 정확했으며, 풍부한 어휘를 사용하고 개념을 섬세하게 표현해냈다. 하지만 뛰어난 말솜씨에 비해 목소리는 낙담이 어려 있고 단조로웠다.

아멜리는 1950년대에 레바논에서 태어났다. 아버지는 군인, 어머니는 초등학교 교사로 맞벌이 가정이었으며 세 자매 중 둘째였다. 아멜리가 태어나고 몇 년 후, 부모님이 프랑스로 발령을 받아 가족 모두 귀국했다. 학업성적이 매우 뛰어나 고등사범학교에 입학하였고, 철학 교사 자격증을 따서 교사로 일했다. 결혼한 적이 한 번도 없는 독신이지만 딸이 한 명 있어서 육아와 일을 같이 해야 했다. 1년 남짓 전에 일어난 사건 이전에는 전과가 전혀 없었다. 이 사건 때문에 아멜리는 9개월 동안 수감 생활을 했고, 보호관찰을 조건으로 임시 석방되었다.

정신과 진료기록부를 보니 사건을 저지르기 몇 주 전, 아멜리는 정신과 의원에 찾아가서 의사에게 "늙어가는 부모님을 보기가 우울하다."라고 했다고 적혀 있었다. 의사는 항우울제, 항불안제, 수면제를 처방해주었다. 어머니, 아버지, 자매들 역시 우울증 삽화를 겪고 처방받은 적이 있었다. 우리가 만났을 때도 아멜리는 한 달에 두 번 정신과 의사에게 진료받고 있었으며, 항우울제와 항정신병제를 처방받아서 복용했다.

아멜리의 슬픔과 단조로운 목소리가 사건과 관련이 있으며 죄책감 때문일 것이라는 생각이 들었다. 그래서 나는 아멜리의 인격 중 어떤 부분이 '정상적'인지 알아보기로 했다. 어머니를 살해하려고 시도하지 않는 아멜리는 어떤 사람인지 알고 싶었다. 예전의 자신은 어땠는지를 묻자 처음으로 아멜리에게서 희미하게나마 생기가 돌았다. 그녀는 자신의 에너지, 수다 떨기 좋아하는 성격, 열정을 이야기하면서 아쉬운 표정을 지었다. 마치 그때의 아멜리는 이제 닿을 수 없는 곳에 있는 추억에 불과하다고 여기는 것 같았다. 희망을 완전히 잃어버린 모습이 무척 서글퍼 보였다. 아멜리가 예전의 "아주 좋은 기분", 쾌활함, 활력, 사교성, 열린 태도, 호의 등을 언급할 때는 말투, 동작, 눈빛, 전반적인 태도에서 실제로 예전 모습이 언뜻언뜻 비치기도 했다. 그렇게 예전과 지금의 아멜리를 비교했을 때, 그녀가 앓는 병이 기분장애(기분을 조절하기 어렵고, 비정상적인 기분이 오랫동안 지속되는 장애— 편집자 주)가 아닐까 하는 내 가설에 더욱 힘이 실렸다.

양극성기분장애라는 건 흔히 말하듯 기분이 들뜨고 가라앉는 변화와 함께 몸 상태가 좋아졌다가 나빠졌다가 하는 것이 아니다. 살면서 기분이 변화하는 건 정상적이며, 이러한 기분 변화는 특히 어떤 사건을 만나느냐에 달렸다. 그런데 양극성기분장애 환자는 평범한 상황에서도 기분을 조절하지 못한다. 안정을 찾지 못하는 이유는 상황이 아니라 내면에 있다. 그들은 이렇게 말한다.

"행복해지는 데 필요한 모든 조건을 내가 가졌다는 걸 알아요, 선생님. 하지만……."

기분이 가라앉는다는 것은 한없는 우울감에 빠진다는 의미다. 성안나(Sainte-Anne)병원에서 만났던 한 여성 환자가 떠오른다. 새벽 네시에 진찰해야 했던 환자였는데, 복도 바닥에 누워서 간호사들이 수십번 이야기해도 일어나길 거부하고 있었다. 결국, 지친 간호사들이 당직 인턴이던 나를 호출했다. 환자가 내게 말했다.

"선생님, 이해하지 못하시겠지만 난 이미 죽었어요. 끔찍하죠. 난 알아요, 내가 이미 죽었다는 것을요!"

다시 보니 환자는 눈이 완전히 풀린 채 악에 받쳐 고함을 질렀다. '죽었다'는 말은 비유적인 표현이 아니었다. 그녀는 자신이 죽어서 좀비 같은 존재가 되었다고 굳게 믿었다. 한 간호사는 그 환자가 히스테리(정신적 영향이 원인이 되어 운동마비, 실성, 경련 따위의 신체 증상이나 건망 따위의 정신 증상이 나타나는 정신신경증의 한 유형-편집자 주) 증상을 보이고 연극적으로 "과장해서 말한다."라고 생각했다. 하지만 환자는 연기가 아니라 정말로 자신은 숨만 쉴 뿐 이미 죽은 몸이라고 했다. 환자의 이런 면을 설명하고, 항우울제만으로는 진정시킬 수 없는 상태이니 응급 충격요법(전기 충격)을 실시해야 한다는 소견을 전달했던 기억이 난다. 이런 환자의 문제점은 식음을 전폐한다는 데 있다. 먹고 마셔봐야 아무 쓸모도 없고, '죽은 사람은 먹지 않는다.'라는 우주의 질서를 어지럽힌다는 이유에서다. 그래서 환자는 손가락 하나 까딱하지 못하게 될 때까지 식음을 전폐하기도 한다. 바로 우울성 혼미(depressive stupor)인데, 나는 그런 상태에 빠진 환자를 한 번 만난 적이 있다. 고용량의 항우울제를 주사기로 투여하면 간혹 효과가 있기도 하다. 환자가 우울성 혼미 상태에 빠지면 즉시, 그리고 강하게 대처해야 한다.

기분이 가라앉는 시기가 지나면 고조되는 시기가 온다. 조증 상태인 환자는 굉장히 들떠 있다. 농담하고, 때때로 화내고, 사고가 빨리빨리 바뀐다. '마음이 빨라지는' 타키사이키아(tachypsychia) 상태이며, 뒤죽박죽 엉킨 생각을 통제할 수 없다. 말할 때 비약이 심하고, 말장난하거나 굉장히 많은 말을 쏟아낸다. 활력이 넘쳐서 잠도 자지 않는데, 치료받지 않으면 완전한 불면 상태에 이르러 기력이 소진되고 심하면 죽을 수도 있다. 상담하는 도중에 신나게 노래를 부르기도 한다.

환자에게 "노래 한 곡 불러주겠어요?"라고 하면 사무실에서나, 환자복 차림으로나, 상황에 개의치 않고 곧바로 부른다. 때와 장소에 따라 삼가야 할 행동을 구분하지 못하는 것이다. 물론 환자를 웃음거리로 만들고자 이런 요청을 하는 것이 아니다. 그의 상태가 얼마나 심각하며, 그 때문에 사회성이 얼마나 손상되었는지를 확실히 알아보기 위해서다.

조증 환자는 고삐 풀린 망아지 같다. 환자가 하는 농담이 재미있을 수도, 없을 수도 있다. 농담이라고 하는 말이 가끔 귀에 거슬리기도 하고, 공격적으로 들리기도 한다. 마르세유의 티몬(Timone)병원에서 일할 때가 생각난다.

"이봐요, 선생님, 스타킹 올이 나가서 이상해요!"

조증 환자는 복도 한복판, 사람들이 다 있는 데서 이런 소리를 한다. 입가에 웃음을 띠고 눈은 반짝반짝 빛나는데, 여러 날 동안 아무 말도 하지 않는 환자도 있었다. 그는 원래 위탁판매원으로 일하는 남자였는데 기괴한 행동을 해서 입원했다. 아내는 남편이 '말하지 않는 조증'에 걸렸다는 진단을 받고 몹시 충격을 받았다. 정신억제제 혹은 신경이완제인 할로페리돌이나 자이프렉사(Zyprexa)를 투여하면 조증이 가라앉고 정상적인 상태로 돌아온다. 그런 다음 리튬(lithium) 혹은 기분을 조절하는 데 효과가 있는 항간질제(다양한 형태의 간질에서 일어나는 발작의 정도를 완화하거나 발작을 방지하는 약물-편집자 주)인 데파킨

78

(Depakine)이나 테그레톨(Tegretol)을 투여해 뇌 구조를 안정화해야 한다. 데파킨과 테그레톨은 다루기가 쉽고, 과량 투여했을 때 위험성이 덜하다는 장점이 있다.

아멜리는 자신을 질책하는 보고서를 직접 작성했다. 구절구절 죄책감이 어려 있고, 자신을 두둔하는 내용은 전혀 없었다. 자신에게는 정상 참작의 여지가 없다고도 했다. 프로이트는 우울증 환자의 초자아가 "엄하고, 가차 없고, 냉혹하다."라고 했는데, 아멜리가 그랬다. 자신의 사정을 봐주지 않는 점은 전형적인 우울증 환자의 특징이지만, 때때로 양극성기분장애 경향이 있는 환자의 임상 증상이 발현하기 전 성격이기도 하다.

내 은사인 타토시앙(Tatossian) 교수가 텔렌바흐(Hubertus Tellenbach)가 규정한 '멜랑콜리 친화형'의 '비정상적인 정직성'을 "길에서 주운 500프랑을 가지고 경찰서로 가는 여자"라고 말한 것이 아직도 또렷이 기억난다. 타토시앙 교수는 텔렌바흐를 인용하며 덧붙였다.

"우울증 환자에게 과거는 잘못을 포함하고 있고, 미래는 꽉 막혔으며, 현재는 스스로 무너지는 것이다."

이러한 '과거의 잘못'은 상징적이거나 존재하지 않는다. 하지만 아멜리는 잘못이 실제로 존재한다고 생각했다. 우울증 환자는 잘못을 저지르거나 과거에 저질렀다고 자책하며 동반 자살을 시도하기도 한다. 동반 자살의 비극적인 아이러니는 그들의 타자 공격적(hetero agressive)인 행위가 실제로는 현재 진행 중인 끔찍한 상황, '이미 죽은 상태'에서 벗어나고자 하는 최후의 시도로 나타난다는 것이다. 상황이 너무나 절망적이다, 그러니 탈출해야 한다, 사랑하는 사람들을 죽음에서 탈출할 수 있도록 도와주자, 정말 그렇게 되면 편안해질 테고 초월하게 되겠지. 누가 알겠는가? 하지만 정신을 차려보면 상상이 아니라 실제로 모든 것이 파괴되어 있다.

이제 사건을 이야기해보자. 아멜리는 집중력을 발휘해 사건을 꼼꼼하고 정확하게 재현했고, 예의 그 단조로운 목소리로 자세히 설명했다. 고통스러운 죄책감이 느껴져서 마음이 안 좋았지만 나는 내색하지 않았다.

"어머니가 몇 년 동안, 그러니까 4년 동안 알츠하이머병을 앓았어요. 병은 점점 더 심해졌죠. 특히 어머니 집 근처에 살던 내 동생이 고생을 많이 했어요. 어머니는 나를 알아보지 못하기 시작했지만, 우리 모두 어머니를 차마 요양원에 보내지는 못했어요. 사실 나는 어머니가 아주 편안하게 죽길 바랐어요. 시몬 드 보부아르(Simone de Beauvoir)의 『아주 편안한 죽음(Une mort très douce)』(시몬 드 보부아르가 어머니의 죽음을 자세히 묘사한 소설. 어머니는 암에 걸렸지만, 알츠하이머 유형의 치매 증상을 보이기도 했다.)에서처럼이요."

아멜리가 말을 이었다.

"하지만 어머니는 그런 죽음을 맞지 못했어요. 정확히 4월 24일 오후 두 시 오십오 분으로 기억해요. 특별히 계획한 일이 없었어요. 그런데 오후 세 시가 되자 나는 어머니를 죽이고 자살로 위장하기로 했어요. 어머니는 잠옷 바람이었고, 무섭다고 내게 말했지요. 그 말이 방

아쇠가 되었어요. 아무런 생각이 들지 않았고, 어머니에게 돌리프란 (Doliprane, 파라세타몰(paracetamol)이 주성분인 해열, 진통제-옮긴이 주) 몇 봉지랑 여러 가지 약을 억지로 먹였어요. 그런 다음 어머니를 바닷가 근처로 데려갔지요. 어머니가 바다를 좋아했거든요. 어머니는 바다에 가면 태어난 나라인 레바논이 떠오른다고 했어요. 그런 다음 집으로 돌아갔고, 어머니는 잠이 들었지요. 그 순간 나는 어머니를 질식시키려고 했어요. 하지만 어머니는 계속 숨을 쉬었고, 나는 어머니의 목을 조르려고 했죠. 그 또한 실패했고, 어머니는 여전히 살아 있었어요. 그래서 나는 주위에 있는 아무거나 손에 쥐었어요. 공포에 질렸던 거죠. 칼을 집어 들어 어머니의 흉골 부근을 찔렀어요. 어머니의 젖가슴도, 심장도 건드리고 싶지 않았어요. 나는 기대했던 효과를 내지 못한 약들을 바라보았어요. 나는 마치 로봇 같다고 생각했어요. 모든 일이 꿈처럼 흘러갔죠. 어머니에게 약을 주었던 그 순간부터 나는 로봇이었어요. 모든 일이 꿈처럼 흘러갔어요……." 아멜리는 "꿈처럼 흘러갔다."라는 말을 되풀이했다.

아멜리를 보니 슬펐다. 작은 사무실이 온통 고통으로 가득 찼다. 나는 '왜 이 직업을 선택했을까?' 하고 생각했다. 내 어머니의 마지막 순간이 떠올랐다. 아주 잠깐 어머니의 눈에 생기가 돌아왔고, 눈빛이 매우 다정했다(어머니가 날 알아보았다). 그러고는 이내 눈에서 빛이 사라지고 기묘한 얼굴이 되었다. 눈썹도, 속눈썹도, 머리칼도 한 올 없는 어머니의 얼굴에 죽음의 가면이 덧씌워지더니 시신의 모습으로 변했다. 10대 때『아주 편안한 죽음』의 마지막 장을 덮으며 펑펑 울었던 기억이 난다. 그 책은 어머니 서가에 꽂혀 있었고, 분명 어머니가 내게 읽으라고 권했을 터였다. 뒷날 어머니의 아파트와 내 마음을 정리하러 갔을 때 그 책은 찾지 못했다.

나 자신과 내 일로 돌아와야 했다. 나는 법정신의학(범죄 상황에 있는 사람의 정신 상태를 판별하는 일을 주로 하는 법의학-편집자 주)적 측면에 집중했다. 핵심은 아멜리에게 형사책임이 있는지 없는지를 밝히는 것이었다. 무슨 일이 있었던 걸까? 사건의 책임은 누구에게 있을까? 아멜리일까, 아니면 그녀가 걸렸을지도 모르는 병일까? 양극성기분장애일까, 아니면 반응성 우울증일까? 양극성기분장애라면 판단력이 정지될 만큼 정신적 파열을 일으킬 만한 심각한 삽화가 있었나?

아멜리의 이야기에서 우리는 그녀가 더는 견디지 못하게 된 계기가 어머니의 "무섭다"라는 말이었다는 사실을 알 수 있다. 이는 이타적 살해 가설을 뒷받침해준다. 다음으로, 범죄 장면이 "꿈처럼 흘러갔다."라는 것은 범인이 그 장면을 재구성했다는 뜻이다. 이런 증상은 특히 감정적으로 강하게 엮인 피해자가 피를 흘리며 살해당한 현장에서 많이 나타난다. 내 경험상 친족 살인 사건의 범인이 이처럼 행위가 다른 곳에서 다른 사람에 의해 저질러진 것인 양, 자신과 전혀 상관없는 장면인 것처럼 묘사하는 경우가 많다.

"그건 내가 아니었어요, 내가 누군지 알 수 없었어요, 내가 어디에 있었는지 더는 알 수 없었어요."

장면이 꿈처럼 흘러간다. 시간과 공간이 변형된다. 이야기는 자꾸만 바뀌고 환자는 기이하고 뒤틀린 감각을 느낀다.

"모든 것이 붉은색으로 보였어요. 다 조용했지요. 어머니가 소리를 질렀지만, 나는 아무런 소리도 듣지 못했어요. 때린 건 내 손이었고, 나는 손을 멈출 수가 없었어요. 마치 내가 아닌 것 같았지요. 거울 속 내 모습을 봤지만, 알아볼 수가 없었어요. (…) 내 배에 칼을 찔러 넣었어요. 칼날이 조금씩 파고들어 가는 동안에도 나는 아무것도 느낄 수 없었어요."

정신적인 긴장감이 극심해질 때 극도로 이상한 주관적 상황을 경험하고 말을 쏟아내게 된다. 강한 스트레스는 뇌 구조를 태워버리고 시간과 공간을 해체한다. 사건과는 별개로 이런 감각은 기이하고, 끈질기고, 고통스러운 기억으로 굳어진다. 자기 행동 때문에 정신적으로 얼마나 상처를 입었는지 호소하는 범죄자를 나는 자주 만났다. 이번 사건에서 아멜리는 자신을 어떤 장면에 투사하고 있었다. 그 장면에서 그녀가 맡아서 연기하는 역할이 있었는데, 그 역할조차 자신에게 속한 게 아니었다. 그래서 아멜리는 내용도, 논리적인 연결도 없는 각기 다른 장면을 나열하기만 했다.

"사실 나는 피가 흘러가는 걸 봤어요. 고양이들이 달려들지 못하게 어머니의 몸을 담요로 덮었죠. 그런 다음 아주 오래 자려고 약을 먹었어요. 모든 일을 지워버리려고요. 여동생이 왔고, 나는 계속 로봇 상태였어요. 나중에 어떤 남자 간호사가 왔죠. 사실 난 어머니가 살아 있어서 기뻤어요."

곧이어 아멜리는 자신을 극단으로 몰고 간 어머니의 상태를 이야기했다.

"사실 어머니는 '내가 감히 그럴 수 있다면……'이라고 말했어요.

그런데 나는 창밖으로 몸을 던지고 싶다는 말인 줄 알았어요. 어머니는 또 '난 살고 싶어……'라고도 했어요."

이 말을 들으면서 나는 놀라움과 안도감을 동시에 느꼈다. 아멜리는 자신의 행동을 비판할 줄 알았고, 그건 좋은 일이었다. 아멜리는 자신이 어머니가 한 말을 오해했을 수도 있다고 인정했다. 하지만 그 때문에 죄책감에 빠져들었다. 어머니가 고통스러워하지 않고 살고 싶어 했다면, 아멜리는 '괜한 짓'을 저지른 것이었다. '준엄한 초자아'에 대한 프로이트의 생각이 옳았다. 죄책감은 사라지지 않고 계속되었다. 아멜리는 울면서 용서를 구하고 싶고 후회한다고 말했다. 자신의 행동이 어떤 파문을 불러올지 알 수 없었다고도 했다. 펑크족은 "미래가 없다(No future)."라고 입버릇처럼 말하는데, 아멜리도 그랬다. 오래 전에 나는 펑크족에 관심이 많았는데, 그들 역시 자발적인 죽음의 충동 속에 살았다. 아멜리는 한걸음 뒤로 물러서지 못했다.

"그날그날 되는 대로 살아요."

아멜리의 고통이 전해져 와서 마음이 아팠다. 그녀에게 약물 치료를 계속 받고 정신분석 치료도 받으라고 권했다. 아멜리는 지적 수준이 아주 높으므로 정신분석 치료가 효과적일 터였다. 치료만이 아멜리의 현재 삶을 극복하고, 무엇보다 삶에 의미를 줄 수 있는 유일한 방법이라고 생각했다.

마지막으로, 살해 시도가 아멜리의 정신 상태와 관련이 있었을까? 물론 관련이 있다. 이러한 상태는 일종의 정신이상에서 유래하였나? 정신감정 결과 기분 조절에 취약성을 보였고, 사건 여러 해 전에 이미 우울증 때문에 정신과 의사의 진료를 받았던 병력이 있었다. 현재 상태도 우울증 삽화가 뚜렷이 나타난다. 개인 병력, 항우울제 치료에도 여전히 심각한 우울 증상, 가족 병력 등을 종합하면 심각한 기분장애, 다시 말해 양극성기분장애로 보인다.

아멜리가 과거의 자신이 명랑하고, 활동적이고, 발랄하고, 솔직하고, 외향적이고, 쾌활했다고 묘사한 것으로도 양극성기분장애가 확인된다.

따라서 사건 당시 아멜리는 자신의 행위 전체와 관련이 있는 정신적 삽화를 겪고 있었다. 하지만 완전한 정신적 단절 상태였는지 확신할 수는 없다. 아멜리는 심각하게 우울한 상태였지만 파괴, 모욕, 처벌 등의 망상적 우울 증상은 없었다. 중증 우울증 환자에게서 나타나는 죄업과 속죄에 대한 망상도 없었다. 다시 말해, 우울증으로 현실이 왜곡되긴 했지만, 완전한 심신상실(마음이나 정신이 장애로 사물을 변별할 능력이나 의사를 결정할 능력이 없는 상태-편집자 주)은 아니었다는 이야기다. 아멜리는 어머니의 고통을 더는 견딜 수 없고, 극도로 우울해져서 해결책을 찾으려 했다. 어머니에게 자신이 꿈꾸던 '아주 편안한 죽음'을 억지로 맞게 해주려고 했지만, 실현하는 과정이 완전한 악몽이 되고 말았다. 우울증 환자의 눈으로 현실을 읽었으므로 어쩔 수 없이 하게 된 선택이었다. 하지만 일어난 일은 정상인처럼 해석했다.

그래서 나는 보고서에 사건 당시 아멜리의 판단력은 완전히 소실되지 않았고 변질되었다고 썼다. 극심한 고통이었지 광기는 아니었다.

라켈은 평소처럼 내가 불러주는 문장을 조그만 검은 기계에 재빨리 입력했다. 기계는 충실하고 비밀스러운 이상한 친구 같았다. 라켈은 보고서를 다 작성해서 내가 서명할 수 있도록 책상 위에 놓았다. 아무 말도 하지 않았지만, 보고서를 책상에 놓는 모습으로 보아 나는 그녀도 이 이야기에 가슴이 뭉클해졌음을 알 수 있었다. 우리는 어머니를 한없이 사랑하는 딸들이기 때문이다.

'위험한 사람들'을 치료하는 이유

의학에 매력을 느낀 적은 한 번도 없었다. 나는 음악을 가장 좋아해서 음악학교에서 공부하고 관현악단을 지휘하고 싶었다. 음악은 시와 마찬가지로 '존재'를 반영하는 그림자다. 하지만 부서지고 진실을 잃어버린 세계를 나에게 그대로 보여준 것은 결국 광기였고, 광기를 중심에 둔 직업을 갖게 되었다. 20년 전부터 나는 정신과 의사로서 폐쇄된 환경에서 환자를 진료해왔다. 내 환자들은 혼란스러운 상태로 이상하고 위험한 생각에 사로잡혀 있다.

세월이 많이 흘렀지만 오늘날에도 여전히 정신과 의사라는 직업은 열광적이거나 삐딱한 호기심을 불러일으킨다. 거의 언제나 두 가지 질문을 받는다. 하나는 정신과 의사가 된 이유, 혹은 사람들이 '위험한 미치광이'라고 이름 붙인 이들을 치료하는 이유를 묻는 말이다. 또 하나는 환자들이 얼마나 위험한지, 나을 수는 있는지, 재범의 위험은 없는지 등의 질문이다. 이런 질문을 하는 사람들은 회의적이거나 빈정대거나 불안해한다. 하지만 모두 하나같이 매우 많은 관심을 보인다. 정신질환자가 저지르는 폭력을 보도하는 사회면 기사는 여론에 커다란 충격파를 일으킨다. 정신질환자의 행동이 논리에 완전히 벗어나 있고, 동기도 비이성적이기 때문이다. 게다가 그들의 병은 치유될 수 없다고 알려졌다.

하지만 아무리 극단적인 양상으로 증상이 발현되더라도 정신질환은 조절되고 치료될 수 있다. 정신질환자는 안정을 찾을 수 있고 사회에 완전히 복귀할 수도 있다. 여러 가지 약물 치료법의 효과가 증명되었다. 이미 많은 발전이 이루어졌고, 지금도 계속된다. 행동과 삶이 너무나 기이해서 정상과는 한참 동떨어졌다고 여겼던 환자들이 나와, 우리와 가까워지고 있다.

몇 주 전, 내 직장인 교도소 가까이에 주차해 놓은 차 쪽으로 가는데 누가 나를 불러 세웠다. 예전에 환자였던 시드였다. 친척이 수감돼서 면회를 왔다고 했다.

"선생님, 여기서 일하세요? 저 알아보시겠어요?"

물론 나는 그를 알아보았다. 그를 진료할 때, 그가 증오와 적의에 찬 눈길로 나를 보며 자기를 그만 괴롭히라고 해서 인턴과 간호사와 함께 진료실을 황급히 뛰쳐나와야 했었다. 폭력의 어두운 그림자가 방 안을 가득 채우기 직전에 나는 동료들에게 얼른 나가자는 신호를 주었다.

"알겠습니다. 시드 씨, 이제 그만하기로 하죠."

문밖에는 교도관 한 명과 경비원 두 명이 지키고 서 있었다. 진료실 밖으로 나와서도 그가 계속 나를 욕하는 소리가 들려왔다. 이미 시드는 피해망상증 때문에 중앙교도소의 여자 동료를 가혹하게 구타한 적이 있었다.

하지만 햇살 가득한 그 날 오후에 만난 시드는 다정하게 활짝 웃었다. 그는 삶을 꽤 잘 꾸려가고 있다고 했다. 정신보건센터에 정기적으로 상담을 받으러 가고 치료도 성실히 받고 있었다. 대화는 호의적인 분위기에서 짧게 끝났지만, 시드는 정신질환자가 흔히 그러듯 집착적인 태도를 보였다. 15년 전 중환자병동에서 그를 만났을 때, 나는 그를 교도소를 피해 정신과 병동에 입원하려고 꾀병을 부리는 사람으로 분류했었다. 그러나 그는 사실 가성 정신병질형 정신분열증(pseudopsychopathic schizophrenia) 환자였다. 일부러 충동적이고 폭력적인 척하는 것 같지만, 실제로 피해망상에 시달리며, 치료하지 않으면 위험해질 수 있는 상태였던 것이다. 활짝 웃으며 자연스럽게 행동하니 보기 좋았고 감사하는 태도는 감동적이기까지 했다. 시드는 자신이 정말로 잘 지낸다는 걸 보여주고 싶어 했다. 치료를 받고 법적으로 관리되어야 한다는 조건으로 석방된 상태였는데, 법원의 명령을 실제로 잘 이행해서 눈에 띄게 나아졌다. 내가 늘 받는 두 번째 질문은 불완전하게나마 이러한 환자들의 이야기로 답을 줄 수 있겠다.

왜 이 직업을 선택했느냐는 첫 번째 질문에 대해서는 내가 지금까지 걸어온 길의 결과라고 대답하고 싶다. 살아가면서 삶의 숨은 의미, 운명의 장난 들을 보물찾기하듯 찾아내며 나는 전율을 느낀다. 어떤 경험은 그 이유가 몇 년 후에 밝혀지기도 한다. 메종블랑슈(Maison-Blanche)병원 자폐아병동에서 근무했던 경험은 10여 년 후 약하지만 축복 같은 아이 하나가 우리 가족의 일원이 되면서 큰 도움이 되었다. 성안나병원에서 인턴 수련을 받던 중에 화학요법을 배웠는데, 당시 나는 정신분석을 신봉했으므로 향정신성의약품을 사용하는 것은 내 원칙과 동떨어진 일로 여겼다. 쓸데없이 힘들기만 한 것 같던 경험이 나중에 아주 중요한 것으로 밝혀졌고, 의외의 만남이 『헨젤과 그레텔』 이야기에 나오는 길을 알려주는 흰 조약돌처럼 중요한 신호가 되었다. 사소한 사건들이 퍼즐처럼 맞춰져 큰 의미로 다가왔다.

광기에 대한 내 관심은 문학, 특히 시에서 시작되었다. 로트레아몽(le Comte de Lautréamont)의 「말도로르의 노래(*Les Chants de Malador*)」와 랭보의 「일뤼미나시옹(*Les Illuminations*)」은 부조리로 가득 찬 세계를 폭로하는 계시 같

은 것이었다. 시는 악보와 마찬가지로 말로 정확히 표현할 수 없는 진실을
어느 정도 접할 수 있게 해주었다.

나는 마르세유(Marseille)에서 자랐고 부모님은 두 분 다 의사였다.
시몬 드 보부아르가 『제2의 성(Le Deuxième Sexe)』을 썼던 시절에 과학 분야의
고등교육을 받았던 어머니는 자신이 간 길을 딸인 나도 가야 한다고 생각했
다. 물론 나는 과학의 아름다움을 사랑하고, 생체 조직의 기발한 균형에 빠져
들었다. 하지만 나는 과학보다는 음악의 길을 걷고 싶었다. 어머니의 똑똑
하고 고지식한 머릿속에는 내게 소중했던 인생 계획이 파고들 틈이 없었다.
늘 활동적이고 고집이 셌던 어머니는 사교성을 높이는 데 도움이 될 것이라며
기타 개인 교습만 받게 해주었다. 어머니가 옳았다. 덕분에 나는 연주할 수 있
는 노래가 아주 많아졌기 때문이다. 그래도 단념할 수밖에 없었던 음악가의
꿈은 여전히 아쉽다.

말 잘 듣는 온순한 아이였던 나는 1970년대 말에 의과대학에 들어갔
다. 동급생들과 함께 우르르 몰려다니던 생활에 나는 금세 마음을 빼앗겼
다. 다음 학기 진급이 걸린 시험의 압박감만 빼면 학과 공부는 그리 어렵지
않았다. 하지만 예고 없이 갑자기 치르는 시험들, 그 밖의 여러 프로젝트로
젊은 날이 바쁘게 흘러갔다.

자크 카엥(Jacques Caïn) 교수를 만나면서 나는 처음으로 공부에 재미를
붙이게 되었다. 탁월한 정신과 의사이자 정신분석학자였던 카엥 교수는 우
아하면서도 익살스러운 분이었는데, 정신과학 입문 과정인 의학적 심리학
강의를 맡고 있었다. 4학년에 마르세유의 티몬병원 정신과로 실습을 나가
서 나는 완전히 매료되었다. 정신과 의료진은 복부 통증이나 구토 같은 신

체 증상이 아니라 망상적 해석, 환각, 공포증적 강박, 활력 소실 등에 관해 대화를 나누었다. 대화의 주제는 의학뿐만 아니라 철학, 광기를 노래한 음산한 시 등을 넘나들었다. 그때 나는 내가 정신의학을 전공하게 되리라는 것을 알았다.

그러나 동급생들이 이미 열심히 매달리던 일반 실습과는 달리, 정신과 실습은 7학년이 되어서야 시작했다. 시간이 생기자 문학 공부를 꼭 해야겠다는 생각이 들어서 아침에는 병원에 수련을 받으러 가고, 오후에는 인문 대학에서 강의를 들었다. 당시 나는 엑상프로방스(Aix-en-Provence) 도시화 우선 지구(ZUP)의 외진 동네에 볕이 잘 드는 원룸을 구해서 살고 있었다. 이슬람의 축일인 이드 알 카비르(īd al-Kabīr) 날이 되면 동네 쓰레기통이 피범벅이 되곤 했다. 나는 문학 공부에 푹 빠져들어서 내가 의대생인지도 잊을 지경이었다. 그래도 어쨌든 6학년 실습 과정을 무사히 마치고, 문학 학부 과정도 계속 이어갔다.

처음 인턴 수련을 받은 곳은 아를(Arles)에 있는 반고흐병원의 소아정신과병동이었다. 고대 로마의 흔적이 고스란히 남은 구시가지 중심부에 있는, 오래된 반고흐병원 2층의 아름다운 방에서 나는 야간 당직으로 여러 날 밤을 지새웠다. 겨울에 텅 빈 원형경기장에 추적추적 내리던 비, 일요일 아침마다 사람들이 북적이던 다채로운 카페들, 향긋한 봄 냄새가 넘실대던 장터…… 폭우가 내리는 야밤에 르노4 자동차를 타고 병원에서 탈출한 망상증 환자를 찾으러 나갔던 일이 생각난다. 환자는 분수 옆에서 조각상처럼 꿈쩍도 하지 않고 서 있었다.

포르생루이뒤론(Port-Saint-Louis-du-Rhône)의 진료소도 생각난다. 오른쪽에는 소 떼, 풀밭, 카마르그(Camargue) 지역 특유의 거울같이 깨끗한 호수가, 왼쪽에는 금속성 불꽃을 뿜는 정제 공장이 있었다. 포르생루이의 항만 노동자들은 헤로인을 좀처럼 끊지 못했는데, 그것을 살 돈이 있고 생활이 너무 지루했기 때문이다. 야간 당직을 설 때면 그들이 모여 웅성거리는 소리를 들을 수 있고, 자살을 기도하는 환자 때문에 불려가기도 했다.

정기적으로 진료를 가던 생트마리드라메르(Saintes-Maries-de-la-Mer)에서는 겨울이면 진료소가 꽁꽁 얼어붙을 정도로 추웠다. 뜨개질을 하던 시청 여직원들에게 열쇠를 달라고 해서 길 건너 진료소 문을 연 다음 난방을 켜고 아이들을 기다려야 했다. 집시 혹은 정제 공장에서 일하던 이주 노동자의 아이들이었다. 형에게 치이는 아이, 오줌싸개, 건방지거나 음울한 아이, 그 아이들이 모두 괴롭다는 건 알았지만 정확히 왜 그런지는 몰랐다. 그해에 저명한 정신분석학자인 프랑수아즈 돌토(Françoise Dolto)가 마리냔(Marignane)에서 마지막으로 세미나를 했는데, 꼬박꼬박 거기에 참석했지만 갈피를 잡을 수 없었다.

주간 근무를 할 때는 낮이 길게 느껴져서 악트쉬드(Actes Sud)출판사 옆에 있는 예술 실험 영화 전문관에 가서 영화를 보았다. 어둡고 아늑한 작은 상영관에서 나는 삐삐를 주머니에 넣고 볼 수 있는 모든 영화를 보았다. 그렇게 두 번째 봄이 지나고 인턴 수련을 갱신할 시기가 되었을 때, 나는 또 다른 수수께끼를 탐구하기를 선택했다. 마르세유에 있는 보메트(Baumettes)교도소 정신보건센터(service médico-psychologique régional)에 무척 가고 싶었다. 그래서 타오르는 듯 화려한 금작화 밭과 크로(Crau) 지방 특유의 작렬하는 햇살을 뒤로 한 채 카마르그를 떠났다.

마르세유 외곽, 소르미우(Sormiou) 만 옆에 있는 보메트교도소는 더럽고 악취가 나고 거친 곳이었다. 안쪽으로 들어가면 성경에 나오는 일곱 가지 죄악을 묘사한 조각상 일곱 개가 있었다. 길 건너에는 '여기가 건너편보다 낫다.'라는 간판이 붙은 끔찍한 카페가 있었다. 첫날 나는 귀에 이어폰을 꽂고 들어갔는데, 이내 나는 그곳의 모든 것을 사랑하게 되었다. 수감자들은 나이 지긋한 이도 있고 젊은이도 있었는데, 마르세유 사람들이었다. 어떤 수감자는 자기 어머니가 손수건을 파스티스(pastis, 아니스 향이 나는 프랑스의 식전주로 알코올 도수가 40~45도인 증류주—옮긴이 주)에 담갔다가 미스트랄(mistral, 프랑스 남부 지방 특유의 건조하고 거센 북동풍—옮긴이 주) 바람에 말린 다음 면 가방에 넣어서 면회할 때 가지고 온다는 이야기를 해주었다. 그 젊은이는 번들거리는 눈빛으로 덧붙였다.

"아시겠죠, 선생님. 저를 부르시면 이렇게 돌아다닐 수 있으니까 좋아요."

2층의 좁은 통로에 빼곡히 들어찬 감방에 수감된 심약자(心弱者), 우울증 환자, 가까이에서 지켜보며 치료할 필요가 있는 모든 사람을 위한 병상이 스물다섯 개 있고, 사무실과 진료실은 1층에 있었다. 전직 도박장 딜러였던 남성 간호사가 우리에게 카지노 뒷이야기를 들려주었다. 다른 남성 간호사는 전(前) 가라테 챔피언이었다. 내 상사였던 진료과장은 능력이 아주 뛰어나서 지금도 종종 생각이 난다.

어느 겨울날 아침, 눈송이가 바다 위에 떨어지는 모습이 기이하게 느껴지던 날이었다. 나는 그날 지각했는데, 업무 인계를 받자마자 담당하던 수감자가 목매달아 숨진 모습을 발견했다. 그는 찬장 안 소지품들을 쓰임새가 아니라 색깔별로 정리해두었다. '내가 더 잘할걸.' 하는 끔찍한 생각과 처음으로 마주한 순간이었다.

인턴 수련 중이었으므로 나는 성마르게리트(Sainte-Marguerite)병원과 시립병원에서 당직을 서야 했다. 시립병원은 17세기에 건립된 옛 구제원 건물이었는데, 널찍한 복도와 높은 천장, 구 항구(Vieux-Port)가 내려다보이는 전망이 무척 근사했다. 밤이면 응급차 소리가 끊임없이 이어졌는데, 다음 날 아침이면 나는 정적에 싸인 항구 옆 카페로 갔다. 절로 공상의 나래를 펼치게 하는 시립병원의 멋진 건물은 위험하기로 소문난 파니에(Panier) 거리 바로 옆에 있었다. 하루는 한 환자가 이런 말을 했다.

"선생, 무슨 문제라도 생기면 파니에 거리로 가서 내 이름을 대쇼."

그 시절 병원들은 별 다섯 개짜리 호텔과는 거리가 멀었고, 위험한 거리에는 진짜 건달패가 진을 치고 있었다.

시내 북쪽 동네에서 마약 사범 일제 단속이 있으면 일주일에도 몇 번씩 보메트교도소에 젊은 헤로인 중독자들이 들어왔다. 그들은 금단증상 때문에 고통으로 몸을 뒤틀며 약을 달라고 부탁하거나 떼를 썼다. 진료소에서는 3개월 동안 진통제나 진경제로 벤조다이아제핀(benzodiazepine)계 약을 쓰지 않는다는 규칙을 세웠다. 모든 환자는 저녁마다 모든 처방 약을 가루로 만들어서 섞은 '물약 한 병'을 먹어야 했다. 이전 세기부터 사용하던 오래된 방법이지만 현재는 금지되었다.

또다시 봄이 찾아왔다. 저녁이면 맞은편 언덕에서 사람들이 창살에 갇힌 수감자들에게 고래고래 소리를 지르며 말을 걸었다. 법으로 금지되어 있고 돌풍이 세차게 몰아쳐도 수감자들은 목이 터지라고 대답했다. 6월이 되면 늦도록 파란 하늘을 볼 수 있고 바람에도 햇볕이 묻어 있었다. 자유를 향해 활짝 열린 여름의 해질 무렵을 나는 무척이나 좋아했다.

자크 카앵 교수의 주선으로 나는 샤를 브리세(Charles Brisset) 선생을 만났다. 나이가 지긋한 브리세 선생은 유명한 『정신의학 입문(*Manuel de psychiatrie*)』을 집필했고, 빌다브레(Ville-d'Avray)에서 개인 병원을 운영하고 있었다. 선생은 정신의학의 또 다른 거두인 로제 미제(Roger Misès) 교수를 소개해주었다. 미제 교수는 파리 근교 장티이(Gentilly)에 있는 발레재단(Fondation Vallée)에서 인턴을 해보지 않겠느냐고 내게 제안했다. 어린이 환자, 장애아, 자폐아를 치료하는 곳이었다. 나는 마르세유, 그리고 어쩌면 내 어린 시절을 떠나 장티이로 갔다.

5월부터 발레재단에서 인턴 생활을 시작하면서, 이내 또 다른 제안을 받아들였다. 오래된 요양원이었는데, 내가 간절히 바라던 원내 숙소가 있었다. 몇 달 후 나는 반려 고양이와 함께 빌에브라르(Ville-Évrard, 카미유 클로델이 입원했던 정신병원이기도 하다.—옮긴이 주)에서 살게 되었다. 넓고 멋들어진 정원을 고양이들, 정신질환자들, 남성 간호사 여러 명, 소수의 인턴과 함께 산책하곤 했다. 마르세유 시절과는 완전히 달라진 생활이었다. 악보로 비유하자면, 음정과 박자가 변하고 장식음이 많이 붙은 상태였다. 하지만 파리 지역 특유의 숨이 턱턱 막힐 정도로 습한 여름이 되자 완전히 다른 공간이 되었고, 나는 그곳이 무척 싫어졌다.

나는 햇볕 쨍한 남부 지방 출신이라서 사실 더위가 문제는 아니었다. 이미 2년 전에 시작한 정신분석을 이어가고 싶었으므로 돈이 필요했다. 나를 담당한 선생은 나이가 지긋하고 솜씨가 있으며 열정적인 분이었다. 고집이 세면서도 꽤 재미있었으며, 아랍식의 이름과 성이 내 마음에 쏙 들었다.

나는 예리하고 통찰력이 넘치는 그분의 진료실 긴 소파에 누워서 정신분석을 받았고, 여러 해에 걸쳐 쥐꼬리만 한 인턴 월급 대부분을 진료비로 바쳤다. 그래서 나는 에손(Essonne)에 있는 개인 병원에서 대체 당직 근무를 하기로 했다. 그곳에는 우울하거나 권태로운 여자 환자, 머리를 공들여 손질하고 기품 있는 척하는 불쾌한 얼굴의 알코올중독자, 집안 좋고 소심한 조현병 환자, 명문가 자제인 젊은 마약중독자, 몇몇 유명인이 입원해 있었다. 나는 아침, 오후, 밤 가리지 않고 당직했다. 누텔라(Nutella, 초콜릿 스프레드─옮긴이주) 병에 헤로인을 숨기거나 브래지어 안에 캔 맥주를 숨기는 환자도 있었다. 중독을 치료하려고 구토를 일으키는 아포모르핀(apomorphine)을 주사하면 환자는 위스키를 토해냈다. 환자가 위장 속 내용물을 분수처럼 토하는 사이에 간호사는 그가 말하는 모든 내용을 받아 적었다. 나이 든 프랑스계 알제리인 변호사가 우울증 때문에 조각상처럼 뻣뻣하게 굳은 채 병원에 도착했다. 그는 1밀리미터도 움직일 수 없어서 나는 3환계 항우울제를 근육주사로 투여해서 강직을 풀어주었다. 그때 이후로 이런 임상 장면을 다시 마주친 적은 없었다.

병원 운영자는 깐깐한 귀족 부인으로 바로 옆 공원에 있던 성에 살았다. 주인 못지않게 끔찍한 조그만 개들을 거느리고 매달 우리가 간절하게 기다리던 월급 수표에 금액과 서명을 휘갈겨 썼다.

빌에브라르에서 1년을 보낸 후 인턴 수련 기관을 옮겨야 했다. 어린이 환자를 다시 진료하고 싶어서 메종블랑슈병원에서 6개월 동안 근무하기로 했다. 어리둥절한 표정, 헝클어진 머리, 색연필 자국으로 더러워진 조그만 손 들이 떠올랐다. 아이들의 단순함과 연약함도. 하지만 정작 도착한 곳은 내가 원하던 장소가 아니었다.

자폐 어린이, 청소년 입원 환자가 십여 명인 데 비해 병동이 지나치게 넓어 보였다. 예쁘고 잘생겼지만 무표정한 아이들이 아무 말 없이 시선을 한곳에 고정하고 끝없이 긴 복도를 소리 없이 지나다녔다. 아예 정신이 망가진 아이들도 있었다. 거의 백색증에 걸린 것처럼 새하얀 피부와 금발에 호리호리한 남자아이는 항상 두 손을 묶고 다녔다. 이미 너무 맞아서 일그러진 귀를 때리지 못하게 하기 위해서였다. 머리가 덥수룩하고 피부가 어두운 갈색인 작고 재바른 남자아이는 자기 똥을 가지고 놀았다.

의료진은 늘 너무 바빴다. 의학적 대화는 멀리 떨어진 채 건성으로 나누었고, 모두 똥과 오줌 속에 파묻혀 살았다. 나는 어린 환자들과 대화하려고 시도해보았지만 매번 실패했다. 깃털처럼 가볍고 어디로 날아갈지 모르는 10대 소녀 하나가 기이한 춤을 추며 돌아다녔는데 아무리 추워도 맨발만 고집했다. 어느 날 밤 나는 그 아이가 말을 건네는 꿈을 꾸기도 했다. 10대 후반의 소년 하나는 말을 한마디씩만 했다. 변성기가 지났는데도 가성을 썼고 호감 가는 아이였다. 이름이 알랭이었던 걸로 기억한다. 때때로 저녁이면 파리 시내 카페를 전전하며 동료 심리상담사와 이야기를 나누었다. 그는 자신과 환자들에 대해 염증을 느꼈고, 나는 아동 정신의학 쪽은 다시는 쳐다보지도 않을 거라고 맹세했다. 하지만 그로부터 몇 년 후 내가 뛰어들어야 할 또 다른 싸움이 기다리고 있었다.

11월의 어느 아침, 성안나병원에 차를 주차하면서 나는 기분이 무척 들떠 있었다. 그날은 내게 굉장히 의미 있는 날이었다. 늘어선 조각상, 잘 관리된 정원, 19세기에 지어진 병동들 사이를 잇는 좁은 오솔길, 높은 천장, 철제

병상들. 병상에는 여전히 해당 환자의 체온, 처치, 체중 변화 곡선을 기재한 표지판이 있었다. 병동에는 담당 교수들의 이름이 붙어 있었다. 대학병원 정신과에서는 개인 병원과는 달리 인턴과 모든 의사가 흰 가운을 입었다. 우리는 뱅자맹발(Benjamin-Ball)병동 앞에서 기념사진을 찍었다. 나는 장 들레이(Jean Delay)가 향정신성 약물인 엘에스디(LSD)를 연구하고, 앙리 미쇼(Henri Michaux, 벨기에 출신의 프랑스 시인이자 화가. 1955년 이후 환각제의 일종인 메스칼린을 복용, 실험하여 언어와 이미지가 발생하는 현장을 문자와 데생으로 기록했다.-옮긴이 주)와 함께 환각 실험(les psychose expérimentales)을 했던 바로 그곳에 있었다. 6구에 있던 복사 가게도 자주 갔다. 그곳에서 누가 타자로 친 후 복사해서 싼 값에 파는 라캉의 세미나 원고를 손에 넣기도 했다. 그때 산 『더 나쁜(Ou pire)』은 아직도 가지고 있다. 당시 나는 정신질환을 신경해부학적으로 접근하는 데는 흥미가 없어서 우리 과 주임교수가 주관하는 생물학적 정신의학 세미나에도 내키지 않는데 억지로 참가했다. 그 세미나 내용이 무척 훌륭하고 도움이 된다는 것을 몇 년이 지나서야 알았다. 신경학에 관한 관심은 이렇게 서서히 완성되었다.

논문 발표회 날은 우리 가족 구성원이 모두 모인 마지막 자리였다. 나는 검은 학위복을 입고 자크 카엥 교수가 지도한 박사 논문 주제인 「히스테리성 질환의 현대적 양상」에 관해 강연했다. 강연회장이 이상하리만큼 텅 비어 있었는데, 나중에 알고 보니 내가 참석자 명단에 없었기 때문이었다. 드디어 나는 의사가 되었다. 인생의 한 단계를 넘어선 기분이었다. 까마득한 선배들 때부터 그 자리에 있었을 히포크라테스의 흉상이 선서하며 북받친 감정을 추스르는 내 모습을 따뜻이 맞아주었다.

그 후 몇 년 간은 혼란의 연속이었다. 수련의 4년 차에 근무하던 센에 마른(Seine-et Marne)의 요양원은 겉은 그럴듯했지만 더러웠다. 초여름에는 요양원을 둘러싼 풀밭 때문에 숨이 턱턱 막혔다. 그래서 나는 같은 지역에 있는 다른 개인 병원에서 수련을 받기로 했다. 이틀에 한 번씩 야간 당직을 해서 24시간을 일하고 다음 날 정오에서 자정까지 하루는 꼬박 쉴 수 있었다. 아침마다 회진이 있어서 적어도 예순 명과 악수해야 했다. 오후에는 방문객들을 맞았고, 저녁과 밤에는 잠깐씩 방에서 쉬었다.

어느 날 밤, 한 환자가 욕실에서 사지가 절단되고 성기가 잘려나간 아내를 발견했는데 집 위에는 거대한 우주선이 꼼짝하지 않고 떠 있었다고 했다. 내가 생전 처음으로 만났던 알코올중독 섬망증(譫妄症) 환자였다. 당시에는 해줄 치료가 없어서 다른 병원으로 이송했다. 한 해의 마지막 날을 당직실 텔레비전 앞에서 지새우고, 새해 첫날 아침에 나이가 아주 많은 할머니 환자가 사망해서 진단서를 발급해야 했다. 정원에 안개가 뿌옇게 내려앉아 있었다. 며칠 후 나는 사표를 냈다. 이블린(Yvelines)의 정신병원에 보조 의사 자리가 있었고, 나는 논문 심사가 끝나면 전공 과정을 끝내고 임상 전문의 시험을 볼 생각이었다.

랑테리 로라(Lantéri-Laura) 교수는 조용하고 느리고 세련되면서도 정확한 성격이며, 코안경 너머 눈에는 항상 웃음기가 담겨 있었다. 그분은 질병학의 역사를 꼼꼼하고 엄격하게 지도해주었고, 나는 조용한 국립도서관에서 팔레(Falret), 바빈스키(Babinski), 샤르코, 뒤프레(Dupré), 블로일러(Bleuler)의 저서를 찾아보았다. 내 논문의 주제는 '히스테리성 질환의 개념 변화'였다. 학부 논문 때와는 달리 논리 정연하게 잘 구성한 발표를 할 수 있었고, 뜻밖에도 심사위원장 최우수 점수를 받았다.

파리 북쪽에 있는 작은 마을 무아셀(Moisselles)에서는 시내 한복판에서 식용 달팽이를 팔았다. 흔히 그렇듯이 그곳의 요양병원도 옛 결핵 요양소였다. 노인 정신의학은 그리 적성에 맞지 않았지만, 그곳은 임상의로서 첫 직장이었는데, 거기서 한 가지 중요한 사실을 깨달았다. 노인 우울증 환자는 치매 환자처럼 보인다는 것이다. 그래서 정상적인 용량의 항우울제를 처방해서 치료하면 정신이 돌아오는 놀라운 효과를 얻을 수 있다. 부정적인 감정과 기분 저하는 지적 능력을 파괴한다. 항우울제로 절망에 빠진 할머니 환자를 여럿 구했다. 물론 요양병원에서 사망하는 노인도 있었다. 정신병원에는 광기가, 교도소에는 반사회적 인격장애가, 요양병원에는 죽음이 가득하다는 식으로 이미지가 각인되어 있다는 사실을 알게 되었다. 이런 곳에도 반드시 환자를 돌보는 사람이 있어야 한다. 수용 기관이 억눌린 꿈과 악몽을 품고 있다는 생각이 나는 좋았다. 이곳에서는 할 수 있는 게 아무것도 없고, 기껏해야 적응하는 법을 배우는 수밖에 없었다. 하지만 나는 팀으로 일하는 게 적성에 맞았고, 동료들과 함께 싸우고 싶었다.

　꼬박 6년 동안 나는 노인들이 토로하는 고통과 즐거움, 옛 시절 이야기를 들었다. 심한 건망증이 특징인 코르사코프(Korsakov)증후군에 걸린 노신사가 있었다. 눈이 파란 그 노인은 늘 자신이 어디에 있는지 물었고, 대답해주면 고개를 끄덕이며 입원 이유를 물었다. 설명해주면 잘 알아들었다. 그런 다음 나를 보며 물었다.

"그런데, 대체 여긴 어디인가요?"

나는 모든 질문의 답을 적어서 노인의 병실 벽에 붙여두었다. 질문은 늘 똑같은 순서로 이어졌는데, 마지막쯤 가서는 질문한 걸 벌써 잊어버려서 또다시 첫 번째 질문으로 돌아갔다. 그는 기억이 사라져서 돌아올 수 없는 세계에서 길을 잃었다. 호리호리한 몸매에 무척 점잖고 깔끔한 노인이었지만, 생각이 의미를 잃고 머릿속을 맴돌았다. 나는 그 노인을 보며 역설적으로 존재의 연속성을 깊이 생각했다. 병원에 입원한 노인들은 모두 부조리한 운명의 화살을 맞고도 살아 있었다. 우리가 받아들이기를 거부한 것을 현명하게도 그들은 깊이 이해했다. 병원에서 그들의 삶은 유보되고, 가볍고, 때때로 재미있었다. 태도는 진지했고, 간호사들은 사려 깊었다. 참 좋은 병동이었다.

2부

"어머니가 쓰러졌어요. 나는 어머니 머리 오른쪽을 칼로 찔렀어요. 어머니의 감정에 상처를 입히고 싶었고, 감정을 관장하는 뇌의 부위가 우반구이니까요. 칼로 계속 찌르다 보니 두개골이 떨어지고 뇌가 보이더라고요. 뇌 안쪽에 칼을 쑤셔 넣었죠. 그러니까 뇌가 한 조각 튀어서 손바닥 안으로 들어오더라고요. 나는 그걸 입에 넣고 삼켰어요. 내가 저지른 짓이 너무 끔찍했지만, 행동을 도저히 멈출 방법이 없었어요." — '머릿속에 끊임없이 들리는 목소리' 중에서

머릿속에 끊임없이
들리는 목소리

과거를 돌아보다가 문득 내 기억 속에 남은 만남이 특정한 계절에 집중
돼 있다는 생각이 든다. 아마 옛날 요양소였다가 지금은 정신병원으로
개조한 시설 대부분이 시골에 있어서 그런 것 같다. 19세기 '정신병 전문
의사'는 '광인'을 한데 모아서 먼 곳에 격리하는 방식을 사용했다. 그래
서 병원에 있다 보면 바뀌는 계절을 선명하게 보고 느낄 수 있다. 어쩌
면 정신질환의 혼란스러운 풍경 속에서 변치 않는 무언가에 의지하고
싶은 욕구 때문인지도 모른다. 두 가지 이유 다인 듯도 하다. 모리스 퐁
스(Maurice Pons)의『계절들(Les Saisons)』이라는 소설이 떠오른다. 태양이
환하게 비추는 날이 하루도 없고, 끊임없이 내리는 비로 축축하게 젖은
출구 없는 세계를 그린 음울한 이야기다. 하지만 내가 생각하는 정신
의료의 세계는 다르다. 전투와 같은 간호, 가끔 모습을 드러내는 행운,
돕고자 하는 열의, 이타성에 대한 믿음이 환자의 상태가 나아지고 안정
되고 결국에는 완치될 것이라는 희망을 품게 하는 것이다.

한여름 아침인데 날씨가 아주 화창했다. 공기는 가볍고 생기가 넘쳤다. 식구들은 벌써 휴가를 떠났고, 여름휴가 전 마지막 근무 주간은 시간이 빨리 흘렀다. 나는 짐을 싸고 남국의 휴양지로 떠나기 전에 살인 혐의로 조사를 받는 젊은이 두 명의 정신감정을 해야 했다. 라켈은 벌써 에스파냐로 갔지만, 평소 습관대로 자료를 완벽하게 준비해두었다.

그 때 만난 환자 두 명이 저지른 사건들이 끔찍해서 소개하려고 고르는 데 무척 애를 먹었다. 결국 나는 조현병이 확실한 환자와 만난 이야기를 골랐다. 광기에 대해서는 이론의 여지가 없으므로 설명하기가 덜 어려울 것 같았기 때문이다. 그래서 고른 것이 '머릿속에 끊임없이 들리는 목소리' 이야기다. 정신감정을 했을 때 그는 지금의 내 아들과 동갑이었다. 그래서 고등교육을 받고 프리랜서였던 피해자와 나를 완전히 동일시할 수 있었다. 이혼한 부모에 아들 셋, 그다지 특별할 게 없는 가정이었다. 스물한 살에 발병한 오스카의 조현병이 평범한 가정의 연약한 인간관계를 완전히 무너뜨렸다.

총무실의 문 두 개를 통과하고서야 비로소 중환자병동 내부로 들어갈 수 있었다. 중환자병동은 20세기 초에 만들어진 오래되고 육중한 돌 벽으로 둘러싸였는데, 몇 개 구역으로 나뉘었다. 건물 세 동과 그 옆에 있는 네 개의 작은 산책로는 여름휴가 철이라 닫혀 있었다.

안쪽에서 왼편에 있는 건물에 도착했다. 건축적인 측면에서 구조가 현대적이지만 조금 복잡한 건물이었다. 안으로 들어서면서 몇몇 간호사와 인사를 나누었다. 여러 해 동안 함께 일해서 잘 아는 동료들이었다. 톰이 반갑게 내 손을 붙잡고 어깨를 두드려주었다. 정신감정은 수사상 비밀로 진행되어야 하므로 면담은 함께할 수 없었다. 게다가 톰의 업무는 주로 안전 관련 쪽이었는데, 환자가 감시가 필요한 상태가 아니었기 때문이기도 했다. 6개월 전에 입원한 오스카는 어느 정도 상태가 좋아진 환자가 입원하는 건물에 머물렀다. 나는 상담실로 들어갔다.

마르고 앳돼 보이고 머리를 길게 기른 젊은 남자가 들어와 조용히 자리에 앉았다. 안경을 쓰고 특별한 감정을 담지 않은 눈빛으로 나를 바라보았다. 일시 정지된 듯한 이상한 분위기였다. 밝은 금발의 파리하고 잘생긴 젊은이는 슬픔도, 기쁨도 느끼지 못하는 것 같았다. 한눈으로 보기에도 무척 영리해 보이고, 카리스마적인 분위기도 느껴졌다. 나는 조현병 환자에게 전형적으로 나타나는 몇 가지 사소한 행동을 기록해두었다. 이상한 방식으로 손가락을 비비면서 오래오래 긁는다든지 하는 행동이었다.

이 사건은 조현병 증상이 너무나 갑작스럽게, 비극적인 방식으로 드러났다는 데서 관심을 끈다. 사건 당시 오스카의 판단력이 완전히 소실되었다는 의견에 대해 수사판사나 나를 포함한 두 명의 전문가 사이에 이견이 없었다. 하지만 의문은 곳곳에 남았다. 이러한 비극을 피할 방법이 있지 않았을까? 사법적, 정신의학적으로 이러한 선례가 한 번도 없었다. 오스카는 상상을 초월하는 혼란을 한 번도 털어놓은 적 없이 머릿속에서만 담고 하루하루 살아갔다. 자살 시도를 한 번 했지만, 그다지 시선을 끌지 못했다. 그러나 사소한 것 같아도 조현병의 증후가 꽤 있었다.

오스카는 기술 계열 바칼로레아(baccalauréat, 프랑스의 중등교육 종료를 증명하는 국가시험이자 동시에 대학 입학 자격시험-편집자 주)를 통과하고 컴퓨터기술전문대학 수료증(DUT, Diplôme universitaire de technologie)를 취득했다. 한 회사에서 인턴을 마치고 곧바로 취업했지만, 알 수 없는 이유로 6개월 만에 그만두었다. 친지 중에서도 오스카가 갑작스럽게 사표를 낸 까닭을 아는 사람은 아무도 없었다.

사실 오스카의 상태가 심각했다. 이미 정신이 분열되기 시작하고, 정신의 외피가 산산이 부서진 상태였다. 오스카라는 존재를 '타자(他者)', 세계, 혹은 뭐라고 해도 상관없을 무언가가 마음대로 휘젓고 다녔다. 오스카의 정신은 뭐라 정의할 수 없을 만큼 흐트러졌다. 조현병은 청소년기에 들어서면서부터 발발한다. 정확히 말하자면 인격이 완전히 형성된 나이부터 시작되는 것이다. 오스카는 '무아(無我)'의 경험, 끔찍한 기이함, 감각의 소실, 존재의 부조리를 점점 더 강하게 느꼈고, 진이 다 빠져서 방 안에 틀어박혀만 있었다. 자신이 체험하는 것들을 감히 말할 수도 없었다. 말로 표현할 수 없는 것을 어떻게 이야기하겠는가? 오스카는 끔찍하게 고통받았다. 나와 상담할 때는 그런 말을 할 수 있는 상태였다.

"나는 미쳐갔어요. 8개월 동안 내 방에서만 지내고 밤에만 활동했어요."

아무것도 안 하고 누워만 지내고, 가끔 비디오 게임을 했다. 밤낮없이 침대에만 있는 클라이노필리아(clinophilia)로 지낸 것이다. 실행증(apraxia)이 있어서 일어나고, 움직이고, 나가서 한 바퀴 돌고, 생활하고 싶은 충동과 욕구가 전혀 없었다. 무기력에 빠져서 주변은 물론 자기 위생에도 신경 쓰지 않았다. 이 세 가지 증후는 우울증에서도 볼 수 있다. 따라서 이런 젊은이는 흔히 주위 사람들에게 우울증 환자로 여겨지며, 이형성 우울증이라고 하기도 한다. 정신분열 증후는 거의 최소한으로 나타날 때가 많기 때문이다.

그 시기에 오스카에게 망상이 시작되었다. 상식적인 생각을 할 수 없는 이들에게 망상은 의미가 되고, 조각조각 나뉜 정신에 설명을 붙여준다. 오스카는 자신이 느낀 것을 꽤 잘 이야기해주었다.

"완전히 미친 상태였죠. 광기가 시작되었어요. 나는 눈에 띄는 모든 것을 일일이 해독했어요. 누가 나를 계속 관찰하는 기분이 들었죠. 텔레비전이나 매체를 통해서 나한테 말을 걸 수 있다는 생각도 들었고요. 내 주변에 있는 사람들에 비해 우연한 사건을 많이 봤어요, 텔레비전이 내게 자살해야 한다고 말하고, 전화기가 내게 고무풍선 이야기를 했어요. 그래서 내가 바람이 빠지리라고 생각했죠. 결국, 나는 뛰어내렸어요."

사건 2주 전, 오스카는 8미터 높이의 지붕으로 올라갔다가 가족에게 작별 편지를 쓰려고 다시 내려왔다.

"텔레비전이 '악어의 눈물'이라는 노래를 부르기 시작했어요. 그래서 달나라 사람들이 그걸 하라고 나를 부추겼어요."

오스카는 다시 지붕으로 올라가서 뛰어내렸다. 입원하고 정신과 의사의 진료도 받았지만 망상을 이야기하지 않아서 어떤 처방도 받지 못했다.

"거짓말했어요. 아무 말도 하지 않았어요. 내가 바보 같은 짓을 했다고만 이야기했어요."

오스카는 자신이 느끼는 것에 대해 아무 말도 하지 않았다. 하지만 그가 평소에 하는 말은 확실히 동료와 친지 들의 주의를 끌었을 것이다. 치료를 받았더라면 도움이 되었을 것이고 안전해졌을 것이다. 병동에서도 오스카가 하는 말을 들으면 누구라도 그의 정신이 기능적으로 얼마나 심각하게 망가졌는지 알 수 있었다. 오스카는 여전히 많이 혼란스러워했다.

"메아리가 내게 말했어요. 그들이 내 생각을 어떻게 읽었는지는 모르겠어요. 하지만 그들은 사람들 사이를 지나가며, 혹은 텔레비전에서, 혹은 잡지에서 내 생각에 답했어요. 나는 그들을 달나라 사람들이라고 불렀어요. 은유적으로 사람들이라고 부르긴 했는데 모르겠어요. 어쩌면 컴퓨터일 수도 있고, 인간이 아닐 수도 있겠죠?"

오스카는 자신이 "메아리"라고 부르던 환청에 조금씩 침범을 당했다. 메아리는 오스카의 생각을 지배하고 명령을 내렸다.

"달나라 사람들이 나를 죽일 거라는 생각이 들었어요. 한 달 전에 벌써 나를 죽이려고 했었거든요. 바뀐 게 없으니, 나를 죽일 거라고 생각했어요."

그는 고통스러운 표정으로 무슨 일이 있었는지 설명했다.

"메아리가 내게 말했어요. 자기들과 함께 살려면 나에게서 여자, 사랑, 어머니를 완전히 없애버려야 한다고요. 그렇게 하지 않으면 그들이 나를 죽이겠다고 했어요. 그래서 나는 그게 내 어머니를 말하는 것이라고 믿게 되었죠."

오스카는 "메아리"의 명령을 잘못 해석했다. 청소년이라면 누구나 성인의 삶을 살고 자립하고자 어린 시절과 자신을 연결하는 이미지로서의 '어머니'라는 상징을 끊어내고 싶어 한다. 그는 이러한 이미지와 실제를 혼동하고, 자신의 어머니를 정말로 죽여야 한다고 믿었다. 사물이나 상황을 글자 그대로, 곧이곧대로 받아들인 것이다. 내가 정신 감정을 하던 그 순간에도 오스카는 이러한 심각한 정신병적 문제를 이해하지 못했다. 지나치게 권위적인 아버지의 뜻에 거스르기가 아직 어려울 때, 조현병 환자가 아닌 젊은이는 아버지가 너무 심하다고 생각하며 적당히 '속아'준다. 나는 아버지에 대한 망상을 품은 조현병 환자를 몇 명 안다. 그중 하나는 아버지가 매일 밤 아들인 자신을 강간해서, 아침마다 침대 시트와 변기에서 아버지의 정액을 발견한다고 했다. 프랑스어로 '속는다(se faire avoir)'라는 표현을 글자 그대로 해석하면 '스스로 (그 사람의) 소유물이 된다'라는 뜻이 되는데, 그러한 해석에서 유래한 망상인 듯했다. 그 환자는 결국 아버지를 죽였다. 아무튼 오스카는 계속 힘겹게 말을 이어갔다. 자료를 미리 읽어서 그가 무슨 이야기를 할지 알았으므로 나 역시 힘들고 고통스러웠다.

"텔레비전을 보는데 계속해서 자살해야 한다는 생각이 드는 거예요. 그리고 식사하는데 어머니가 그러더군요. '요즘 살기가 참 힘들다.' 그 말을 두 번이나 하는 거예요. 지금은 그때 정신과 의사를 만나러 갔어야 한다고 생각해요. 하지만 그때 난 무서웠어요. 어머니가 그런 말을 하는 건 다른 세계로 가야 하기 때문이라고 믿었어요. 사실 나는 내가 죽어야 한다고 생각했거든요. 그런데 어머니가 살기 힘들다고 하니까, 어머니를 죽여야 하는 건가 하는 생각이 드는 거예요. 그 생각이 들자마자 어머니가 똑같은 말을 또 하는 거예요. 그래서 나는 칼을 가지러 갔는데, 알람시계를 들고 있어서 그걸 다시 가져다 놓으러 갔죠. 어머니가 시디 케이스를 보다가 나한테 다가오더군요. 나는 속으로 어머니가 일을 쉽게 해주려고 한다고 생각했어요. 미친 생각이지만, 달나라 사람들이 나한테 내린 명령을 쉽게 수행할 수 있도록 어머니가 나를 도와주는 것 같았어요. 그래서 나는 칼을 가지고 벽 옆에 서 있다가 어머니를 공격했어요."

오스카는 나지막한 목소리로 말했다. 그가 이 이야기를 경찰, 의사, 동료 전문가, 간호사, 판사 들에게 수없이 많이 했다는 사실을 나는 알았다. 그렇게 습관처럼 이야기해서 사건을 언급할 때 느끼는 어려움과 부담감을 조금이라도 덜 수 있다면 좋은 것이다. 그 순간 내가 느끼는 감정을 오스카는 모르리라는 것도 알았다. 우리는 다른 사람들이다. 오스카가 터무니없는 행동을 할 수 있는 건 정신병이 만들어내는 '다름' 때문이다. 상태가 많이 좋아진다 해도, 자신의 행동을 비판하고 참혹과 부조리를 이해한다 해도 오스카는 자신, 주위 사람들, 자신의 행위를 근본적으로 다른 방식으로 본다. 그래서 오스카는 공감 능력이 없이 냉정하고, 어딘가 먼 곳에 있는 것처럼 보인다. 정신질환자와 비정신질환자를 같은 선상에 놓고 비교하는 것은 부당하고 잘못된 판단이다. 방식이 다를 뿐 오스카도 고통받았다. 여러 해 동안 정신감정을 하고 환자의 이야기를 들으면서 나는 그런 확신이 서게 되었다. 그래서 나는 그들을 연민한다.

이제 어머니를 죽인 순간을 이야기할 차례였다. 오스카가 판단력을 완전히 소실했었다는 것을 증명하려면 사건이 발생하게 된 병적인 구조를 자세하게 밝혀야 했다. 그래서 나는 아무 말 없이 귀를 기울였다. 정신감정을 하며 필요하다면 질문할 권리가 있었지만 할 필요가 없었다. 오스카가 마치 꿈 이야기를 하듯 망설임 없이 살인 장면을 술술 털어놓았기 때문이다. 아직도 약간 잠이 덜 깬 듯 혼란스럽고 기계적인 말투였다.

"어머니가 쓰러졌어요. 나는 어머니 머리 오른쪽을 칼로 찔렀어요. 어머니의 감정에 상처를 입히고 싶었고, 감정을 관장하는 뇌의 부위가 우반구이니까요. 칼로 계속 찌르다 보니 두개골이 떨어지고 뇌가 보이더라고요. 뇌 안쪽에 칼을 쑤셔 넣었죠. 그러니까 뇌가 한 조각 튀어서 손바닥 안으로 들어오더라고요. 나는 그걸 입에 넣고 삼켰어요. 내가 저지른 짓이 너무 끔찍했지만, 행동을 도저히 멈출 방법이 없었어요."

오스카는 말을 이었다. 살인 장면의 묘사가 끝을 향해 갔다.

"어머니가 좀비가 되어 다시 살아날까 봐 겁이 났어요. 일이 다 끝나고 나는 2층 발코니로 가서 밑으로 뛰어내렸어요. 높이가 4미터밖에 되지 않았지만, 달나라 사람들의 생각이 바뀌었는지 알아보려고 뛰어내렸지요. 나는 다시 일어났어요. 그리고 똑같은 장소에서 두 번째로 뛰어내렸죠. 또다시 일어나서 내 방으로 돌아갔어요. 휴대전화가 울리더군요. 어머니 친구인 어떤 아주머니가 아래층에 와 있다는 거예요. 그래서 내가 어머니를 죽였다고 이야기하고 문을 열어줬죠. 구급차와 소방관들이 도착했어요."

침묵이 흐르고 나는 한숨을 쉬었다. 고개를 푹 숙인 오스카의 더부룩한 금발머리가 내 눈앞에 있었다. 나는 그에게 자신의 행동을 어떻게 생각하는지 조용하게 물었다.

"엄청나게 바보 같은 짓이죠. 바보 같았어요. 뭐든 메아리랑 잘 맞는지만 생각했으니까요. 이건 좋아, 이건 안 좋아, 항상 그 생각뿐이었죠. 말 한마디 때문에 내 어머니를 공격했어요. 그 10분 동안 나는 현실에 있지 않았어요. 마치 게임 같았고, 실제 세상에서 벌어지는 일 같지가 않았어요. 어머니는 죽을 리가 없었어요. 나는 과거로 돌아가서 내가 저지른 짓을 되돌릴 수 있으리라고 믿었어요. 미친 듯이 후회했죠."

이제 오스카는 자신이 아프다고 생각하고, 조현병을 앓는다는 사실도 알았다. 하지만 자신의 병이 만성적이리라고는 생각하지 않았다. "우연한 사건이 여전히 많이 일어난다."라고 확신했고, 달나라 사람들이 여전히 자신과 접속하려고 시도하지만 "예전보다는 뜸하다."라고 했다. 별다른 어려움 없이 정확하게 치료를 받고 있었다. 톰도 그 사실을 확인해주었다.

정신감정이 끝났다. 나는 오스카에게 감사 인사를 하고 악수했다. 평가지 마지막에 나는 "규칙을 잘 따르고, 감성적이며, 지적임"이라고 썼다.

나는 중환자병동 건물에서 나와서 7월의 화창한 햇살 아래 섰다. 거의 정오가 다 되어 있었다. 다행히 휴가는 며칠간 이어질 테고 나는 바닷가에 있는 내 아들들 곁으로 갈 터였다.

그로부터 15개월 후 검사가 내게 오스카 사례의 임상적인 측면을 재검토하라는 임무를 맡겼다. 특히 오스카가 지금처럼 '동의 없는 입원' 상태로 계속 유지되어야 하는지 알려달라고 했다.

중환자병동에서 퇴원한 오스카는 일반 병원으로 옮겨졌다. 신축 건물이라 밝고 깨끗하며 연한 초록색 벽이 조용하고 쾌적한 느낌을 주었다. 살이 통통하게 찐 편안한 표정의 오스카가 들어왔다. 12킬로그램이 붙었다고 했다. 여전히 긴 머리에 안경을 꼈는데, 얼굴에 약간 여드름이 나 있었다. 손가락에 니코틴 자국이 있고 약간 꾸민 듯한 태도도 여전했다. 오스카는 나를 알아보았지만 웃지는 않았다. 나는 물론 웃어주었다.

아주 잘 지내며 "이제 메아리나 달나라 사람들 생각은 안 한다."라고 했다. 그래도 여전히 모든 것을 해석하려고 한다는 걸 감지할 수 있었다. 오스카가 사건을 이야기할 때 나는 그가 받은 치료와 간호가 얼마나 효과적이었는지 평가했다.

"메아리가 내게 자살하라고 요구했고, 나는 무척 겁이 났어요. 어머니는 감정적인 부분을 대표하는 사람이었으므로 헤어져야 했고요. 나나 가족에겐 슬픈 일이죠. 미친 짓이었어요. 하지만 어머니에 관해선 좋은 추억밖에 없어요."

오스카는 양가감정을 드러냈는데, 이 역시 조현병의 증후 중 하나다. 자신의 정신적인 취약함도 깊이 생각해보았다고 했다.

"내가 조현병 환자라는 건 아는데요, 이 병이 평생 갈 건지는 모르겠어요. 치료를 그만두지는 않을 거예요. 그만뒀다가 부작용에 시달리면 어떡해요."

의료진은 오스카가 규칙을 잘 지키며 약도 별다른 문제없이 꼬박

꼬박 복용한다고 확인해주었다. 기관 생활에도 잘 적응하여 다양한 치료 그룹에 참여한다고 했다.

오스카는 막연하지만 장래 직업도 여러 가지로 생각하고 있었다. 하지만 의료진은 솔직히 그에 관해서 진행하는 특별한 계획은 없다고 했다. 오스카는 아직 젊고 미래는 열려 있다. 아버지가 매주 아들을 면회하러 왔다. 치료와 가족 쪽의 상황은 안정된 것으로 보였다.

나는 동의 없는 입원을 유지하되 외출하는 기회를 점차 늘리도록 하라는 결론을 내렸다. 그런 다음 치료를 잘 받는지 경찰청에 보고해야 하는 강제 통원 치료 형식의 치료 프로그램을 따라야 하며, 치료가 정확히 이루어지는지 곁에서 살펴줄 사람이 없으면 또다시 동의 없는 입원을 해야 한다고 썼다. 마지막으로 오스카가 사회에 복귀할 수 있도록 돕는 것이 최우선 과제라고 덧붙였다.

오스카에게 면소 판결이 내려졌다. 나는 출장 중이어서 재판에 참석하지는 못했다. 형사소송법에 따라 오스카에게 취할 것으로 예정된 몇 가지 조치 중에 피해자의 친지들과 왕래를 금지하는 조치가 포함되어 있었다. 법원에서 내게 의견을 요청해왔고, 나는 오스카가 아버지와 유지하고 있는 좋은 관계가 계속 보존되어야 할 것이라고 답했다. 의료진과 오스카 본인의 생각도 마찬가지였다. 검사가 내 의견을 따라줬으면 좋겠다.

여자를 형으로
착각한 남자

사법절차가 지나치게 늦게 진행된다는 비난이 일리가 있긴 해도 판결을 내리기 전에 적어도 사건을 이해할 시간은 충분히 있어야 한다. 피고인의 성격을 평가하고, 행적을 재구성하고, 정신적인 취약성과 균열을 탐지하는 것은 면책 사유를 찾아내려는 것이 아니다. 그런 과정을 통해 얻어내는 단서는 때로는 진실에 다가가는 데 도움을 주기도 하고, 유사한 범죄를 예방하는 데 필수적인 자료가 되기도 한다. 이러한 탐구를 통해 범인의 시각으로 사건을 다시 돌아보면, 범인은 자신이 저지른 행동을 좀 더 잘 이해하고, 마침내 희생자를 존중하는 모습을 보이기도 한다.

친밀한 관계, 특히 연인 관계에서 일어나는 살인 사건이라면 당사자들의 연애사, 감정 상태, 범인이 자신과 상대편의 상황을 이해하는 방식 등을 면밀히 조사해야 한다. 한 여성 임상심리사와 함께 맡았던 법심리학(법의 성립과 작용을 심리학적 입장에서 연구하는 학문으로 법정신의학과 구별된다.-편집자 주) 평가가 생각난다. 심각한 사건이었는데, 연인 관계에서 너무나 자주 간과되었던 문제를 다시 한 번 생각해보게 되었다.

116

12월이 막 시작되고 그즈음엔 매년 그렇듯이 나라 전체가 연말 축제 분위기로 들썩였다. 낮이 시작된 지 얼마 되지 않은 것 같은데 어느새 끝나고 지평선을 붉게 물들이며 겨울 해가 넘어갔다. 죽은 나무들이 노란 하늘 쪽으로 가냘픈 가지를 뻗으며 우주의 질서를 깨뜨리고 있었다.

정문으로 들어서서 작은 문과 쪽문을 차례로 지나면서 나는 서글픔을 느끼며 생각에 잠겼다. 포석이 깔린 앞뜰은 유난히 미끄러웠다. 단두대가 사용되던 시기에 만들어진 앞뜰은 참수된 사형수의 피가 고이지 않도록 경사져 있었다. 다음으로 중앙 창살문을 지나고, 마지막으로 2국 쪽으로 난 창살문으로 갔다. 문 옆 둥그런 유리 초소에 뚱뚱한 여성 경비원이 근무하고 있었는데, 그녀의 일은 주로 무거운 창살문의 자물쇠를 열어주는 것이었다. 나는 장갑 낀 손으로 문을 밀고 좋아하면서 동시에 지긋지긋해하는 세계로 들어섰다.

우리끼리 "두 번째 남쪽"이라고 부르는 2국의 현관에는 꽤 높다란 성탄목이 있었다. 저렴해 보이는 빨강, 파랑, 반짝이 장식들이 분위기를 더욱 침울하게 했다. 그래도 희미하게나마 인간적인 연대감 같은 것이 느껴지기도 했다. 나는 '책상 경비원'이라고 불리는 경비원을 호출했다. 좁은 통로 한가운데 덩그러니 놓인 작은 책상 앞을 늘 지키고 있어서 그런 별명이 붙었다. 경비원은 뭔지 모를 목록을 휘갈겨 쓰고 있었다. 그의 연필은 제대로 깎지 않아서 늘 뭉툭했다. 나는 경비원에게 이곳에서는 통행증이나 다름없는 법원 명령서를 건넸다.

경비원이 말했다.

"알겠습니다. 불러 드리죠."

그러고는 고개를 한껏 젖히고 고래고래 고함을 질렀다. 내가 만날 사람이 4층 수용실에 있었기 때문이었다. 경비원의 소리를 듣고 4층 담당이 부르러 갈 터였다. 수용실 안에서는 죄수 두 사람이 텔레비전을 보며 담배를 피운다. 4층 담당 경비원은 자물쇠 안에 커다란 열쇠를 넣고 돌려 문을 열면서 말한다.

"아무개, 변호사 접견실로!"

그렇게 나와 마주한 수감자는 십중팔구 실망한다. 여러 주 동안 기다렸던 변호사를 마침내 만나리라고 생각했기 때문이다. 정신과 의사라면 으레 남자라고 생각해서 이렇게 묻기도 한다.

"사회복지국에서 나오셨어요?"

"아닙니다. 나는 의사예요. 당신의 사건을 정확히 조사하고, 혹시 정신질환을 앓는 건 아닌지 알아보라는 판사의 명령을 받고 왔지요."

"난 미치지 않았어요."

"글쎄요. 하지만 그건 제가 판단할 겁니다. 몇 가지를 질문할 거예요. 정신감정에 동의하십니까?"

"내게 선택권이 있나요?"

"없습니다. 거절하신다면 서류에 그리 좋지 않은 평가가 적히겠지요. 시작할까요?"

그런 다음 감정을 시작한다.

죄목은 살인과 방화, 재물 손괴. 애인을 도끼로 열여섯 번 내리찍고 방에 불을 지른 다음 떠났다고 서류에 기록되어 있었다. 분위기가 후끈 달아오르는 느낌이었다.

접견실마다 놓여 있어서 도저히 피할 수 없는 플라스틱 의자에 앉아서 나는 서류를 펼치고 읽는 데 집중했다. 서류 파일이 놓인 조그마한 탁자 건너편에 수감자가 앉을 터였다. 젊은 남자가 들어와서 나는 자리에서 일어섰다. 그는 매력적이고 과묵하며 얼굴에 웃음기가 없었다.

이반은 평범하게 차려입었다. 스물세 살 먹은 젊은이답게 힘이 넘치고 싹싹한 분위기였다. 키는 거의 180센티미터였는데, 늘씬하고 비율이 좋았다. 그런데 정작 말을 나누려고 하니 약간 움츠러드는 모습을 보였다. 혼란스러워 보였지만 자신의 문제가 뭔지, 지금 어떤 상황인지 이해하고 있었다. 나는 법원의 요청으로 심리 평가를 보충하고자 이반을 세 번 만나기로 되어 있었다. 동료 임상심리사는 그를 두 번 만났다. 통상적으로 보고서는 공동으로 작성하며, 결론에는 작성자들의 서명이 들어간다.

사건 이야기를 곧바로 듣고 싶지 않아서 나는 이반에게 어떻게 살아왔는지 이야기해달라고 했다. 그는 조심스럽게 말했는데, 적당한 단어를 찾는 데 어려움을 느끼는 것 같았다. 때때로 눈길이 아래로 향했고, 주저하며 나를 보았다.

이반이 태어난 곳은 먼 외국인데, 가족이 프랑스로 귀국해서 정착했다고 했다. 우체국 직원이었던 아버지와는 데면데면한 관계였다. 어머니는 냉정한 성격이었는데, 가족과 관련한 모든 일은 어머니와 상의해야 했고, 부모와 자식 간에 대화가 거의 없었다고 했다. 그의 이야기를 들으니 어린 시절이 텅 비어 있다는 느낌이 들었다. 이반은 말을 더듬어서 발음교정사를 만나러 가야 했다. 그제야 비로소 나는 그가 말할 때 왜 약간 머뭇거리는 느낌이 드는지 이해가 되었다.

　이반은 어린 시절을 무미건조하고, 조용하고, 공허하게 보낸 것 같았다. 가장 큰 사건이라면 아버지의 불륜 때문에 부모가 일시적으로 별거한 것이었다. 갑자기 어디선가 다리가 불쑥 나타나서 이어지듯, 살아온 과정에서 사건 쪽으로 이야기가 흘러갔다. 하지만 더 충격적인 것은 그로부터 1년 후 판사의 요청으로 내가 다시 한 번 그를 만났을 때 맏형으로부터 학대를 당했었다고 털어놓은 일이었다(이반은 형제가 여섯이었다). 잔잔하면서도 가혹한 어린 시절에 모든 것이 다 들어 있었다. 그 사실을 1년이 지나서야 알았고, 2년이 더 지난 어느 가을날 법정에서 진술했다. 이반을 학대했던 맏형은 아버지의 친자식이 아니었다. 이반의 부모는 이반을 포함한 다섯 아이를 낳았다.

　이반은 학창 시절 내내 중간 정도의 학생이었다. 과학기술경영관리(STIG) 바칼로레아에 실패하고 재수를 포기했다. 고등학교 졸업 이후에는 전화상담실 직원, 병원 주방 보조, 양로원의 활동보조인 등 이런저런 '잡일'을 전전했다. 사건 당시 이반은 직업도, 돈도 없었다. 그림을 공부하는 것이 꿈이었지만, 결국 교도소에 수감되었다.

　이반의 연애사에서 몇 가지 단서를 찾을 수 있었다. 첫 번째 연애는 중학교 3학년 때 했는데 여자 친구가 이사했다. 이반은 "그 아이랑 자진 않았다."라고 했다. 그다음 해에 두 번째로 연애했다.

　"그 아이를 사랑한다고 생각했는데, 그냥 굉장히 강한 집착이었어요."

　고등학생이던 여자 친구가 다른 사랑에 빠져서 이반에게 먼저 헤어지자고 했다. 그 친구와도 가볍게 만나기만 했지 성관계는 하지 않았다.

세 번째이자 마지막 연애는 실벤이라는 젊은 여성과 했다. 이반은 그녀를 만나는 동시에 피해자가 될 여성과 한 달가량 깊은 관계를 맺었다. 이반은 실벤과 깊은 사랑에 빠졌고, 만난 지 일주일 만에 성관계를 맺었다.

"실벤과는 사랑을 나눴지만, 피르민과는 그냥 섹스만 했어요."

나는 이반에게 사랑에 관해 좀 더 구체적으로 물었다. 그는 고심하며 대답하려고 애썼다. 그렇게 해서 내놓은 대답은 미성숙하게 느껴지고, 소유욕이 강하다는 생각이 들었다. '하지만 이반은 아직 젊으니까.'라고 나는 생각했다.

"사랑은 늘 함께 전화 통화를 하는 거예요. 그녀와 함께 있길 바라면서 잠에서 깨어나는 거죠."

사실 이반이 젊다는 것 말고는 내가 틀렸다. 두 사람의 사랑은 여전히 깊었고, 실벤은 감옥에 있는 이반을 면회하러 정기적으로 접견실로 왔다.

나는 이반에게서 사소하지만 법을 위반하는 성향을 감지했다. 그는 예전에 남의 차 문을 따고 들어간 적이 있어서 경찰서에서 평판이 좋지 않았다. "그저 알아보고 싶어서" 그런 행동을 했다고 이야기했다. 무엇을 알아보겠다는 말일까? 법으로 금지된 행동을 하는 능력? 이런 내 생각을 이반에게 이야기하지는 않았다.

음산한 겨울밤이 내려앉았다. 높다란 천장에 붙은 알전구가 흔들거리는 작은 사무실에서는 겨울이 더욱 가혹하게 느껴졌다. 천장의 칠이 벗겨져서 싸락눈 내리듯이 떨어졌다. 시간이 가면서 다른 수감자가 내는 소음이 잦아드는 가운데, 나는 늘 하는 질문을 기계적으로 던졌다. 나는 그 질문의 의미와 순서뿐만 아니라 어떤 방식으로 말해야 할지도 잘 알았다. 핵심은 상대방에게 충격을 주지 않고 분위기에 잘 녹아들도록, 상대방의 반발을 사지 않고 이야기를 잘 끌어내도록, 끔찍한 사건 이야기를 그나마 좀 부드럽게 하도록 하는 것이다.

"담배 피우나요? 얼마나 피우죠?"

다음 질문은 물론 "술은 마시나요? 안 마신다고요? 맥주도요?"이다.

"그럼요, 선생님! 하지만 맥주는 술이 아니잖아요!"

마약도 물어본다.

"약은 좀 하나요? 전혀 안 해요? 대마초도요?"

"하죠, 남들만큼은요!"

"남들만큼이라는 게 어느 정도를 말하는 거죠?"

"잘은 모르겠는데, 하루에 아홉에서 열 대 정도면 보통이죠!"

"한 지는 얼마나 됐어요?"

"3~4년이요."

"4년 동안 매일 열 대면 보통인 건가요?"

대답이 없었다. 매번 생각하지만 질문조차 이해하지 못한 듯했다.

나는 대마초 합법화에 찬성하는 언론인의 의견을 듣는 것이 좋다. 그들은 자신들이 주말에 친구끼리 대마초 한 대 피울 수 있을 만큼 자유롭다고 생각한다. 물론 이런 식으로 해시시(hashish, 인도 대마(大麻)로 만든 마약-편집자 주)나 대마초를 소비하는 건 지극히 무해하다. 하지만 나는 언론인이 자녀에게 마약중독의 위험성도 함께 일깨워주었으면 좋겠다. 보메트교도소에서 마약에 빠져 살던 열네 살 소년을 만난 적이 있다. 지적 수준이 무척 낮았는데, 자기가 알기론 대마초가 전혀 해롭지 않다는 이야기를 되풀이했다. 어떤 것에도 무관심하고, 개를 바깥으로 내보내고 방에 틀어박혀 종일 약을 하며 환각에 빠져 지냈다. 주로 대중매체에서 주워들은 이야기를 했는데, 본인은 '남들만큼' 안다고 믿었지만 내 마음에 썩 들지는 않았다. 집단 강간에 가담한 죄로 교도소에 갔다. 약에 취한 친한 형들과 장난삼아 강간을 저질렀다고 했다. 그 소년 또한 범죄의 대상이 되었다. 나는 가련한 청춘을 말살한 이 사건에서 죄를 물어야 할 것이 무엇인지 생각해본다.

다시 이반의 이야기로 돌아가자. 이반은 낮에는 맥주 몇 병을, 주말에는 보드카와 럼주를 마시고, 해시시를 하고 매일 대마초를 한 대씩 피웠다. 열여덟 살 때 약물 과다 복용으로 자살을 한 번 시도했지만, 입원은 하지 않았었다고 빠르게 덧붙였다. 연애 혹은 가족 문제 때문이었으리라고 나는 짐작했다. 수감 중에 지역정신보건센터의 치료를 받았는데, 차트를 보니 불안·우울 증상 때문이었다. 이반은 정신과 치료를 받기 시작한 덕분에 교도소에 도착했을 때부터 들었던 자살 충동이 완전히 사라졌다고 말했다.

정신감정과 마찬가지로 심리 평가를 할 때도 관찰을 잘하고 좋은 질문을 해야 한다. 조현병 증상을 알아내는 것이 의존성 인격장애(자신의 정신적·신체적 욕구를 충족하고자 다른 사람에게 만성적으로 지나치게 의존하는 상태-편집자 주) 환자의 정신 상태를 밝히는 것보다 훨씬 빠르다. 몇 가지 사례로 뒷받침되어야 하므로 검사 대상에게 특정한 상황에서 어떤 결정을 내리고 행동할 것이냐고 묻고 자기 상태를 설명해보라고 요청해야 한다. 이런 검사를 하며 마음이 편치 않았는데, 아마 내가 임상심리사가 아니라서 그런 듯했다. 같이 일하는 동료 임상심리사는 훨씬 잘해나갔다. 그녀가 무척 유능한 사람이라 둘이 하니 좀 더 내용이 풍부한 검사를 진행할 수 있었다. 하지만 굳이 검사하지 않더라도 이반의 성격, 성향, 정신의 기능적인 면은 어느 정도 파악할 수 있었다.

이반은 매우 소심한 성격이었다. 그래서 가끔은 자신이 바라는 걸 얻는 게 어려웠다고 했다. 뭐든 솔선해서 하지 못했고(형에게 맞으면서도 한 번도 반발하지 못했다), 대체로 억압된 편이었고(운동 쪽은 제외), 자신이 사색적인 경향이 있다고(내면세계는 거의 텅 비어 있었지만) 평가했다. 또한, 자신이 "게으른 편"이고, 주도적으로 나서지 않고 거의 가만히 있다는 이야기도 했다. 행동할 때 현재는 거의 고려하지 않고, 충동적이지 않았다(검사에서 확인되었는데, 좌절에 무척 관대하고 외부 자극에 대한 반응성도 없었다).

감정적인 성격은 아니며 사람, 사물, 추억에 애착을 느낀다고 이야기했지만, 사실 그는 소유욕이 강하고 분리 불안(대상과 떨어져서 생기는 불유쾌한 신체적·심리적 상태-편집자 주)이 있었다. 애정 관계에서 이반은 차갑고 약간은 초연한 모습을 보이고, 의심을 거의 하지 않는 인상을 주었다. 자신이 인내심이 강하고 외로움을 잘 견딘다고 생각했고, 인간관계나 애정 관계에서 주로 외적인 면에 투자한다고 했다. 이반은 자신의 가장 큰 장점은 관용이며 단점은 질투라고 했다.

이반은 그림이라면 가리지 않고 다 관심이 있었다. 독서도 좋아했는데, 특히 심리학이나 행복 탐구에 관한 책을 좋아했다. 영성에도 관심이 있다고 했지만, 수감 중에는 주로 범죄소설을 읽었다. 운동은 구기 종목과 배드민턴을 좋아했다.

성생활은 성의학적인 접근법을 따라 질문했다. 어떤 사람이 성교를 어떻게 하는지, 가장 은밀한 환상은 무엇인지 누구도 알 수 없다. 물론 대개의 사람, 특히 풍속 사범은 아무렇게나 대답할 수도 있다. 하지만 그중에서 중요한 요소를 찾으려 애써야 하며 신빙성이 전혀 없어 보이는 대답도 허투루 들어선 안 된다. 그래서 이번에도 나는 똑같은 질문을 같은 순서로 던지며 어떤 대답이 나올지 기다렸다. 이반은 꾸밈없이 단순하게 이야기했다. 첫 성관계는 열여섯 살 때 했다는데 일반적인 것과 많이 다른 소감을 이야기했다.

"하나도 안 좋았어요. 마법이 없었거든요."

그는 다시 하고 싶은 마음이 곧바로 들지 않았다고 털어놓았다. 두 번째 성관계는 다음 해에 했는데, 상대는 사랑하지 않는 여자였다고 했다. 사귀던 고등학생 여자 친구와 헤어지고 난 뒤에 만난 사람이었다.

"처음보다는 더 나았어요."

그리고 관계를 맺을 때 음경 포피가 살짝 아팠다는 말을 덧붙였다. 여러 파트너와 하루에 한 번 성관계했다고 했다. 자위를 일상적으로 하지는 않았고 포르노 잡지나 영상은 보지 않았다. 성매매 여성을 만난 적도 전혀 없다고 했다. 그렇게 성관계에 집중하던 시기 말고는 상대적으로 성생활이 빈약한 편이었다. 성적 환상도 이야기할 것이 거의 없을 정도였다. 가피학증(sadomasochism)에 관해 이야기를 나누었는데, 이반은 딱 한 번 파트너 중 하나를 결박해봤다고 했다. 그리고 자신은 에로틱한 상황에서 족쇄를 사용하는 것을 받아들인다고 했다.

모험적인 성생활도 얼마든지 할 수 있고 두려움도 없었지만, 그에게 섹스는 여전히 혼란스러운 영역으로 함정과도 같았다.

"사랑에 빠질 땐 성관계하는 게 더 힘들어요. 하지만 사랑하지 않으면 심각할 게 없죠."

이반은 이미 모든 것을 털어놓았지만, 나는 그로부터 1년이 지나서야 겨우 이해했다.

사건이 일어나기 1년 전 인터넷을 통해 피르민을 만났다. 그녀는 자신이 성인이라고 소개했지만 확실치 않았다. 두 사람은 급격하게 육체적인 관계에 돌입했다.

"피르민과 함께라면 감정이 전혀 없이 순전히 성관계만 할 수 있으리란 걸 알았거든요."

두 사람은 공원에서 가볍게 연애하다가 한 달에 두세 번 지하 주차장에서 만났다. 때때로 이반의 조부모 아파트에서 만나기도 했다.

피르민과 관계를 시작하고 한 달쯤 지난 뒤에 역시 인터넷으로 실벤을 만났다. 이반은 그녀에게 사랑을 느끼고 깊이 빠져들었다. 처음 만나고 일주일 후 두 사람은 첫 성관계를 맺었는데, 이반은 마침내 "사랑을 나눈다."라는 느낌을 받았다. 그는 실벤을 주말마다 정기적으로 만났지만 매번 성관계를 맺지는 않았다. 자신의 상황을 실벤에게 시시콜콜 털어놓지 않았고, 물론 피르민과의 관계도 말하지 않았다. 하지만 늘 그렇듯 현실은 생각보다 훨씬 복잡하고 관계는 꼬이기 시작했다.

"처음에 피르민을 만났어요. 섹스만을 위해서 만났었죠. 그런데 나중에 실벤을 만나고 많이 다퉜어요. 그래서 나는 피르민에게서 위안을 찾아야 했죠. 피르민에겐 감정이 없으니까 함께 있으면 이야기를 많이 하지 않았거든요. 소리를 지르거나 말다툼할 일이 없어서 마음이 편안해지더라고요."

이반은 피르민과의 관계를 끝내려고 두 번 시도해보았지만 실패했다. 그는 때때로 짜증이 났다고 했다.

"실벤이 꽤 질투심이 강하거든요. 내가 다른 여자를 만나는 건 몰랐지만, 여러 가지 일로 나를 비난했죠. 우리는 많이 싸웠어도 서로 의지했어요."

이반 역시 질투심이 강해졌고, 하루는 실벤의 뺨을 때린 적도 있다.

"내가 남자는 늑대라고, 자칼이라고 했어요. 그런데 실벤은 다른 남자가 자길 뺏어갈까 봐 내가 겁을 낸다고 하더라고요."

피르민과 관계가 발전하는 것도 곤혹스러웠다.

"피르민은 한 달에 두세 번 만났는데, 시간이 지나니 힘에 부쳤어요. 알아듣게 말해보려고 했는데 오히려 나를 협박하더군요. 사실 피르민은 미성년자였는데, 그 사실을 경찰에게 알리겠다고 하더라고요. 한 번은 피르민이 가출해서 그 애 부모님이 우리 집에 온 적도 있었어요. 정말로 문제가 될 수도 있겠더라고요. 어쨌든 그 애와 끝내려고 마음먹었어요. 9월 말이면 실벤과 1주년이기도 했고요."

욕정을 불러일으키는 변덕스러운 애인, 접근하기 다소 어려운 정숙한 정혼자(진정한 사랑)라는 이미지의 대비는 연애 관계에서 널리 퍼진 현상이다. 이반은 여성에 대한 이미지가 심각하게 왜곡되어 있었고, 그 때문에 결국 젊은 여성 한 명을 죽인다.

이반이 처음으로 사건을 이야기한 건 12월의 어느 춥고 음산한 오후였다.

"전날 밤에 실벤과 아주 크게 싸웠어요. 피르민이 저녁에 자길 보러오라고 했었거든요. 피르민에게 저녁에 못 가겠다고 하니 아침에 나한테 다시 전화를 걸었어요. 결국 가겠다고 했죠. 습관처럼 피르민과 헤어지고 싶다고 생각했어요. 사실 나는 9월 초 실벤과 1주년 기념일에 그녀를 우리가 처음으로 키스했던 장소에 데려가서, 그녀에게 내 자작곡을 불러주려고 했어요. 그러면 피르민과 헤어질 힘이 더 생기리라고 생각했어요. 피르민과 만나는 게 힘들어지고 생각이 너무 많아졌거든요. 그래도 실벤과 하는 폭풍 같은 싸움에 비하면 일종의 안정제 같긴 했어요."

그는 말을 이었다.

"피르민의 집으로 가서 그녀와 잤어요. 섹스가 끝나고 피르민은 돌아앉아서 인터넷으로 채팅하더군요. 약속을 잡는다고 했어요. 화면을 계속 보고 있으니 한 녀석이 수락하더군요. 또 다른 녀석이 피르민에게 번호를 달라고 하더니 곧바로 전화했어요. 피르민은 첫 번째 녀석과 만나려고 화장하기 시작했어요. 그런 와중에 두 번째 녀석한테 걸려온 전화를 받아서 내 이야기를 하더군요. 그걸 들으니 몸이 벌벌 떨렸어요. 나는 창고로 갔어요. 멍키스패너를 가지고 다시 내려가서 다른 수화기로 엿들었지요. 계속 내 이야기를 하더라고요. 나는 또다시 창고로 갔어요. 이번엔 손도끼를 숨겨서 가지고 내려갔죠. 피르민은 계속 이런저런 잡담을 하더라고요. 전화를 끊었을 때 나는 소파에 누워서 텔레비전을 보고 있었어요."

이반은 피르민을 어떻게 공격했는지 설명했다.

"피르민에게 깜짝 선물이 있다고 말하고 눈을 기다란 스카프로 가렸지요. 피르민이 킥킥대며 웃더라고요. 나는 손도끼를 가져왔고……그리고 그 일이 벌어졌어요. '악'하는 비명을 들었어요. 피르민이 일어서서 무슨 말을 했는데 내 귀엔 하나도 안 들렸어요. 우리 사이에 낮은 탁자가 있었는데, 나는 피르민의 머리채를 붙잡고 바닥으로 내리꽂았어요. 오른팔이 탁자에 부딪혔어요. 소파에 있던 덮개를 가져와서 피르민을 감쌌어요. 머릿속이 텅 빈 느낌이었어요. 다시 내려가서 시체에 물을 끼얹었어요.(이 부분에서 이반은 자기도 모르게 다리를 떨기 시작했다.) 손도끼 날을 물에 담갔다가 꺼내고 눈을 가렸던 스카프를 풀어서 챙겼어요. 배낭을 가져다가 손도끼와 멍키스패너를 넣었어요. 그런 다음 라이터로 불을 지르고 뛰쳐나왔어요. 불이 번지고 타오르기 시작했을 때, 내가 어리석은 짓을 했다는 걸 깨달았죠. 역 플랫폼에서 기다리면서 배낭 안에 뭔가 들었다는 걸 알아차리고 버렸어요. 지하철 안에서 나는 완전히 정신이 들었고, 순간순간 떠오르는 장면 때문에 괴로워했어요."

이반은 기진맥진한 얼굴로 말을 마쳤다. 나 역시 진이 다 빠졌다.

"그리고 실벤 집으로 갔어요. 창문 너머로 실벤의 얼굴을 보고 나는 울음을 터뜨렸죠. 실벤에게는 납치와 강도를 당했다고 말했어요."

그는 울음의 이유로 둘러댄 거짓말을 나중에 경찰에게도 써먹었다. 그런 다음 사건을 머릿속에서 지워버렸다.

"다음 날 아침이 되니 더는 아무런 생각도 들지 않았어요. 경찰에 소환되고 나서 그 장면들이 다시 떠올랐어요. 피르민의 휴대전화 통화 내역을 추적해서 나를 찾아낸 거였죠."

이반은 "처음부터 그걸 고백하기는" 어려워서 납치와 강도 이야기를 했다고 설명했다. 사건이 시작된 계기가 된 피르민의 전화 통화로 이야기를 돌려, 피르민이 자기를 놀리고 모욕하는 줄 알았다고 했다. 그래서 멍키스패너로 "그저 겁을 주고, 고통을 주고 싶었을 뿐"이라는 것이다. 손도끼로 내려친 자신의 행동은 아직도 왜 그랬는지 이해가 안 된다고 했다. 그는 사건을 마치 꿈에서 본 것처럼 이야기했다. 피르민이 남자와 나누었던 대화를 엿들었을 때부터 멍키스패너를 가지고 내려온 것까지 영화 장면처럼 드문드문 묘사했다. 모든 것이 뒤섞여 있었다.

이반은 자신이 두려웠다. "한 생명을 빼앗은 것"에 대해 죄책감을 느꼈고, 자신이 물이 된 것 같았다고 했다.

"신문을 집었는데 거기 내 이름이 있더라고요. 나는 내가 두려워요. 난 괴물이에요."

그는 심리적 외상 증후를 보였다. 악몽을 꾸고, 범죄 장면을 계속 되새기고, 자신이 피해자를 손도끼로 내려치는 모습을 반복적으로 떠올렸다. 이반은 혼란스러워하는 한편 초연한 모습도 보였는데, 무엇보다 많이 불안해했다. 임상심리사와 정신과 의사의 도움을 받아 자신의 상태를 이해하고 싶다고 했다.

1년이 지난 후에 이반을 다시 만났다. 그는 확실히 성숙해졌다. 잔뜩 얼어 있던 애송이가 진중한 남자가 되어 있었다. 자신의 과거와 현재 상황도 더 잘 받아들였다. 동료 한 명과 수용실을 같이 썼는데, 동료가 가끔 이반이 태어난 나라의 음식을 직접 만들어주기도 한다고 했다. 여전히 악몽을 꾸긴 해도 예전만큼 잦지는 않았다. 면담 도중 여러 번 미소를 보이기도 했다.

이반은 자신이 생각하기에 수수께끼 같았던 부분이 무엇을 의미하는지를 이야기했다.

"판도라의 상자 같았어요. 열리고 나서 모든 것이 빠져나간 거죠. 피르민이 전화로 이런저런 이야기를 하고, 내 앞에서 다른 남자와 약속을 잡은 것이 모욕적이었어요. 그런 감정을 형한테서도 느꼈거든요. 수년 동안 내게 상처를 줬던 그 형이요. 내 대부가 어떤 여자 이야기를 해준 적이 있었어요. 침대 밑에 칼을 넣어놓고 남자한테 자기를 건드리면 언제고 죽여버릴 거라고 했다는 거예요. 그때 나는 형한테도 똑같이 해주고 싶다고 상상했어요. 형을 겁주고, 아프게 하고 싶었어요. 나도 언제고 형에게 갚아주고 싶었어요."

그때 나는 이반을 이해할 수 있었다.

"10년 동안 기욤 형한테 괴롭힘을 당했어요. 내가 거의 스무 살이 될 때까지 주먹으로 맞고 발로 차이고, 지옥 같은 삶이었죠. 부모님은 절대로 나를 보호해주지 않았어요. 기욤 형하고 같이 방을 썼는데, 열네 살 때 한 번 가출하고 집에 돌아오니 방을 바꿔주더군요. 그래도 형은 나를 계속 모욕하고 괴롭혔어요. 내가 부모님의 친자식이 아니라고 하더라고요. 내가 식구들을 전혀 닮지 않은 건 입양되었기 때문이라는 거예요. 여기 왼쪽 입술 위에 조그만 흉터 보이시죠. 형이 나를 펀칭볼 삼아 격투기 연습을 하다가 낸 상처예요. 자기 숙제도 나더러 대신하라고 했어요."

이반은 자신의 현재 정서를 분석하기까지 했다.

"나는 형을 늘 증오해요. 형이 한 짓을 잊지 못할 거고, 형도 마찬가지이리라고 생각해요. 하루는 형이 그러더군요. 내가 운동해서 근육을 단련하고, 자기가 나한테 한 짓을 다 갚아줄 것 같다고요. 나는 웃었지만, 그건 억지웃음이었어요."

어린 이반은 부모에게 자신의 상황을 털어놓지 못했다.

"계속 가면을 쓰고 살았어요. 아무 말도 하지 않았죠."

기욤을 포함한 가족이 교도소로 정기적으로 면회를 왔다.

"잘못을 반성하는 거죠."

사건도 재차 언급했다. 치료사와 함께 많은 노력을 했다는 것을 알 수 있었다.

"우선 피르민이 내 앞에서 인터넷을 한 것이 첫 번째 모욕이었는데, 사실 나는 느끼지 못했어요. 다음으로, 피르민이 욕실에서 전화를 받은 거였죠. 그때 나는 약간 짜증이 나기 시작해서 멍키스패너를 찾으러 갔죠. 다시 내려와서 수화기를 들고 통화를 엿들었어요. 수다가 계속 이어지면서 모욕감은 점점 더 커졌어요. 무슨 이야기를 하는지는 모르겠지만, 아무튼 계속 이어졌죠. 그런 다음 아무것도 없었어요."

나는 그의 말을 받아서 되물었다.

"아무것도 없었다고요?"

이반이 말을 이었다.

"그러니까, 내 말은 기억이 잘 안 나고 잠깐씩 끊긴 장면만 떠오른다고요. 손도끼를 찾으러 갔고, 전화기를 다시 집어 들었고, 계단을 올라갔고, 스카프를 찾으러 갔어요. 그리고 사건이 일어났고, 그다음엔 불이…… 나는 집을 뛰쳐나와서 실벤 집으로 갔어요. 울었지만 실벤에게 아무 이야기도 해주지 않았어요."

내 요청에 그는 좀 더 자세하게 이야기했다.

"장면만 잠깐씩 떠오르지 선명한 기억은 없어요. 창고에 손도끼를 찾으러 갔고, 스카프를 찾으러 계단을 올라갔어요. 피르민의 눈을 스카프로 가렸지요. 내가 때리자 피르민이 다시 일어서서 내게 뭐라고 말했지만 하나도 들리지 않았어요. 그런 다음 나는 피르민의 머리채를 붙잡고 바닥에……, 그리고 불을 질렀지요."

이반은 일종의 건망증 증세를 보였지만 빠르게 회복되었다.

"다음 날은 토요일이었는데 기억이 전혀 없고요, 사흘 동안 그렇게 지내다가 화요일에 겨우 정신이 들었어요. 경찰한테 연락이 왔을 때 비로소 그 장면들이 다시 떠올랐죠."

강한 충격을 받은 이반의 정신세계에는 일시적일 뿐이었지만 기억상실이 도움이 되었을 것이다.

이반은 자신의 인격이 분열되었음을 인지했다.

"내 일부는 여전히 모르겠어요. 하지만 나는 한 생명을 빼앗았어요. 내 가족, 친구, 피르민과 그녀의 가족이 나를 용서해주길 기도해요. 나는 항상 내가 괴물이라는 생각을 하며 살 거예요."

　이반은 수치심과 후회를 느꼈다. 이해하려고 노력하고 있지만, 결국 자신의 행동을 안고 살아가게 되었다. 이반의 일부는 죄책감을 느끼고, 후회하고, 고통스럽게 살아간다. 하지만 다른 일부는 계획을 세우고, 수감 생활에서 존재감을 확인한다. 수감 생활 속에서 이반은 스스로 즐거움을 허락하며, 고통스럽다는 생각 없이 자기중심적인 방식으로 살아간다. 그의 행위는 분열되었고(여성의 악한 부분을 죽임), 그의 뇌 역시 분열되었다(견딜 수 없는 기억은 지우고 며칠 동안 정상적으로 살아감). 그의 인격, 존재 자체가 나누어졌다. 이반의 괴물 같은 일부는 모욕적인 상황에서 다른 일부를 압도했다. 그러한 모욕을 이반은 견딜 수 없었다. 아니 정확히는 더는 견딜 수 없었다. 사건은 이반에게 대체, 충돌, 마지막 숨바꼭질이었다. 피르민은 형을 대체했고, 방화는 형과 싸우고 살해하고 싶은 분노가 활활 타오른 것이었다. 그러한 싸움을 이반은 자신에게 허락하지 않았다.

　나는 이반과 만난 것을 무척 감사한다. 이반과 여러 번 만나면서 나는 절망스러운 사랑의 선물에 대해 깊이 생각했다. 이반은 존중받기를 그토록 바랐지만, 그 자신은 친구와 연인 들을 존중했는가? 그는 저주스러운 음란한 부분을 상징하는 여자를 죽였다. 하지만 그것은 자신이 사랑이라고 여기던 빛나는 들판에 비치는 그림자였다. 이 그림자는 이반 자신의 이상하고 폭력적인 면, 가피학적인 면이 아니었을까? 이반은 누군가가 자신에게 집착하거나 자신이 누군가에게 집착하는 것을 좋아했다. 그렇다, 집착이다. 이반은 변덕스럽지만 연약했을 10대

소녀였던 피르민에게 자기 생각보다 더 집착했다. 그는 피르민이 허락한 만남을 무척 좋아하고 즐겼다. 이반은 자신 안에 있는 괴물과 함께 살아가는 걸 받아들이고, 피르민의 잔인한 소리를 들어도 괴물이 날뛰지 않도록 길들여야 했다. 괴물은 힘이 센 형이 키우고 만들어낸 일그러지고 연약한 돌연변이에 불과했다. 형은 이반을 괴롭히며 "네게 가학적인 사람이 되는 법을 가르쳐줄게, 나를 따라와." 라는 말을 한 것과 마찬가지였다. 괴로워도 부모에게 한마디 말도 못 하던 어린아이였던 이반은 그 말을 알아들었다. 그리고 차디찬 겨울 같은 폭력으로 가는 어두운 문으로 들어섰다.

하느님이 인류를
구원하라고 보낸 자

고속도로가 막혀서 법원에 늦게 도착했다. 수사판사실 첫 번째 개정 시간에 출두해야 해서 가는 중이었는데 지각할 것 같았다. 살인 사건에 대한 정신 의료 전문가로 초빙되어 용의자의 정신감정을 이미 마친 상태였다. 이제 원고 측, 다시 말해 피해자의 가족이 입회한 자리에서 판사를 만나서 결론을 이야기하고, 그 결론에 대한 내 의견을 설명해야 했다. 나는 아예 도착할 수 없으면 했다. 공청회가 어떻게 진행될지 가늠할 수 없었기 때문이다. 끔찍한 사건이었으므로 나의 '형법상 면책' 주장을 피해자의 친지들이 받아들이기 어려울 터였다. 그래도 마침내 도착하긴 했다. 금속 탐지 장치 몇 개, 유리문과 용도가 미심쩍은 인터폰 몇 개를 지나친 후에 나는 늦게 도착했고, 법원 여성 서기가 문을 열어주었다. 그녀의 얼굴을 보니 어쩐지 미안해졌다.

모인 사람이 판사와 서기를 제외하고 세 명뿐이어서 사무실은 그리 크지 않았다. 우리는 나란히 앉아서 논리적이고 젊은 여성 판사의 질문에 대답했다. 판사는 발언이 끝날 때마다 요약해서 서기에게 입력하게 했다. 아까 그 서기가 자판 위에 몸을 숙이고 타이핑했다. 입회한 피해자의 가족은 30대 남매였는데, 긴장한 얼굴로 조용히 앉아 있었다. 그들의 어머니가 길에서 이웃 젊은이에게 칼에 여러 번 찔려서 살해되었는데, 용의자는 수개월 전부터 같은 건물에서 자주 마주치던 사람이었다. 나는 피해자 가족의 고통을 존중하면서도 중립적인 태도로 설명하고자 집중했다. 피해자 가족을 이해하므로 어쩔 수 없이 마음이 불편했다. 판사가 질문하고, 다른 이의 말을 청취하고, 각자 자기 의견을 이야기했다. 내가 사건 당시 용의자의 심리 상태를 최선을 다해 묘사하자 피해자의 아들이 화내며 말했다.

"그렇게까지 미친 건 아니었어요. 폭력적인 사람이었어요. 우리도 알았다고요!"

그는 내 쪽으로 돌아서서 대놓고 적대감을 드러내며 말했다.

"무엇보다, 선생은 어떻게 그렇게 확신하시죠? 그 사람이 당신에게 아무 말이나 지어내서 했을 수도 있잖아요. 그 사람을 얼마나 보셨나요? 한 20분?"

판사가 주의를 주자 그가 사과했다. 나는 계속해서 용의자의 심리 상태를 설명하고 묘사했다. 살인 행위를 저지를 당시 그가 경험했을 상황도 애써 이해시키려 했다. 공청회는 오후 한 시쯤 끝났다. 사무실을 나서면서 우리는 악수를 나누었다.

가스파르는 이웃에 살던 60대 여성을 살해했다. 시장에서 일하던 피해자는 동네에서 평판이 좋고 존경을 받았다. 어느 날 가스파르는 길에서 피해자를 따라갔다. 증인들에 따르면, 그는 피해자에게 욕설을 퍼붓고 최루가스를 뿌린 다음 칼로 등을 세 번 찔렀다고 한다. 피해자는 근처 가게로 피신하려다 결국 현장에서 사망했다.

며칠 후 경찰에게 체포된 가스파르는 의도적 살인으로 조사를 받았다. 하지만 그가 말하기를 거부하고, 기괴하고 폭력적으로 행동하는 바람에 조사가 제대로 이루어지지 않았다. 심지어 증거가 분명한데도 자신의 행위를 부인하기까지 했다. 이런 이유에서였는지 가스파르는 정신과 입원 전력이 많았지만 곧바로 수감되었다.

내가 가스파르를 만난 건 수감된 지 18개월이 지난 후였다. 내가 맡은 정신감정의 목적은 여느 때와 같았다. 그의 정신 능력에 장애가 있는지, 그러한 상태가 사건과 관련이 있는지, 그가 위험하다면 치료되어 사회에 재적응할 수 있는지, 형법적 제재를 받을 수 있는 상태인지, 결국 사건 당시 그가 정상적으로 판단할 수 있는 상태였는지 아닌지를 알아내는 것이다. 나는 조그만 진찰실에서 가스파르를 만났다. 대개 전문가가 수감된 환자를 만날 때 옹색한 면회실이 할당되는데 운이 좋은 셈이었다. 가스파르가 이야기해줄 일들이 내겐 마치 봉인된 보물 상자 같았다. 환자와 만나는 사무실의 평범한 실내장식과 믿을 수 없을 만큼 기이한 환자의 이야기, 초라하고 허술한 사무실 집기와 격렬한 감정의 묵직한 부담이 빚어내는 불협화음이 나는 늘 마음에 걸렸다. 평범함과 내밀함. 어쨌거나 내가 한 시간 남짓 듣게 될 이야기와는 아무 상관이 없을 터였지만 말이다.

가스파르는 근심이 가득하면서도 비장한 표정을 지었다. 옷차림은 매우 평범하고, 긴장한 얼굴로 감정 섞인 표현을 쓰면서 자신을 이해시키려 애썼다. 나는 그가 뭔가 필요하고 고통스러워한다는 것을 느낄 수 있었다. 가스파르는 내게 자신의 삶과 병을 설명했는데, 자신을 짓누르는 굴레를 아주 잘 아는 것 같았다. 드문 일이지만 환자의 정신 감정을 하면서 나도 내 주치의에게 전화해서 불안감을 토로할 때가 있다. 가스파르는 그런 환자에 속했다.

중앙아메리카에서 태어난 가스파르는 파리 지역에서 성장했으며, 부모님은 수공업에 종사했다. 어린 시절은 별다른 문제가 없었지만, 중학생 때 벌써 해시시를 피우기 시작했다. 식육 처리 분야의 직업적성 자격증(CAP, Certificat d'Aptitude Professionnelle) 시험에 떨어지자, 가스파르는 불안정한 모습을 보이며 대마초와 알코올에 중독되었다. 하루에 대마초 열 개비를 피우고 럼주 한 병씩을 마시는 등 폭주했는데, 그때 막 나타나기 시작한 정신병 증상을 가라앉히기 위해서였던 것으로 보인다. 직장에 다닌 적이 거의 없으며 부모님 집에 얹혀살았다. 경찰의 요주의자 명단에 올라 여러 번 형을 받고 수감되기도 했다.

가스파르는 열여덟 살 때부터 정신과 치료를 받았다. 머릿속에서 음산한 음악이 들리고 몸이 떨렸는데, 부모님이 그를 병원에 데려갔다. 그는 악마의 목소리를 뚜렷하게 들을 수 있다고 했다.

"이상한 느낌과 함께 잠에서 깨어났어요. 사람들이 나를 둘러쌌는데, 그들이 내 몸을 조종하는 듯한 느낌이 들었어요. 나는 그들이 내 머릿속에 산다고 생각했어요. 내가 한 일을 모조리 알거든요."

하지만 그는 겨우 며칠 만에 병원을 탈출했다.

폭력 사건을 일으켜서 처음으로 수감되었을 때 가스파르는 형법상 면책 판정을 받고 같은 병원에 입원해야 했다. 수사판사가 준 자료에 당시 시행되었던 정신감정의 사본이 있는데, 거기에는 차마 읽기 어려울 정도로 끔찍한 증오가 자세히 적혀 있었다. 그때 벌써 가스파르가 이웃집 여자가 지나치게 시끄럽고 자신을 심하게 괴롭힌다는 이야기를 했다.

"다들 내 생각을 읽었어요. (…) 그 여자는 항상 내 머릿속에 있었죠. 일부러 그런 것 같아요. 나는 내 머리를 더는 통제할 수 없었어요."

그로부터 몇 개월 후에 한 건물에 살던 이웃을 죽이게 되지만, 가스파르는 치료를 완전히 중단했다.

"발기 문제가 있었거든요. 선생님, 발기가 안 돼서 약을 더는 먹기 싫었어요."

잘 알려진 신경이완제의 이러한 부작용은 자주 일어나며, 그 때문에 젊은 환자는 견디기 매우 힘들어한다.

균형을 찾기란 어렵다. 그 시절 가스파르 역시 균형을 찾지 못했다.

사건 이후 수감 생활을 하는 동안 가스파르는 극심하게 나빠졌다. 가스파르의 동의하에 그의 차트를 보니 '완전한 분열 상태'라고 적혀 있었다. 프렌교도소에 도착했을 당시 가스파르를 본 외젠도 같은 말을 했다. 가스파르는 무척 흥분해서 자신의 수용실에 불을 질렀고, 정신과에 응급 입원을 해야 했다. 그는 감정에 북받쳐서 당시 상태를 떠올렸다.

"목소리를 들었어요. 더는 견딜 수 없었어요. 자살하고 싶어서 바깥에 나갈 때마다 몇 시간이고 기찻길을 바라보았어요. 처음에는 사람 목소리였는데, 바람 소리도 나고 자동차 소리도 났어요. 그게 나인 줄 알았어요. 네모난 자동차를 봤는데, 그게 내 머리 모양이라고 생각했어요. 교도소에서 나는 미친놈이 됐어요. 머릿속에서 수감자들이 하는 소리가 들려요. '넌 죽어야 해. 네 생각이 계속 들려. 자고 싶단 말이야. 조용히 좀 해.' 나도 잠잘 수가 없어요."

입원 기간 동안 가스파르는 또다시 정신착란 증상을 보였다. 차트에는 그가 하느님의 도움을 받아 죽은 예술가들을 되살릴 수 있다고 확신했다고 적혀 있다. 의료진에게 적대적이고 여러 번 욕을 하기도 했다. 상태가 나아지고는 있었지만, 병을 받아들이는 상태(치료의 긍정적인 영향을 알아차림)와 완전히 부정하는 상태(자신이 환자를 연기한다고 함)를 오갔다. 그는 프렌교도소로 돌아갔고, 정신과입원병동에서 치료를 받았다. 입원 면담을 할 때 가스파르는 "하느님이 말세에 인류를 구원하라고 보내신" 새로운 자기 팀의 이야기를 늘어놓았다. 치료를 1년 동안 받았고, 이제 신경이완제 처방과 면밀한 정신과 치료를 병행하면서 일반 수감자로 돌아갈 시간이 되었다. 그 시기에 내가 가스파르를 만나서 또 한 번 정신감정을 했다.

임무상 나는 정신질환의 증상이 보이면 그에 대한 진단을 내려야 했다. 증상의 빠른 시작, 다수의 정신과 입원 전력, 처방된 치료법, 특히 주요 증후학(Semiology, Symptomatology)적 신호 들을 살펴봤을 때 조현병을 확인할 수 있었다. 이러한 진단은 편집망상(paranoid delusions)에 근거를 둔다. '편집증(paranoia)'의 어원은 그리스어로 '정신(noia)', 즉 지각과 이성의 영역이 훼손되었다는 뜻이다. 그런데 편집증(paranoiac) 환자는 망상적인 편집적 조현병(paranoid schizophrenia)과는 다르다. 편집증 환자는 망상적인 전제를 바탕으로 사고를 전개해나간다. 반면 편집적 조현병 환자는 사고력을 포함한 모든 인지 기능이 손상된 상태다. 편집증 환자의 망상은 '어긋난 사고'지만, 조현병 환자의 망상은 체계가 전혀 없이 부조리하고 파편적이고 분열적이다. 조현병 환자는 심리적 싸개(enveloppe psychique)를 잃어버린 상태다.

편집증 환자의 망상은 사고의 구조를 따라갈 수 있다. 환자에 대한 음산한 음모의 증거가 조금씩 밝혀지기도 하는데, 우리가 보기에도 그럴듯할 수 있다. 나름의 논리와 원칙이 있고, 확신을 넘어서 마침내 위험이 발견되기도 하기 때문이다.

반대로 조현병 환자의 생각을 따라가기란 극도로 어렵다. 마치 도저히 말로 표현할 수 없는 녹아내리는 정신과 소통하려고 애쓰는 것 같다. 『누가 로져 래빗을 모함했나?(Who Framed Roger Rabbit, 1988)』라는 애니메이션과 실사를 조합한 영화가 있다. 이 영화에 다들 위험한 악당으로 믿었는데 사실은 만화 캐릭터인 '툰(toon)'에 불과해서 결국 녹아서 초록색 액체만 남는 등장인물이 나온다. 그것이 꼭 조현병 환자의 정신 같다는 생각이 든다.

어떤 환자는 자신이 울면 비가 오고, 웃으면 해가 뜬다고 내게 말했다. 우주가 머릿속에 있는 게 아니라 자신이 우주의 머리라고 했다. 경계는 사라지고 육체와 영혼에 구멍이 뚫려서 연결된다. 안과 바깥의 구별이 없는 클라인 병(Klein Bottle)이 되는 것이다. 이런 상태를 난처해하거나 냉정하게 받아들이는 이들도 있다. 하지만 가스파르를 비롯해 앞으로 만나게 될 벤, 앞서 만난 오스카 같은 이들은 무척 끔찍해했다.

그들은 심연에 삼켜지는 고통에서 탈출하는 방법은 자살뿐이라고 생각했다.

이제 가스파르는 사건을 이야기해야 했다. 나는 여느 때와 똑같은 질문으로 시작했다.

"그래서 무슨 일이 있었던 건가요?"

그는 곧바로 대답하지 않고 눈을 내리깔았다가 나를 쳐다봤다. 그리고 감정에 북받친 목소리로 이야기를 시작했다. 진찰실 벽이 우리를 향해 조여드는 것 같았고, 가뜩이나 좁은 공간이 더욱 갑갑하게 느껴졌다. 가스파르의 불안함, 겁에 질린 몸짓, 나와 내 볼펜. 나는 가스파르의 이야기를 받아 적겠지만 그의 심정을 완전히 이해할 수는 없을 터였다. 하지만 나는 귀 기울여 듣고, 노력했다. 가스파르가 웅얼거렸다.

"이웃집 여자가 내 생각을 말하고 다녔어요. 그런 느낌이 들었어요. 다른 모든 사람과 마찬가지였죠. 다들 말하고 다녔어요. 결국, 나는 참을 수가 없었어요. 그런 건 너무 싫었거든요. 그래서 생각했죠. 다들 내 말을 듣고 있어, 그러니까 내가 점점 더 미쳐가는 거지. 어느 날, 길에서 내가 이웃집 여자를 쫓아갔어요. 칼로 그 여자를 세 번 찔렀죠."

나는 이어질 이야기를 기다렸다. 법정신의학적 소견이 필요한 행위에 대한 설명이었기 때문이다.

"사실 내가 죽었으면 좋겠다는 이웃집 여자의 말을 들었어요. 그 여자가 내 삶 전체를 생각하더군요. 내 개인적인 생각도 이야기했어요. 이런 말도 했죠. '넌 못생겼어. 머리가 찌그러졌어. 넌 죽어야 해.' 더는 참을 수가 없었어요."

가스파르는 살인을 후회했다. 그저 자신을 보호하고 싶었을 뿐이며, 들려오는 말을 멈추게 하고 싶었는데 변한 건 전혀 없었다.

"칼로 찌른 후에는 더 심해졌어요. 경찰이 오기 전, 일주일 동안 밖에 나가 있었는데 몸이 계속 덜덜 떨리기만 하더라고요. 사실 난 죽이고 싶지 않았어요. 이웃집에 사는 사람이잖아요. 자식도 둘이나 있었고요."

나는 가스파르가 겪었던 일, 지금도 확실히 겪는 일을 이해하려고 노력했다.

"사람들이 나를 무서워한다고 생각했어요. 그래서 내가 자기들 쪽으로 가는 걸 싫어한다고 생각했죠. 사람들이 내 시야에 들어오길 꺼린다고 생각했어요. 내 시야에 들어오는 게 싫어도 내 시력이 그들보다 훨씬 좋은걸요. 사실 나는 사람들이 늘 내가 있는 곳을 보니까, 날 감옥에서 금세 내보내주리라고 생각했어요. 모든 사람이 내가 보는 걸 보고, 동시에 나를 본다고 믿었어요. 그들은 자신들이 있는 곳을 제대로 보지 못하고, 바로 앞에 있는 길도 제대로 못 본다고 생각했어요. 오로지 나만 보고, 나를 통해서 보기 때문에요. 그들은 내 눈을 통해서 보고, 나는 이 모든 것을 상상했어요. 그들은 내가 화장실에 있을 때도 봐요. 모든 걸 다 봤죠. 정말이지 견딜 수가 없었어요."

클라인 병처럼 자신의 앞에 있는 타인을 보고, 동시에 타인의 눈을 통해 자신을 본다는 것이다. 완전히 비논리적이지만, 정신질환자의 세계에서는 네덜란드 판화가인 마우리츠 코르넬리스 에스허르(Maurits Cornelis Escher)의 작품에서처럼 물이 거꾸로 거슬러 올라가기도 한다.

가스파르는 후회한다고 다시 한 번 말했고, 치료를 반드시 받아야 한다는 것도 이해한다고 했다. 낫고 싶다고 했다. 항정신병제를 꾸준히 복용한 덕분에 가스파르는 남들이 자기 생각을 읽는 건 불가능한 일이라고 말할 수 있게 되었다. 하지만 그는 아직도 의심하고 있고, 망상에 대한 집착이 완전히 사라지진 않은 것 같았다.

"그래도 어쨌든 가능한 일은 아니잖아요, 선생님?"

가스파르는 혼란스러워했고, 상담이 끝날 때쯤에는 약간 불안해하는 것도 같았다. 하지만 나는 정신감정이 끝나서 안도감이 들었다. 아까 조여드는 듯했던 진찰실 벽이 다시 제자리로 돌아갔다. 가스파르도 자신의 정신과 주치의를 다시 만나고 싶어 했다. 그는 나를 안심시키고 싶었던지 얼른 덧붙였다.

"심한 건 아니지만, 소리가 들리는 게 다시 시작되는 느낌이 약간 들어서요."

진찰실을 나서면서 나는 동료 엘리자베트에게 전화했다. 언제나 기꺼이 시간을 내주는 섬세한 임상의인 엘리자베트는 벌써 가스파르를 곧 만나기로 했다는 이야기를 전해주었다.

몇 주 후에 보고서를 완성했다. 가스파르의 '외계적 악몽'을 간결하고 의례적인 문체로 어원이 그리스어인 의학 용어를 사용해서 쓴 보고서였다. 내가 내린 결론이 판사의 결정에 도움이 되었으면 했다.

1. 정신감정 결과, 주요 정신장애로 조현정동장애 양상이 보인다.
2. 감정 대상자의 위법행위는 모두 조현병과 직접적인 관련이 있으며, 특히 사건 당시 대상자는 편집증적 망상 상태였다.

3. 사건 당시 대상자의 정신 상태는 매우 위험했다. 현재는 적절한 진료와 치료를 받아서 위험한 상태는 아니다. 치료 덕분에 망상과 환각 문제를 제어할 수 있게 되었고, 대상자가 사건 당시 자신의 상태와 질환을 비판적으로 인식할 수 있게 되었다. 피해자에게 연민의 감정도 내비치는 등 예후가 좋다. 따라서 지속적인 치료가 반드시 이루어져야 한다.

4. 대상자는 형법적 처벌을 받을 만한 상태가 아니다.

5. 조현정동장애는 적절한 처방과 치료를 받으면 나아질 수 있으며, 대상자 역시 상태가 현저하게 좋아졌다. 이러한 치료는 외부 정신병원에서도 필수적으로 이루어져야 한다. 사회심리적 관점에서 대상자는 재적응할 수 있을 것으로 보인다. 이를 위해 우선 치료가 면밀하게 이루어져야 하며, 대상자 역시 치료에 꾸준히 참여함을 증명해야 한다.

6. 사건 당시 대상자는 극심한 정신장애로 판단력을 완전히 상실한 상태였다.

피해자의 자녀를 만나고 6개월 후 또다시 나는 면소 판결 선고를 들으려고 수사판사실로 갔다. 피해자 가족은 참석을 포기하여 변호사들만 있었다. 오른쪽에 경관들에게 둘러싸인 가스파르가 있었다. 불안해 보였지만 나를 알아보았다. 나는 다시 한 번 내 결론을 진술했다. 이번에는 모든 이가 동의했으므로 별다른 일은 없었다. 가스파르는 형기를 면제받고 정신병원에 입원하게 되었다. 마지막으로 그는 슬픈 표정과 혼탁한 목소리로 사과의 뜻을 전했다. 가스파르는 구제되었다. 나는 판사에게 한 가지 이의를 제기했다.

"판사님, 피해자의 거주지가 있는 지역에 거주 금지 명령을 내리신 다면, 환자가 관할 정신과에 입원하기가 어려워지고, 가족 관계를 유지하기도 어렵습니다. 아시다시피 환자는 피해자와 같은 건물에 거주했기 때문입니다."

판사도 거기까지는 생각하지 못했다. 그는 고개를 끄덕였고, 내 바람이긴 해도 그런 상황도 고려해줄 것 같았다. 내가 쓴 감정 보고서가 판사의 책상 위에 펼쳐져 있었다. 그 모습을 보며 나는 내 결론이 판사를 설득했을지는 몰라도, 그 건조한 문장은 가스파르가 경험한 고통, 인간의 현실과는 무척 거리가 멀다고 생각했다.

내 아이들을 죽일 것 같아서
못 참겠어요

토요일인데 사무실에 들렀다. 주말 당직 차례가 돌아왔기 때문이었지만, 다가오는 여름을 환영하듯 병원 정원에 모인 새가 지저귀는 소리를 들으니 마음은 한결 가벼웠다. 새소리는 어디에서나 들렸다. 내가 확인해야 할 여성환자병동을 비롯한 다른 병동 세 곳, 기관 생활을 하지 못할 정도로 상태가 좋지 않은 환자가 머무는 독실에서도 들렸다. 독실 환자 처방은 24시간마다 갱신되는데, 이를 우리끼리 은어로 "독실해야 한다."라고 한다. 나는 구역 전체로 통하는 작은 문을 열쇠로 열고 들어간 다음 신경을 써서 곧바로 다시 잠갔다. 잠가야 할 문은 반드시 잠그고 나머지는 열어두는 것이 중환자병동의 규칙이다. 모든 문이 규칙에 맞게 잠겨 있었다. 간호사들이 복도에서 쉬는데, 그중 한 간호사가 커다란 세탁물 보따리를 들고 있었다.

"이번 주에 새로 온 여자 환자가 있는데요, 항상 독실에서 혼자 지내요. 썩 즐겁진 않을 텐데요."

질베르트가 내게 재빨리 말했다. 나는 열정이 넘치고 늘 정성껏 구릿빛으로 피부를 태닝하는 간호사인 질베르트를 무척 좋아한다. 질베르트는 오래전부터 병원에 사는 고양이들을 보호하자는 활동을 해오고 있기도 하다. 아예 협회를 만들었는데, 나도 참여해서 1년에 10유로 이상 후원한다. 협회를 만든 목적은 고양이들에게 백신 접종과 중성화 수술을 시키고, 여러 마리가 살 수 있는 우리를 만들어서 간호사뿐만 아니라 환자도 먹이를 주고 돌볼 수 있도록 하자는 것이다. 환자에게 공감 능력을 회복시켜줄 치료 활동이 될 것이다. 능력이 뛰어난 전문 간호사인 질베르트는 색다른 시각이 있었고, 나는 그녀의 생각에 늘 매료된다.

"죄목이 뭐래요? 살인인가요?"

내가 묻자 질베르트가 한 대답이 아주 생생하게 기억난다. 그녀의 대답과 함께 가족같이 훈훈한 분위기의 복도에서 봄기운이 일순간 사라지고 얼음같이 차가운 냉기가 내려앉았기 때문이다.

"친자식 셋을 죽였어요. 선생님이 그 환자를 보러 가보셔야 해요."

나는 간호사실에서 내 감정과 환자 관련 자료의 무덤덤한 일관성을 저울질해가며 차트를 읽어 내려갔다. 치료감호 관련 서류에는 매우 분명하게 기록되어 있었다. "각각 아홉 살, 세 살, 두 살인 세 자녀를 살해한 죄로 수감 생활을 했다. 사건 당시 주요 우울증 상태, 외상 후 스트레스에 따른 정신 혼미로 향정신성 약물을 다량 복용하며 자살을 시도했다. 지금도 스스로 삶을 마감하겠다는 확고한 의지를 보인다. 현 상태로는 수감 생활을 계속할 수 없으며 치료감호가 필요하다." 확실히 동반 자살로 보였다. 혼자가 아니라 중요한 한 사람, 혹은 여러 사람과 함께 이 세상을 떠나는 것이다. 나는 심호흡한 다음 간호사를 호출했다.

"갑시다."

여성환자병동의 책임자가 아니어서 나는 미슐린을 진료실에서 맞을 수도, 담당할 수도 없었다. 미슐린은 이틀 전에 도착했고, 마침 깨어 있었다. 두 번째 수면제를 처방받았지만 밤에 통 잠을 이루지 못했다고 했다. 그녀는 안전이 확인된 두꺼운 면 시트를 둘둘 감고 있었다. 시트는 찢어지지 않고, 구속복과 마찬가지로 100년도 더 전부터 병원 재봉실에서 제작되어 사용되고 있다. 미슐린은 이제 다 끝내고 싶으니 자기를 그만 내버려두라고 내게 겨우 속삭였다. 처방전을 확인해 보니 자살 충동을 억제하고자 진정제와 항우울제가 처방되었다. 거기에 나는 주말 동안 격리 조치를 추가해 넣었다. 갑자기 집에 돌아가고 싶어졌다. 오전 근무를 마치고 나는 차를 몰고 병원 바깥으로 나갔다. 마치 죄를 지어 도망치는 사람처럼 서둘렀고, 봄이 제 색깔을 되찾은 걸 보며 안도했다. 그로부터 몇 달 후, 두툼한 밤색 서류 보관철과 함께 명령서 한 통이 도착했다. 여성 임상심리학자 한 명과 함께 미슐린의 법정신의학 감정을 맡으라는 내용이었다. 토요일 당직 때 한 번 잠깐 만났을 뿐 나는 미슐린의 주치의가 아니었으므로 직업윤리상으로도 전혀 거리낄 게 없었다. 주치의라면 환자에 대한 개인적인 감정으로 전문가로서 공정함을 유지하지 못할 수도 있고, 이해관계가 얽힌 결정을 할 수도 있기 때문이다.

면담하기 전에 의료진과 미슐린에 대한 이야기를 나누었다. 현장검

증을 할 때 간호사 두 명이 환자와 함께 입회했었는데, 그들은 몹시 당황했다고 한다. 미슐린이 무덤덤한 얼굴로 모든 행동을 꼼꼼히 재현했기 때문이다. 간호사들 말론 경찰들조차 동요하고 불쾌해했다고 한다.

미슐린은 도착했을 때보다 몸무게가 늘어났다. 입맛이 돌아와서 기분(흔히 '정서'나 '마음'이라는 말을 더 많이 쓴다)이 안정되어서이기도 하지만, 처방 약의 부작용 때문이기도 했다. 40대인 미슐린은 조용한데, 몸을 약간 떨었고(역시 약 부작용), 안경을 쓴 수수한 스타일이었다. 그녀는 생각을 정확하게 표현할 줄 알았는데, 정신감정과 관련해 환자가 알아두어야 할 사항을 기록한 서류를 주의 깊게 읽었다. 미슐린과는 시작부터 순조로웠다. 약간 느리긴 해도 성의 있게 협조해주었다. 미슐린의 동의하에 질베르트가 면담을 보조해주기로 했다. 마치 이제 막 안전띠를 채우고 어딘지 알기 싫은 곳으로 여행을 시작하는 기분이었다. 하지만 벌써 여행은 시작되었고, 내가 이 임무를 거절할 생각이 전혀 없다는 걸 알았다. 그렇다면 망설일 이유가 있을까?

미슐린은 육체 노동자인 아버지와 전업주부인 어머니에게서 태어난 6남매 중 하나였다. 언니 하나는 "느림보에 게으르고", 남동생 하나는 "도둑에 약쟁이"라고 했다. 어린 시절에 나쁜 기억이 남아 있었다. 아버지에게 강간당하고 어머니에게 사랑받지 못한 것이다. 말투에 부끄러움은 없었지만, 울컥하는 감정이 담겨 있었다.

"많이 울었어요. 내가 아주 예민했거든요. 여덟 살에서 열두 살 사이에 성적인 학대를 제일 많이 당했어요. 아버지가 내 음핵을 만지작거렸어요. 내가 침대에 있으면 아버지가 벌거벗고 와서 나를 바라봤어요.

나를 만지고 내 성기를 핥았어요. 그게 나쁜 짓인 줄은 알았지만, 다른 사람한테 말하면 안 된다고 생각했어요. 아무것도 몰랐던 거죠. 그쪽 방면으로는 정말 아무것도 몰랐어요. 나중에 딸을 임신했을 때 어머니에게 그때 일을 털어놓았죠."

미슐린의 어머니는 무정한 사람으로 문제를 해결하지 않고 뒤로 물러서는 성격이었다.

"어머니는 내게 사랑한다는 말을 한 번도 해준 적이 없었어요. 품에 안아준 적도 없었고요. 어느 날인가 우리를 사랑한다는 말을 한 적은 있었지만, 그 사랑을 보여준 적은 한 번도 없었어요. 어머니는 말을 거의 하지 않았죠. 자기 안에 꼭꼭 숨어서 감정을 거의 드러내지 않았어요."

미슐린의 어머니에 대한 이미지는 매우 냉랭한 데다 아버지의 폭력으로부터 아이들을 보호해주지 못하는 무기력한 사람이었다.

"아버지는 어머니 몰래 바람을 피웠어요. 게다가 냉혹하고 폭력적이었죠. 어머니를 툭하면 때렸어요. 아버지는 무척 신경질적이고, 화가 나면 뭐든 때려 부쉈어요. 하지만 다정했어요. 나한테 몹쓸 짓을 했지만 착한 사람이었어요."

미슐린이 착잡한 표정으로 덧붙였다. 근친상간 문제는 그 층위가 매우 복잡하며, 때로는 아주 미묘하기까지 해서 한 가지로 잘라 말할 수 없다. 희생자로서 미슐린은 대상화되는 고통을 겪었지만, 아버지의 긍정적인 면과 보호나 도움을 줄 수 있는 존재였다는 사실을 떠올리기도 했다. 어쨌든 그런 모습도 아버지의 일부분이었다. 쾌락에 집중된 비뚤어진 자기중심주의에도 불구하고 양육자다운 면이 있었던 것이다. 이러한 인격의 간극을 어떻게 이해해야 할까? 하지만 어머니는 완전히 메마르고 쌀쌀맞은 사람이었다. 적어도 그건 분명했다.

비교적 모범생이었던 미슐린은 속기 타자수 직업교육수료증(BEP)을 취득했으며, 직업 바칼로레아를 준비하다가 첫사랑과 헤어지는 바람에 시험을 포기했다. 첫사랑은 부모와 친분이 있던 여성의 아들이었는데 열여섯 살 때부터 만났다. 미슐린이 말했다.

"3년 동안은 가볍게 만났어요. 그러다 열아홉 살 때 처음으로 같이 잤지요. 남자 친구 어머니의 집을 존중해주고 싶어서 호텔에서 첫날밤을 보냈어요. 내 순결을 그 애한테 주고 싶었어요."

하지만 다른 여자 친구가 임신해서 어린 애인은 미슐린을 떠났고, 엄청난 배신감과 실망감에 미슐린은 우울증 삽화를 겪었다고 했다. 그 일 이후로 미슐린은 자신보다 나이가 두 배쯤 많은 여러 남자와 사랑 없는 성관계를 계속했다. 직업인으로서 미슐린은 성실했는데, 내무부에서 실시한 기술관 시험에 합격해서 행정보좌관으로 일하기도 했다. 같은 시기, 그녀는 판매직에 종사하는 한 남성을 만나 결혼하고 딸을 낳지만 결혼한 지 6년 만에 파경을 맞는다. 그 후에 미슐린은 열다섯 살 연상인 유부남을 만나 원치 않은 임신으로 아들 둘을 낳는다.

"내가 결코 사랑한 적이 없는 남자였지만 결국엔 굴복하고 말았죠."

그리고 제대로 듣진 못했는데 아마도 그녀가 어린 시절 아버지에게 강제로 당했던 성추행과 관련한 어떤 이야기를 반복한 것 같다.

미슐린은 자주 심각한 정신과적 문제를 겪었다. 딸이 9개월이던 때 미슐린은 처음으로 약물을 다량 복용하며 자살을 시도했다.

"아무도 몰랐어요. 나는 잠을 잤을 뿐이에요."

미슐린 자신이 어머니가 될 준비를 하며 어린 시절 아버지에게 당했던 성추행을 어머니에게 털어놓은 이후부터 상태가 나빠지기 시작했다. 때때로 폭력성을 드러내기도 했는데, 어느 날은 남편의 전처 소유였던 가구들을 도끼로 때려 부수기도 했다. 같은 해에 약물 자살 시도를 두 번 더 해서 정신병원에 입원했다. 퇴원하면서 일주일에 한 번 정신과 통원 치료를 받기로 약속했지만, 병원에 제대로 다니지 않아서 치료가 흐지부지되었다. 사건이 일어나기 약 6개월 전, 미슐린은 "기분이 영 바닥이라" 정신과 의사에게 진료를 받으러 갔다. 그 의사에게 사건 바로 전 주까지 꽤 정기적으로 다녔다. 사건을 이야기할 시간이 가까워지자 미슐린은 흥분하고 불안해했다.

"의사를 만나러 가서 내가 아이들을 죽이기 직전이라고 했어요. 아들을 담당하는 소아정신과 의사에게도 같은 이야기를 했죠. 정신과 의사와 함께 일하는 일반의에게도 이야기했어요. 내게 항우울제인 데록사트(Deroxat, 파록세틴(Paroxetine))를 주더군요. 누구인지는 잊었지만, 또 다른 정신과 의사에게도 이야기했는데, 내게 필요한 건 아무것도 없다고 하더라고요. 나는 도움을 요청했는데, 아무도 나를 도와주려 하지 않았어요."

미슐린은 울부짖었다. 처절하고, 솔직하고, 비통하고, 연극적인 울음이었다. 하지만 나는 그녀의 고통이 의심할 여지없이 진짜라고 생각했다. 중환자병동에서 미슐린은 항우울제, 기분안정제, 항정신병제, 항불안제를 기반으로 한 처방으로 치료받고 있었다. 처방전만 봐도 임상적으로 얼마나 복잡한 사례인지 알 수 있었다. 나와 공동으로 보고서를 작성하는 여성 정신과 의사는 "유기(遺棄) 공포증적 경험, 자기애 결핍, 애정 결핍과 함께 기본적으로 극도로 취약한 성격. 환자 자신, 혹은 주변 사람들의 이미지가 훼손되는 것을 견디지 못함"이라고 썼다. 또한 "감정적인 색채를 띠는 강한 불신감(속아서 불행하게 살았다는 절망적인 느낌), 이는 유기 공포증의 정서 반응에서 기인한 정서·심리적 고립감의 결과임"이라고 덧붙였다. 로르샤흐 검사(Rorschach test, 종이 위에 잉크 방울을 떨어뜨린 다음, 종이를 반으로 접어 생긴 모양 열 장을 피험자에게 보여주고 연상시키는 방법-옮긴이 주) 결과는 이랬다. "현실 적응을 잘하는 신경증적 양상으로 구조화한 것으로 보인다. 그러나 상당히 완고하고, 방어적이며, 충동적인 성격도 공존한다. 파괴적인 성격을 보이는 답변도 있는데, 이는 주로 환자가 충동에 따른 심리적 부담을 작게 나누는 것이 힘들어서 드러내는 폭력적이고 황폐한 일면이다."

미슐린이 충동성과 공격성을 조절하지 못한다는 평가에 주목하자. 결론적으로 그녀는 경계성 환자였다. 다시 말해 "버림받을지도 모른다는 강한 공포감에서 비롯된 어린 시절의 외상성 신경증 때문에 정서적으로 스트레스를 받는 상황에서 무기력해지고, 공상적이거나 상징적 활동이 활성화한" 사례였다. 진단명은 경계성 인격장애(borderline personality disorder, 자아상·대인 관계·정서가 불안정하고 충동적인 특징이 있는 인격장애-편집자 주)였다. 경계성 인격장애는 정신병과 신경증 사이에 위치하며, 경계성 인격장애 환자는 '버티기' 위한 지지가 필요하다. 보호자 노릇을 해줄 사람이 없으면 무너지며 우울한 상태가 되거나 가끔은 공격성을 드러내기도 한다. 자신을 피하거나 신경 쓰지 않은 사람에게 관심을 호소하고자 공격적일 때가 있다.

내 요청으로 미술린은 사건을 이야기했다. 듣고 있기가 너무나 힘들고 고통스러웠다. 여성 병동 환자가 낮잠을 자는 시간이라 고요한 가운데 미술린은 나지막한 목소리로 말을 이었다. 그녀가 경찰, 판사, 변호사, 정신의학 전문가 들에게 같은 이야기를 벌써 여러 번 했다는 사실을 알았다. 조리 있고 매끄럽게 이야기했지만, 듣기 괴로운 건 마찬가지였다. 질베르트는 무척 거북해했고, 나는 정신과 의사로 일하면서 처음으로 눈물을 참으려고 애써야 했다. 그 후로도 그런 적은 없었다.

미술린이 이야기를 시작했다.

"인생은 전혀 아름답지 않았어요. 아이들이 무척 힘들었죠. 아빠를 보지도 못했어요. 애들 아빠는 다신 돌아오지 않겠다고 말하고 메시지를 하나 보내왔어요. 벌써 일주일 내내 생각하고 있었는데, 메시지를 받고 나서 결심했죠."

나는 잔뜩 긴장해서 무심코 의자를 꽉 붙잡았고, 질베르트도 똑같이 행동했다.

미술린은 마치 로봇처럼 말했다. 그녀가 이야기하는 내용이 너무나 끔찍해서 진료실 안이 춥게 느껴졌다. 귀로 똑똑히 들은 내용을 잘 이해할 수가 없었다. 나는 그녀가 묘사한 광경을 그려보기 시작했다. 정신감정 도중에 몰래 눈물을 훔친 건 그때가 유일했다. 미술린에게는 말하지 않았다. 그녀는 도저히 있을 수 없는 일을 말했다. 미술린은 아들들을 유치원에 바래다주고 딸과 함께 백화점 세일 옷을 사는, 자식을 사랑하는 평범한 엄마였다.

"아이들에게 약을 주었어요. 아이들에게 먹으라고 줬지요. 큰아들은 토하더군요. 그래서 조금만 줬어요. 아들 둘은 테랄렌(Théralène, 불면증, 비염, 두드러기 약─옮긴이 주)과 노프론(Nopron, 불면증 약─옮긴이 주)을 먹였어요. 딸은 두 숟갈 먼저, 그리고 나중에 두 숟갈을 더 먹었어요. 아이들에게 약을 다 먹이고 나서, 내 침대에 모두 같이 눕혔어요. 그리고 '우리 같이 자자.'라고 말해줬지요. 나는 밤 열 시 반에 깼어요."

잠시 이어지는 침묵조차 지옥 같았다. 그리고 날카로운 톱날 같은 말이 이어졌다.

"큰아들을 맨 먼저 데려가서 탁자에 눕혔어요. 허리띠를 놓았다가 아이가 아파할 것 같아서 전깃줄을 가져왔어요. 그런 다음 아주 힘껏 목을 졸랐는데, 심장이 계속 뛰더군요. 심장이 멈출 때까지 계속 세게 졸랐어요. 죽은 아이의 잠옷을 벗기고 흰옷으로 갈아입혔죠. 그리고 인형과 함께 아이의 침대에 눕혔어요. 나는 울면서 하느님께 빌었어요. 아이가 고통스럽지 않게 아주 빨리 데려가 달라고요."

미슐린은 말을 계속 이어갔지만, 나는 계속 들을 수 있을지 알 수 없었다. 질베르트의 얼굴도 새하얗게 질렸다.

"둘째한테도 똑같이 했어요. 그리고 똑같이 흰옷으로 갈아입혔죠."

미슐린이 말을 멈추었고, 나는 더는 눈물을 참을 수 없었다. 영화라면 정지 버튼을 누르고 싶었다.

"마지막으로 딸을 데려갔어요. 딸아이는 좀 커서 내 휴대전화 충전기 줄로 목을 졸랐어요. 힘을 줘서 세게 조르니까 아이의 코에서 피가 흐르더군요. 딸아이가 말했어요. '엄마'라고 하더군요. 아이는 아주 빨리 죽었는데, 오줌을 싸서 닦아줬지요. 나는 딸아이를 바닥에 눕혔어요. 아이의 침대가 2층에 있었는데, 도저히 계단으로 올라갈 수 없었거든요."

이제 끝났다. 나는 심호흡했다. 이어지는 이야기는 슬펐지만, 듣지 못할 정도는 아니었다.

"나도 내 몫의 약을 먹었어요. 술과 함께 수면제 세 통을 삼켰지요. 내가 할 수 있는 건 그게 다였어요. 자러 갔는데 두 번 토했어요. 약이 효과가 없을 것 같다는 생각이 들어서 양쪽 팔목을 두 번 긋고 피가 흐르도록 내버려두었어요. 그렇게 피가 흐르는 걸 보다가 더러워지는 게 싫어서 물로 헹궈냈어요. 그런 다음 나도 흰옷으로 갈아입고 딸아이 옆에 누웠어요."

모든 게 끝났다. 악몽조차도.

"잠에서 깨어나니 수요일 아침이었어요. 내가 어디에 있는지조차 모르겠더군요. 친구와 동료 들에게 전화했어요."

경찰이 출동해서 미슐린을 집에서 체포했다. 삼중 살인을 저지르고 36시간이 지난 후였다. 미슐린이 이야기를 끝맺었다.

"나는 상황을 전혀 이해하지 못했어요. 교도소에 도착하고 나서야 알게 되었지요."

그녀는 한숨을 쉬고 잠시 침묵을 지켰다. 그런 다음 다시 한 번 자신이 주변 사람들에 경고하려고 했다고 설명하고 변명했다.

"나는 도움을 요청했어요. 내가 입원했더라면 아이들과 함께 이곳에 있을 수 있었겠죠. 나는 살아 있고 그 애들은 죽었다는 게 안타까워요."

미슐린의 병이 더 깊어졌다. 미슐린 자신이 죽어야 했는데 하느님이 원하지 않았다고 확신했고, 이러한 사실에서 일종의 징표를 보았다고 했다. 자신의 죄를 씻어야 하고, 임무가 있다고 생각했다.

"불쌍한 사람을 돌봐줘야 해요. 그런 일을 해야 해요."

그녀의 말에 어떤 반응을 보여야 할지 알 수 없었다. 진이 다 빠져버려서 아무런 생각도 들지 않았다. 미슐린은 자신의 행동을 "후회하며 아이들의 아빠들에게 용서를 구한다."라고도 했다. 하지만 자신은 입원했었어야 했는데 좋은 의사를 못 만나서 제대로 치료를 받지 못했다는 주장을 굽히지 않았다. 아이들을 죽인 이유는 "무엇보다 아이들이 아빠를 못 만나서 힘들어했기 때문"이었다.

"이 모든 상황이 지긋지긋해서 나도 그만 세상을 떠나고 싶었어요. 아이들을 지역사회보건국(DDASS)에 맡기고 싶진 않았어요. 나는 아이들을 사랑해서 아이들을 놓고 떠나기 싫었어요. 그 아이들을 돌볼 보호자는 나밖에 없었거든요. 나는 아이들이 걱정됐어요. 아이들이 소홀한 대접을 받을까 봐 무서웠어요. 내가 그런 짓을 한 건 아이들을 사랑했기 때문이에요. 아이들이 힘들지 않게 하려고요. 나는 그때 내내 울었어요……."

미슐린의 말이 진심이라는 걸 나는 알았다. 티몬의대에서 배웠던 '이타적 자살(altruistic suicide)'이라는 개념이 떠올랐다. '이타적'이라고 하는 것은 자살 기도자가 하나 혹은 여러 명의 타인을 위한 가장 좋은 해결책으로 지옥 같은 현실을 영영 떠나는 방법을 찾기 때문이다. '동반 자살'이라는 용어는 의미론적으로 '타인'이라는 문제를 놓치거나 다른 방식으로 다룬다. 나는 그러한 극단적인 순간에 미슐린이 속속들이 이타적이었다고 생각한다. 하지만 그녀를 검진한 다른 정신의학 전문가들의 결론은 달랐다.

9개월의 치료감호를 마치고 미슐린은 교도소로 돌아갔다. 교도소에서 또다시 여러 번 자살을 시도하고 다른 기관에서 치료감호를 받게되었다. 하지만 교도소에서나 병원에서나 그녀는 적응을 잘하고, 자신의 행동을 인정하고, 웃음을 보일 때도 있었다. 특히 아들들의 아버지가 미슐린이 저지른 범죄를 용서했다는 소식을 들었을 때 웃었다. 장래계획을 이야기할 때도 간혹 있었다.

미슐린과 상담하고 18개월이 지난 후 나는 법정에 나가 증언했다. 그 끔찍한 밤을 상기시키는 보고서를 읽었지만, 눈물 때문에 목소리가 흐려지는 일은 없었다. 질문을 던지는 검사와 받아치는 변호사 간의 공방은 별다른 내용이 없어서 딱히 기억에 남지 않는다. 나는 안도감을 느끼며 법정을 떠났다. 며칠 후 법원은 미슐린에게 징역 18년 형을 선고했다. 정신감정을 맡은 정신과 의사들은 사건 당시 미슐린의 판단력에 완전히 문제가 생긴 건 아니었다고 평가했다. 나는 의견이 다르다. 기질적 취약성과 우울증 성향이 발달하여 완전한 심신상실 상태였다고 생각한다. 아울러 반복되는 파괴 욕구 때문에 환자는 상황을 끝낼 다른 해결책을 생각해낼 수 없었다. 모든 것이 끝났다. 현실과 유리된, 망상에 가까운 경험이었다. 하지만 이런 부분은 법정신의학 감정이라는 내 임무에 포함되지 않는다. 일반적인 정신감정은 환자가 병에 걸렸는지 알아보고 진단을 내리는 것이 목적이다. 이와는 달리 법정신의학 감정의 목적은 환자의 기본적인 인격, 평소 정신 상태, 행동의 동기, 특히 사건을 저질렀을 당시의 동기를 알아보는 것이다. 일반적으로 형사소송 중에는 두 종류의 정신감정이 시행된다. 이번에 법원은 피고인의 형사적 면책 가능성에 관한 내 의견을 받아들이지 않았다.

미슐린은 도움을 요청했다고 이야기했고, 그것은 확실한 사실이었다. 하지만 아무도 들어주지 않았다. 무엇이 문제였을까? 전문가들이 미슐린의 상황이 얼마나 심각한지 알아차리지 못한 걸까? 미슐린이 어려움을 호소하는 방식 때문에 그녀 자신의 정신 상태가 가려진 건 아닐까? 미슐린이 아이 셋과 함께 긴급하게 병원에 도착해서 "뭐라도 좀 해주세요. 내가 이 아이들을 죽일 것 같아서 더는 못 참겠어요."라고 했다면 여러 가지 구호 조치가 취해졌을지도 모른다. 따라서 동료 의사들은 물론, 미슐린 자신조차 상황 판단을 잘못했던 듯하다.

사람들은 죽음을 잊는다. 강력한 죽음의 충동을. 죽음은 우리를 끌어당기고, 발언권을 주면 말하고 제안해올 만큼 힘이 생긴다. 마치 우리가 존재의 의미라는 어마어마한 문제를 좌지우지할 수 있기라도 한 듯, 삶에 끝이 있다는 자연스러운 운명은 생각해볼 만한 명확한 해결책이 된다. 헤겔은 "우리 모두 시간 속에 던져진 존재"라고 했다.

목매단 사람이 죽는 순간 매듭이 조여지는 걸 멈추려고 필사적으로 몸부림을 치다가 긁힌 자국을 너무나 많이 남긴다는 글을 읽은 적이 있다. 삶이란 거품처럼 부드럽고 약한 구체 같다. 어떤 이들은 삶의 바깥쪽에 매혹되고 사로잡힌다. 그곳에는 알 수 없고, 말로 표현할 수 없고, 생각조차 할 수 없는 소멸이 있다. 죽음에 대해서 우리가 확인할 수 있는 건 결과뿐이다. 산 사람의 세계에 속해 있지 않은 죽음의 본질을 우리는 모른다. 스스로 죽음에 닿는 행위를 자살이라고 부르는데, 우울증에서 그 원인을 찾을 수는 있다. 하지만 내가 느끼기로는 이런 개념은 자기부정, 비존재로 향하고 싶은 존재의 저항할 수 없는 의지를 설명하기에는 무척 미흡하다.

어떤 이들은 정신적·심리적 증상을 자주 보이지도 않았는데, 스스로 죽음을 택하기도 한다. 여러 주 동안 진료했던 한 부사관이 그런 경우였다. 그는 젊은 남자가 여럿 희생된 연쇄살인의 범인으로 기소될 예정이었다. 우리는 내용이 복잡한 진단서를 썼다. 상황을 견디지 못해 자살을 한 번 시도했지만 입원은 그만 시키는 것으로 결정했다. 분명히 자살 우려가 있고 목숨을 끊고 싶다는 의지를 공공연하게 내비쳤지만, 정신적·심리적 장애도 없고 우울한 상태도 아니었기 때문이다. 그런데 퇴원하고 몇 주 후에 환자가 죽었다는 소식이 들려왔다. 상처를 감아놓은 붕대 속에 면도날을 감춰두었다고 했다. 수용실에서 과다 출혈로 쓰러진 채 발견되었다.

지금 나는 미슐린이 어떻게 되었는지 모른다. 프랑스 어딘가에 있는 여성 교도소에서 살고 있을까? 재판 과정에서 입버릇처럼 말했듯 아이들을 만나러 가는 길을 택했을까? 내 질문이 의미가 있을까? 그녀를 위해서, 혹은 누군가를 위해서?

'법정신의학'이라는 진짜 복잡한 세계를 만나다

무아셀에서 근무하는 동안 나는 정신과 임상 분야에서의 응용범죄학 학위를 준비하면서 보메트교도소에서 막연히 느꼈던 범죄학에 대한 흥미를 구체적으로 발전시켰다. 그래서 나는 라페(Rapée) 강변(quai de la Rapée)에 있는 법의학연구소의 오래된 계단식 강의실에서 수업을 들었다. 마법이 펼쳐질 듯한 어두운 강의실에는 등받이가 구부러진 딱딱한 나무 의자들이 늘어서 있었고, 비정상적으로 경사진 조그만 실내 정원에는 저명한 법의학자의 동상 몇 개가 있었다. 근엄한 표정, 바람에 날리는 넥타이, 치켜세운 머리, 찌푸린 이마가 과학의 영원성을 상징하듯 대리석에 새겨져 있었다.

강단 아래쪽에는 아연으로 만든 해부대가 놓여 있었다. 때때로 경찰 연수생들을 앞에 놓고 법의학자가 사체 해부를 시연했다. 법의학자가 희생자의 복부를 수술칼로 정확하게 잘라서 번들번들한 장기를 하나씩 끄집어내는 모습을 지켜보며 연수생들은 얼굴이 시뻘게지거나 새하얗게 질렸다. 그중 몇몇은 갑자기 웃옷을 풀어헤치거나 밖으로 뛰쳐나가 화장실로 뛰어갔다.

자크 브르통(Jacques Breton) 박사가 학위 과정을 총괄했다. 늘 나비넥타이를 매고, 요즘은 아무도 쓰지 않는 옛날식 파리 억양으로 말했다. 정신과 의사이자 법의학자였던 브르통 박사는 모르는 게 없고 뭐든 속사정까지 세세하게 설명할 수 있었다. 교양의 깊이는 가늠할 수조차 없었다. 브르통 박사가 어떤 주제를 놓고 한번 말을 시작하면 우리는 여러 시간에 걸쳐 그것의 역사, 설명, 온갖 뒷이야기를 들어야 했다. 그밖에 다른 수업들은 소아성애증(pedophilia), 반사회적 인격장애, 성전환증 등의 정신질환을 다루었는데, 역시 자크 브르통 박사가 프랑스 최고의 전문가였다.

브르통 박사는 파리 페르낭비달(Fernand-Widal)병원에서 하던 진료에 나를 조수로 참여시킨 적이 있다. 페르낭비달병원은 인도인 거리 한복판에 있었는데, 대기실에서 여장 남자들이 잠을 자곤 했다. 그들은 복도를 신경질적으로 서성이며 물었다.

"브르통 교수님 곧 오시죠?"

"네, 곧 오십니다."

하지만 오후 세 시에 약속하면 저녁 여덟 시는 되어야 진찰을 받을 수 있었다. 박사는 성격대로 세세하고 빈틈없이 관찰했다. 삐딱하게 누운 아름다운 필체로 글을 썼는데, 알아보기에 별로 어렵진 않았다. 정체성 혼란을 처음으로 겪기 시작한 나이, 사춘기, 문제에 대한 인식, 여장하고 싶은 욕구의 반복성 여부, 성생활, 호르몬 치료나 외과적 치료를 원한 시기 등 질문은 더할 나위 없이 꼼꼼하고 진찰은 완벽했다. 브르통 박사의 적극적인 활동 덕분에 심각한 성 정체성 혼란을 겪는 수백 명의 환자가 공공 의료 기관에서 무료로 수술받을 수 있었다. 그리고 현재 우리는 이렇게 제대로 알려진 후에도 계속해서 편견에 시달리면서 큰 고통을 겪는 사람들을 위해 일하는 2세대 의사로 활동하고 있다.

학위를 따고 실무에 들어가자 곧바로 알아차렸다. 법정신의학이라는 복잡한 '진짜' 세계에서 일하는 것이 내키지 않았다. 하지만 나는 이 세계를 절대로 떠날 수 없을 터였다. 푸아시(Poissy)중앙교도소에서 일주일에 반나절 일해달라는 제의가 들어왔고, 어느 화창한 날 나는 꽃이 활짝 핀 교도소

안뜰에 서 있었다. 건물 안쪽에는 장기수, 나이 든 수감자, 중범죄자, 치료가 필요한 사람 들이 기다리고 있었다. 내가 만난 수감자들은 성실하거나 악의에 차 있었는데, 간혹 정말 많이 아픈 사람도 있었다. 여러 해 동안 갇혀 지내면 정신과 인격이 완전히 변한다. 교도관 하나는 진료보조원으로 배치받아서 늘 하얀 가운을 입었다. 환자들과는 아주 잠깐씩 만나고, 간단한 치료로 서서히 나아질 수 있는 평범한 증상에 관해서만 이야기를 나누었다. 하지만 오랫동안 관찰한 이들도 있었다. 어린 자식을 살해한 젊은 남자는 나중에 석방되었을 때 끔찍한 회한을 어떻게 마주할 수 있을지 두려워했다. 반면 딸을 강간한 어떤 남자는 결국 딸도 어느 정도는 원했을 거라는 생각을 늘 품고 있었다. 여러 해가 지나고 나서 나는 자식을 살해하거나 근친상간을 저지르는 아버지들이 그와 같은 방식으로 생각한다는 사실을 알게 되었다. 물론 그들 중 일부는 결국 생각을 바꾸기도 한다. 지킬 박사와 하이드 씨처럼 인격이 분열되는 것이다. 그들에게 '나'는 곧 '타인'이다. 나는 이 일을 하면서 소설의 주요 주제인 이중인격을 눈앞에서 생생하게 지켜보게 되리라는 사실을 알았다.

무아셀을 떠나 부아다르시(Bois-d'Arcy)교도소에서 일자리를 구했다. '3000' 계획(예산 일부를 민간 부분에 넘겨서 교도소 여러 곳을 지어 수용 정원을 3000명 늘릴 수 있도록 하려는 계획)의 일환으로 지어진 현대적인 콘크리트 건물이었다. 나는 발푸레(Val-Fourré, 발푸레는 망트라졸리 시에 있는 빈민 거주 지역으로 1991년 청소년들이 무리를 지어 폭동을 일으킨 이래 크고 작은 폭력 행위가 이어졌다.-옮긴이 주)와 망트라졸리(Mantes-la-Jolie, 프랑스 중북부, 이블린 주 북부의 도시. 인구는 4만 5000명이고, 파리 공업 지역에 속하며 기계·매트리스·시멘트 공업이 유명하다.-옮긴이 주)의 불량 청소년, 이블린 주의 폭력단 들을 만나보았다. 아직 앳된 젊은이들이 내게 자신들의 문제를 털어놓았다. 그중에는 애인이 "정부 보조금을 타먹게 하려고" 자신이 아기 아빠임을 인정하지 않으려는 청년들도 있었다. 아빠가 없어야 한부모 가정에 지급되는 가족수당을 받을 수 있다는 것이었다. 나는 그들에게 그러면 안 된다고 훈계했다. 이런 설교를 한두 번만 해도 효과가 있었다. 그때 나는 상대의 나이와 사회적 지위에 상관없이 명예와 존엄성을 이야기하면 긍정적인 반응을 끌어낼 수 있다는 걸 알게 되었다. 그들 중 열아홉 살 청년이 덕분에 아들이 자신의 성(姓)을 물려받을 수 있게 되었다며 내게 감사 인사를 했다.

다음 해에 내 상사였던 과장이 앙리콜랭중환자병동의 새로운 책임자를 맡게 되었고, 나에게 그 팀에 합류해달라고 제안했다. 법정신의학 분야에서 제대로 일할 첫 기회였으므로 나는 아무런 미련 없이 곧바로 부아다르시를 떠났다.

앙리콜랭병동은 옛 빌주이프요양소인 폴기로정신병원의 끄트머리에 위풍당당하게 서 있는 단단한 석조 건물이었다. 병원은 사방이 담으로 둘러싸여 있고, 철문이 딱 하나 나 있었다. 철문을 열고 들어가면 병동 건물까지 마로니에가 늘어선 산책로가 있었다. 앙리콜랭병동은 부속 건물 세 개와 네 개의 부서로 이루어졌고, 60여 명의 남자 환자와 소수의 여자 환자가 입원해 있다. 그곳에서 나는 바라던 모든 것을 발견했다. 완벽한 시설, 전문성과 동료의식이 투철한 간호사, 섬세하고 진지한 의사. 우리는 병, 운명, 불행과 맞서 싸웠다. 화학 치료에 대한 편견을 깨고, 폭력성을 일으키는 병리적 구조를 탐구하고, 위험 요인을 추적했다. 한 달에 한 번 심의위원회가 열리므로 그 전에 환자의 증상을 관찰하고 병을 알아내야 했다. 심의위원회는 환자의 퇴원을 결정짓는 유일한 결정 기관이었다. 환자는 6개월에 한 번씩 퇴원을 신청하고 결과를 초조하게 기다렸다. 몇 주 만에 나가는 환자도 간혹 있었지만, 대부분 여러 해 동안 입원했다. 머무른 기간과 상관없이 다들 괴롭긴 마찬가지였다.

병동 내에서 벌어진 살인, 구타, 상해, 교정 직원에 대한 살해 위협, 교정 시설 내에서 벌어지는 부정행위, 치료에 대한 저항, 방화 등에 관한 이야기를 많이 들었다. 우리는 파리 지역뿐만 아니라 먼 지방의 정신병원까지 출장을 가서 환자의 퇴원 신청이 적절한지 환자와 의료진의 상태를 평가했다.

나는 남성신입환자병동에 배치되었다. 그곳에 들어오는 환자는 아직 난폭하고, 정신분열 상태이며, 어디로 튈지 모르고, 간혹 공격적이기도 했다. 우리 팀은 무척 전문적이었다. 늘 벽을 등지고 서고, 단독으로 행동하지 않는다는 철칙을 반드시 지키고, 환자 앞에서 흔들리는 모습은 절대 보이지 않았다. 혹시라도 있을지 모를 환자의 공격에 대비해 병실에 들어갈 때는 언제나 윗주머니에서 볼펜을 빼놓고, 두 손을 허리띠 앞에 두고, 팔짱은 절대 끼지 않았다. 상태가 너무 심한 환자는 구속복을 입히고 침대에 눕혀 놓아야 했다. 병원 재봉실에서 제작하는 구속복은 아마 앙리콜랭병동의 전신인 강제수용소가 문을 연 1910년부터 사용해온 것 같았다. 구속복은 24시간 내내 입고 있어야 했다. 내가 근무를 시작하던 시점에 은퇴한 상급자가 설명해주었다.

"24시간보다 적은 시간은 효과가 없고, 48시간 이상 입혀도 효과가 없거든."

구속복은 집중적이고 세심한 치료법이다. 구속복을 입히는 동안 설사 환자가 울부짖을지라도 계속 설명하고 말해줘야 한다. 실제로 입히는 과정은 거의 별다른 소동 없이 잘 진행된다. 과대망상에 사로잡혀 정신이 부서져 버린 환자는 수용 기관이 흔들리지 않고 제 할 일을 하는 모습에 오히려 안심한다고 생각한다. 정신착란증 환자가 망상 속 자신의 힘에 만족하리라고 생각해서는 안 된다. 환자는 끝없이 계속되어 자신을 망쳐버리는 끔찍한 상황을 고통스러워한다. 환자의 전반적인 상태를 하루에 여러 번 통제하는 것이 치료의 규칙이다. 정맥염에 걸릴 수도 있으므로 움직일 수 있도록 해줘야 한다. 물론 간호사들 입회 아래 구속을 풀고 매일 샤워할 수도 있고 병실에서 식사할 수도 있다. 신체를 압박하는 구속복은 경계선을 의미한다. 안과 바깥이라는 단순한 세상의 질서를 알려주는 것이다. 구속복을 입히는 것은 공격적인 행동을 단호히 반대한다는 의미다. 반드시 그런 의미여야 한다. 효과는 굉장히 좋을 때가 많다.

환자가 도착하면 정확한 진단을 내리고 치료법을 제시하고 기다려야 한다. 45일쯤 지났는데 상태가 좋아지지 않으면 처방 약을 바꾸거나 제2, 제3 단계의 치료법을 추가해야 했다. 처방 약이 독하거나 용량이 시판 허가량 (AAM, Autorisation de mise sur le marché)을 초과했을 수도 있다. 그때 나는 정신질환과 싸우면서 신경이완제나 항정신병제 같은 위험한 무기를 다루는 법을 배웠다. 나는 단순하게 잘 정리된 처방을 좋아했다. 하루에 네 번 복용하는 이중, 삼중 복합 처방전은 악보처럼 읽히기도 했다. 환자들은 모든 면에서 스스로 균형을 잡을 수 있게 되고 몸무게도 늘었다. 살이 붙는다는 건 그만큼 삶의 기쁨을 다시금 받아들일 여유가 생겼다는 의미였다. 죽은 나뭇가지처럼 앙상했던 젊은 조현병 환자가 살이 붙으면서 친절하고 늠름한 남자로 변신했다. 나는 그들의 내면에 희망과 평화가 가득 차기를 간절히 바랐다. 그들은 정서적인 표현을 하고, 미소를 짓거나 가끔 감사를 표하기도 했다. 종종 무표정이 돌아오긴 했지만 오랫동안 남아 있던 어두운 눈빛, 적의, 불신과 무덤덤한 반응은 점차 사라졌다.

우리는 정신질환과 싸울 시간이 많았다. 봄이면 저녁마다 새들이 노래하고 환자들은 정원 전체가 보이는 산책로를 맴돌았다. 100년 넘은 마로니에 밑 풀밭에 누워서 몽상에 잠긴 환자들도 있었다. 겨울의 정원에는 얼음같이 차가운 비가 추적추적 내렸다. 상태가 나아진 환자들은 작업요법실로 갔다. 날붙이는 윤곽이 그려진 갑 안에 넣어서 벽에 걸어놓았다. 모든 물건이 제자리에 있고 유리 수납장이 잠긴 것을 확인하기 전까지는 아무도 작업실 밖을 나갈 수 없었다.

자신이 저지른 행동을 환자가 똑바로 대면할 수 있도록 해야 했다. 나는 환자를 대할 때 책상 위에 법의학 보고서를 잔뜩 올려놓고 이야기를 이어나갔다.

"보고서를 보니 간호사의 따귀를 살짝 때린 게 아니군요. 턱과 안와골(眼窩骨)이 골절되었어요. 어떻게 생각하세요?"

환자 자신이 저지른 행동과 병을 부인하지 않도록 해야 했다.

"당신은 매우 아픕니다. 게다가 위험하기까지 하지요. 병이 당신을 위험하게 하고 있어요. 그래서 우리는 당신을 반드시 치료해야 합니다."

나는 치료가 강제로라도 이루어질 거라고 설명했다.

"당신이 원하지 않더라도 우리는 법에 따라 치료할 겁니다. 내가 약을 처방해줄 거예요. 순순히 먹는 게 좋을 겁니다."

거부한다면 어떤 일이 벌어질지도 자세히 설명해주었다. 통상적으로 치료는 간호사들이 지켜보는 가운데 이루어졌다. 간호사들은 환자에게 말을 시켜서 약을 제대로 잘 삼켰는지 확인했다. 하지만 정신질환은 생각보다 힘이 셌고, 때때로 나는 내 세계가 산산이 부서지는 느낌이 들었다. 퇴근하면 일을 완전히 잊으려고 했지만, 끈적끈적 달라붙어 떨어지지 않아서 힘들었다. 우리는 직업상 정신착란적인 직감, 연속적인 강한 감정, 살인을 주제로 한 망상을 많이 접하고 들었다. 한 남자는 정원에서 외계인을 죽이고 플라스틱인지 확인하려고 잘게 조각냈다는 이야기를 했다. 그런데 어머니가 연락이 없다며 걱정했다. 전직 자동차 학원 강사였던 그는 잃어버린 인생길을 되찾으려고 안간힘을 썼다. 아시아계 프랑스인인 한 젊은이는 용을 죽였다고 했는데, 당뇨병을 앓던 그의 어머니는 집에서 칼에 찔려 끔찍하게 죽은 남편을 본 충격 때문에 심장마비로 사망했다. 상태가 호전되어 자신이 아팠을 때 저지른 일을 알게 된 젊은이는 자살하고 싶어 했다.

힘들어도 나는 광기를 정상으로 돌려놓아야 했다. 네 가지 기준으로 환자가 위험한 상태인지, 호전되고 있는지를 가려내며 일을 계속해나갔다. 첫째, 행위와 관련해서는 부인하지 않도록 한다. 둘째, 병과 관련한 실인증 (agnosia), 다시 말해 병을 인식하지 못하는 상태를 치료하고 병을 완전히 인식하도록 한다. 이를 위해 환자에게 병명을 분명히 알려준다. 그 병명은 글로 쓰기도 복잡하고 발음은 더욱 어려워서 마치 영원히 헤어날 수 없는 장애나 약점같이 느껴지지만, 적절한 치료를 받으면 조절할 수 있음을 이야기해준다.

내 아이의 장애 때문에 오랜 세월 걱정한 경험은 상황이 불공평하더라도, 건강 상태가 완벽하지 않더라도 멋진 인생을 살 수 있음을 가르쳐주었다. 장애에 대해 깊이 생각하면서 나는 '병들었다.'라는 말을 '증상이 있다.'로 바꿀 수 있음을 깨달았다. 우리는 환자에게 그의 인간성은 온전하며 그의 존재는 손상되지 않았지만, 취약한 부분이 생겨서 계속 주의해서 관찰해야 하며, 틈날 때마다 조절해줘야 한다고 이야기했다. 그 약한 부분과 더불어 계속 살아갈 수 있다는 이야기도 빼놓지 않았다. 완벽한 사람은 아무도 없다!(Nobody's perfect!)

셋째, 환자가 의사의 처방을 충실히 따르는 것이다. 약 투여를 거부하는 환자도 점차 수용하게 되고 자신이 먹는 약의 이름과 작용은 무엇인지, 어떤 증상에 효과가 있는지, 자신의 증상은 무엇인지에 흥미를 보인다. 환자와 의사가 함께 치료해나간다는 의식이 있어야 한다. 우리는 병에 맞서 싸우는 동맹군이며 전우다. 하지만 환자와 이런 관계까지 이르는 데 늘 성공하는 것은 아니다. 네 번째 기준은 정서적인 표현이 나타나느냐 하는 것이다. 미소, 자신의 행위에 대한 후회, 수치심, 죄책감, 무엇보다 연민을 느끼는 것이 중요하다. 희생자의 고통을 느끼고 궁극적으로는 고통을 함께 나눌 수 있다. 환자가 연민을 느낄 수 있게 되는 것은 내게 있어 최종적인 보상과도 같았다. 그러한 단계까지 이르면 병과의 싸움에서 우리가 이긴 것이었다.

복잡한 제도적 문제와 재건축으로 내 경력에서 가장 아름답고 걱정 없던 시절이 막을 내렸다. 일에 대한 사랑과 과학에 대한 열정이 조화롭게 어우러지던 나날들을 뒤로하고, 나는 다시 교도소로 가야 했다. 그곳에서 한 나이 지긋한 여성 센터장이 나를 기다리고 있었다.

3부

"아담은 열일곱 살 즈음부터 지독히 악랄한 범죄 시나리오에 강박적으로 집착해왔다고 말한다. 피해자는 반드시 열여덟 살에서 스물세 살의 젊은 여성이어야 한다. 여성이 혼자 사는 걸 미리 확인하고 몰래 아파트로 침입한다. 시선이 거슬리므로 두 눈을 안대로 가린 뒤 여성에게 구강성 교를 강요하고, 욕하고, 모욕을 준다. 면도칼로 피해자의 살을 얇게 저미는 걸 상상한다. 그런 다음 여성을 목 졸라 죽이고 시신과 함께 즐긴다. "마치 내 마누라나 되는 것처럼요."하고 아담은 덧붙였다." — '지적이고 타락한 아담과 이브' 중에서

지적이고 타락한
아담과 이브

연쇄살인이 일어나면 늘 뉴스의 첫자리를 차지한다. 나는 사람들이 공포를 넘어서 범인의 성격에 열광적인 관심을 보이는 것이 흥미롭다. 연쇄살인범은 무시무시하지만 질문을 던지는 존재다. 법정에 선 사이코패스 범죄자를 바라보는 대중의 시선은 수수께끼를 풀고자 하는 열망이 가득하다. 이 사람은 누구인가? 무엇이 이 사람을 사로잡고 있는가? 사람들이 궁금해하는 질문이 하나 더 있다. 연쇄살인을 예방할 수 있는가?

다시 말해, 만약 사건이 일어나기 전에 우리가 앞의 두 질문(사이코패스 범죄자는 누구이며, 왜 그는 살인하고 싶어 하는가?)에 답할 수 있다면, 그 사람과 그의 살해 의도를 미리 적발하고 차단해야 할까? 그렇게 해서 범죄를 막을 수 있을까? 피해자들에게 경고하고, 의심이 가는 사람을 격리해서 살인은 나쁜 짓이라고 설득하고 광기를 치료하면 되는 걸까? 이러한 필립 딕(Philip K. Dick)의 소설 『마이너리티 리포트』 같은 세상이 과연 가능할까?

1. 죽음의 약혼자

중환자병동에서는 긴 시각으로(수개월간 입원), 다양하게(여러 과가 협진), 집요하게(강제 치료), 때로는 취조관처럼 치료한다. 위험한 환자는 규칙을 적용하고 결과에 책임도 진다. 환자의 퇴원과 입원을 결정하는 심의위원회에서 상태가 염려스러운 환자를 내보내진 않을 것이기 때문이다. 퇴원할 때가 된 환자는 여러 의사가 팀을 이뤄 검진한다. 환자가 입원한 첫 주에 담당의가 일대일로 정신감정을 하는데, 팀 검진은 그때 이루어진 진단과 예후가 정확하다는 것을 확인해준다. 우리는 입원 환자 아담을 1년 동안 매일같이 관찰했고, 이를 통해 늘 겸손하고 세심하게 주의를 기울여야 한다는 점을 배웠다.

지역정신보건센터에서 중환자병동으로 왔을 때 아담은 스물두 살이었다. 이감된 이유는 고용량의 항우울제 투여와 함께 입원 치료가 필요한 강박장애 때문이었다. 아담을 우리에게 소개한 담당의는 그가 자기 신체 훼손과 자기 공격적 행동을 동반한 사이코패스라고 했다.

미셸이 아담의 전 담당의와 나눈 전화 통화 내용을 정리해서 내게 건네주었다. 그녀는 젊음과 미소를 총무실에 묻었다고 할 만큼 그곳에서 오래 근무했다. 자료에는 행정적이며 임상적인 세부 내용, 각종 날짜, 형사 파일 등 모든 사항이 기록돼 있었다. 담당의는 아담이 사건 당시 미성년자였고, 연쇄적인 불법 가택 침입, 감금, 성폭행 혐의로 16년형을 선고받고 3년째 수감 생활을 한다고 알려주었다. 오전이 끝날 무렵 경찰차가 사이렌을 울리며 도착했다. 경찰차는 중환자병동 입구 앞에서는 사이렌 소리를 끄고 조용히 들어왔다. 간호사들이 커다란 철문을 열었다가 경찰차가 들어오자마자 다시 닫았다. 처음 맞는 자리에서 아담은 특별한 점이 없었고, 임상적인 문제도 쉽게 해결할 수 있을 것 같았다.

나와 짝패처럼 일하는 두 간호사 톰과 조제가 병실에서 아담을 만났다. 병실에는 안전이 확인된 시트를 깐 침대 말고는 아무것도 없었다. 아담은 옷을 모두 벗고 병동 환자복으로 갈아입었다. 식사는 병실로 가져다주었는데, 모든 신입 환자는 사흘 동안 격리 상태에서 관찰해야 한다는 규정 때문이었다. 나는 식사 시간 후에 병실로 가서 아담을 진찰할 예정이었다. 미셸이 다음 날이 토요일이고, 그날은 평소보다 일찍 퇴근해야 하니까 인계를 잘 받았다는 확인서를 빨리 작성해달라고 했다. 확인서는 환자가 도착한 지 24시간 내로 작성해서 오후 네 시 이전에 경찰청에 팩스로 보내야 했다. 늘 상냥한 미셸은 내게 커피를 새로 내려주었고, 나는 서둘러 가운을 걸치고 넓은 정원 쪽으로 나 있는 조그만 뒷문으로 나갔다. 나와 함께 환자를 보러 갈 톰과 조제도 부리나케 식사를 마치고 따라왔다.

톰은 내게 한쪽 눈을 찡긋하고 병실 문에 난 작은 창을 통해 아무런 이상이 없는지 확인한 후에 문을 열었다. 두 간호사가 먼저 들어가서 아담에게 침대 끄트머리에 앉으라고 요청했다. 내가 진찰하는 동안 한 사람은 아담의 뒤에, 다른 사람은 옆에 서 있을 터였다. 서 있는 간호사와 재빨리 눈빛 교환을 하고 나는 가운의 윗주머니에 있는 연필을 아래 주머니로 옮기고 병실 안으로 들어갔다. 그리고 적대적인 눈빛을 한 호리호리한 젊은이 앞에 버티고 섰다. 그는 무척 긴장했지만, 침착하고 말도 정확하게 했다. 느닷없이 자신이 병원에 도착했을 때 위생환경이 안 좋았다며 항의했다. 말투는 차가웠지만 공격성이 느껴졌다. 우리는 그렇게 서로 안면을 텄다.

아담은 청소년기부터 강박장애 증상에 시달려왔다. 그는 차갑고 어두운 눈으로 나를 응시하며 그 증상은 어린 시절 한 남성에게 강간을 당한 뒤에 조금씩 형성되었다고 말했다. 메마른 말투에 명령조로 요구해왔으며, 상대방을 조종하려는 태도를 드러냈다. 나는 확인서에 환자의 병세가 심각하며 중환자병동으로 이감할 필요성이 다분히 있다고 썼다.

아담은 치료 계획에 따라 고용량의 세로토닌계 항우울제를 투여받았는데, 일주일이 지나자 태도에 변화가 있었다. 좀 더 안정을 찾고, 병실에도 잘 적응하며, 강박 증상도 가라앉았다.

그날 아침에는 정원 쪽으로 유리창이 나서 작지만 환한 진찰실에서 아담을 만나기로 했다. 간호사들이 유독 불안해했다. 실뱅은 새로운 구속복을 시험하고 온 참이었는데, 착용하자마자 벗어던져서 사무실에 있던 사람들이 한바탕 웃었다고 했다. 확실히 병원 재봉실에서 1910년부터 제작해온 구속복을 따라갈 만한 제품이 없었다. 실뱅은 고장이 나서 못 쓰게 된 자석 허리띠를 벗겨내며 내게 아담이 "제대로 미친 친구"라고 말했다. 톰은 지나치게 흥분해서는 아담을 곧바로 봐야 한다고 잘라 말했다. 나는 아침부터 '다들 뭘 잘못 먹었나.' 하고 생각하며 자리에 앉았다. 그러자 간호사들이 곧 아담을 데리고 왔다.

아담은 너무나 태연하게 극도로 염려스러운 성적인 고정관념을 늘어놓았다. 나는 입을 꾹 다물고 그가 계속 이야기하도록 내버려두었다. 아담 뒤에 선 간호사들도 아무런 감정을 내비치지 않으려고 애쓰면서 조용히 서 있었다. 나 역시 애써 담담한 표정을 지었지만 심장이 두 방망이질을 쳤다. 아담이 우리에게 털어놓는 내용은 정말이지 듣고 있기가 너무나 힘들었다.

아담은 열일곱 살 즈음부터 지독히 악랄한 범죄 시나리오에 강박적으로 집착해왔다고 말했다. 피해자는 반드시 열여덟 살에서 스물세 살의 젊은 여성이어야 한다. 여성이 혼자 사는 걸 미리 확인하고 몰래 아파트로 침입한다. 시선이 거슬리므로 두 눈을 안대로 가린 뒤 여성에게 구강성교를 강요하고, 욕하고, 모욕을 준다. 면도칼로 피해자의 살을 얇게 저미는 걸 상상한다. 그런 다음 여성을 목 졸라 죽이고 시신과 함께 즐긴다. "마치 내 마누라나 되는 것처럼요." 하고 아담은 덧붙였다. 그리고 부패가 진행되기 시작하는 사흘째쯤에 아파트를 빠져나온다. 그는 자신이 형을 받은 이유인 불법 가택 침입을 한 건 먹잇감을 찾으려는 것이었다고 설명했다. 마침내 적당한 피해자를 골랐는데 경찰에 체포되어 수감되는 바람에 다행히 계획이 중단되었다고 했다. 그렇지 않았다면 며칠 안에 계획을 실행했을 것이라고도 했다. 결국, 체포되어 자신도 마음이 놓였다고 했다. 나는 그때 면담을 중단했다. 더는 듣고 있을 수 없었다. 톰과 실뱅도 당황스러워했다. 나는 감시를 강화하고 환자를 가까이에서 지켜보라는 지시를 내렸다.

여러 주에 걸쳐 우리는 아담에 대해 상세하게 알아보았다. 그는 성적인 측면에서 아주 어두운 기억이 있었다. 여섯 살 때 할례에 실패하여 성기가 기형이 되었고, 여덟 살에 가족과 친하게 지내던 성인 남성에게 강간을 당했다. 자세한 이야기는 하지 않았지만 아담은 자신이 용서받을 수 없는 나락에 떨어졌다고 여겼다. 아담이 상대편과 동의하에 맺는 유일한 성관계는 성매매였다. 그는 언제나 늙거나 못생긴 여성을 선택했다. 나이나 외모가 부족하니 자신에게 좀 더 너그럽게 대해주리라고 생각했기 때문이다. 연쇄적으로 불법 가택 침입을 하며 성폭행을 저질렀을 때 피해자 중에 나이 든 여성도 포함되어 있었다. 아담이 생각하기에 유일하게 자신에게 "다정하게 대해줄" 상대였다(하지만 피해자가 어떻게 가해자에게 다정할 수 있단 말인가?). 반면 젊은 여성은 손에 잡히지 않는 못된 조종자라고 여겼다. 그러면서 아담은 아버지 돈을 훔쳐오라고 시켜서 자기 옷을 산 여성 이야기를 했다. 성기를 기형으로 만든 할례를 하도록 부추긴 사람도 여성이었다고 했다. 어렸을 때 아담은 뚱뚱했는데, 그 때문에 음경이 더 기괴하게 보였다. 그는 자신에게서 남성성이 사라졌다고 느끼며, 괴물 같은 여성에게 침해당하거나 남성에게 강간을 당하리라고 생각했다. 두 가지 일은 실제로 일어났다.

아담은 폭력이나 성매매가 아닌 정상적인 성관계는 전혀 맺지 못했고, 수간(獸姦) 행위도 했다고 고백했다. 가학적, 시체애호증(necrophilia)적인 살인 시나리오와 더불어 성도착적인 환상에 빠져서 하루에 다섯 번씩 자위했다. 예전에 종종 함께 일했던 라캉학파 심리분석가 조르제트라면 "갈수록 가관(de mâle)"이라고 했을 것이다. 원래는 '점점 더 나빠진다(de mal en pis)'라는 표현이 맞지만 그녀는 '나쁜(mal)'이라는 형용사를 '남자(mâle)'라고 바꾸는 말장난을 즐겨 했다. 당시 나는 무의식이 언어로 구조화된다고 생각했고, 지금도 그 생각에는 변함이 없다. 하지만 어쨌든 쉬운 말장난을 하거나 쉬운 해석을 하지 않으려 조심한다.

나는 아담이 두려웠다. 하지만 그의 삶에도 애정 관계 비슷한 것이 두 번 있긴 했다. 한 번은 수감되기 전 8개월 동안 지속하였고, 다른 한 번은 출소 직전 국적과 종교가 같은 젊은 여성과 약혼까지 치른 것이었다. 하지만 두 번의 관계 모두 가족 간에 이루어진 전통적이고 진지한 결합이었고, 성생활은 거론조차 되지 않았다. 따라서 아담에게 여성은 먼 곳에 있는 순수한 약혼자, 너그러운 어머니 같은 나이 든 여성, 믿을 수 없고 매정한 젊은 여성, 이렇게 세 가지 세계로 구성되었다. 그중 젊은 여성은 모두 "창녀"이고 "먹잇감"이다.

우리는 아담을 치료했다. 나는 여러 증상에 순서를 매기고 해결책을 찾아보기로 했다. 수감 생활을 하는 동안 포경수술을 했다. 성도착적인 환상에 의해 촉발된 충동적인 자위는 성욕억제제, 적정량의 안드로쿨(Androcur)을 처방하여 치료했다. 안드로쿨의 용량을 높이면 과도한 성욕은 낮출 수 있지만, 자신 혹은 타인에 대한 공격성이 커질 수 있다.

면담이 거듭되고 여러 달이 흐르면서 신뢰 관계가 조금씩 자리 잡았다. 아담은 병동 생활을 더는 불평하지 않고 치료도 고분고분 잘 받았다. 우리는 그가 살아온 궤적을 추적해보았다.

모국인 시리아에서 아담의 부모는 제조업 분야에서 일했다. 그러다 프랑스에 이민 왔는데 그때 아담은 겨우 생후 몇 개월밖에 되지 않았다. 중학교 2학년 때 자퇴하고 제빵 분야 직업적성자격증 취득에도 실패하여 세탁 공장에서 몇 달 일하고 교도소로 갔다. 수감되기 전 폭력과 자동차 절도로 소년 법원에 두 번 선 전력이 있으며 1개월 금고에 집행유예 선고를 받았다.

열두 살 때까지 계속 야뇨증을 앓았고, 서너 번 가출했다. 집을 나가서 48시간 동안 들어가지 않은 적도 있고, 학교를 자주 빼먹었다. 소아정신과 진료를 받은 기록은 없었다.

프랑스 교정 당국은 10년 이상 형을 받은 수감자를 수감자평가센터(CNE, centre national d'évaluation des détenus)에 7주 동안 머물게 하면서 사건을 재검토하고 적당한 기관에 배치한다. 수감자평가센터에서 아담은 사건과 자신을 또다시 설명해야 하는 것에 커다란 부담을 느꼈고, 정신 기능이 상실되어 지역정신보건센터로 이감되었다. 그곳에서 아담은 양팔과 두 귀를 자르고 칼, 숟가락, 표백제 물을 삼키고, 목매어 자살하려고 두 번 시도했다. 강박장애 증상이 본인과 의료진을 학대 수준으로 괴롭히는 상태에 이르렀고, 결국 중환자병동으로 오게 되었다.

여러 차례 실시한 정신감정과 법정신의학 감정 결과 반사회적 인격장애(사이코패스) 쪽으로 가닥이 잡혔다. 또한, 불법 가택 침입 당시에 일어난 성행위는 우발적이고 자발적이었다는 심리학적 결론이 내려졌다. 상대방과 합의한 성관계를 전혀 맺지 못한 것은 청소년기를 벗어난 지 얼마 되지 않은 아담의 나이를 고려할 때 흔한 일로 여겨졌다. 아담은 전문가에게 강박적인 살인 욕구를 밝히지 않았고, 불법 가택 침입 당시 피해자였던 젊은 여성의 목을 조르고 싶었고 실제로 행동으로 옮겼지만 공범자에게 제지당했다는 이야기도 하지 않았다. 아담 자신, 톰, 실뱅, 나를 제외하고는 아무도 아담이 교도소에 수감된 덕분에 다행히 그의 살인 계획이 중지되었다는 사실을 몰랐다(나중에 내가 커피를 마시는 시간에 이야기해서 미셸도 알게 되긴 했다).

　나는 아담의 상태를 우울증과 자해 행동, 강박장애 증상, 살인 충동과 성적인 문제, 정신병적 증상, 이렇게 크게 네 가지 측면에서 관찰했다.

　우선 우울증과 자해 행동은 거의 나타나지 않았다. 크게 스트레스를 받는 상황에서 반응적으로만 나타나는 듯했다. 심리 치료를 하자 강박적인 살인 충동이 점차 누그러드는 반면 불안증과 자해 충동이 다시 고개를 들었다. 다행히 행동으로 이어지지는 않았다. 교도소에서 아담은 매일 다섯 시간씩 씻고 닦는 습관이 있었으며, 수용실을 청소하는 데만 매일 세 시간을 보냈다. 먼저 세면대, 다음으로 수도꼭지, 청소할 때 쓰는 스펀지 등을 차례로 닦는 식이었다. 반드시 향수나 표백제 물로 헹구는 것으로 마무리했다. 아담은 이러한 강박 증상이 열세 살 때부터 시작되었으며, 자신이 정서적·육체적으로 계속 더럽다고 느끼기 때문이라고 했다. 정서적으로는 어린 시절에 강간을 당했을 때 "계집애처럼 피를 흘려서"이며, 육체적으로는 열두 살까지 계속된 야뇨증이 원인이었다. 이밖에도 다양한 강박 증상이 꼬리를 물고 계속되었다. 고용량의 3환계 항우울제를 투여하니 강박적인 습관에서 약간 해방되었다. 무엇보다 계속 거슬리던 중환자병동의 규칙에 마침내 적응할 수 있게 되어, 표백제를 마음대로 쓰지 못해도 불평하지 않았다. 청결에 대한 지나친 관심이 뒤로 물러나고 아담 자신과 의료진을 좀 더 신경을 쓰게 되니 치료의 목적이 위험성을 감소시키는 것으로 재설정될 수 있었다.

아담의 가학적인 성적 충동은 무엇보다 그것이 강박적이라는 것이 가장 큰 문제였다. 매일 일곱 번에서 열 번씩 범죄 시나리오가 의식 속에 떠오르고 한 번 시작되면 끝까지 가거나, 적어도 피해자의 목을 조르면서 오르가슴을 느끼는 데까지 가야 했다. 이를 걱정하고 떨쳐버리고 싶어 하긴 했지만("누가 내 머릿속에서 그 생각을 좀 끄집어내 갔으면 좋겠어요."), 아담은 살인 장면이 진행되는 데에서 쾌락을 느낀다는 사실을 잘 알았다("내가 죽이면서 쾌락을 느낀다는 걸 알아요."). 장면들은 늘 똑같았다. 피해자의 "시선이 거슬려서" 두 눈을 가린다(전형적이다). 구강 성교를 강요하고 욕설을 퍼붓고 피해자를 모욕한다. 면도칼로 고문할 거라는 고백도 했다. "정말로 고통에 시달리도록 아주 천천히 살을 저밀 거예요." 그러면서 피해자에게 "입 닥쳐. 명령은 내가 해."라고 말할 거라고 했다. 고문을 끝내고 피해자의 목을 조르고 시신을 강간한다. "시체를 사흘 동안 내 마누라처럼 데리고 있을 거예요. 여자는 아무 말 못 할 거고요." 피해자가 산 상태에서는 복종을 강요하고, 죽은 상태에서는 영원히 수동적이길 바라는 것이다. 피해자가 살아 있을 때도, 죽었을 때도 아담은 "명령은 내가 한다."라는 전능한 신의 위치에 선다. 시선, 성교, 피, 죽음. 신의 위치를 살인으로 실현하고 싶은 것이다.

심리 치료를 받으면서, 영리한 환자인 아담은 자신의 성과 관련된 정신병적인 개인사와 강박적 살인 충동을 연결 지으며 그 밑바탕에는 복수심이 있다고 했다. 병동에서 수련을 받는 간호학교 여학생 중 몇몇이 아담의 눈빛만 봐도 무서워서 굳어버릴 정도였다. 나중에 아담은 그 학생들을 자신의 범죄 시나리오에 등장시키며 흥분을 느낀다고 털어놓았고, 우리는 경악했다.

병동의 화장실에서 한 여성 환자가 아담에게 목이 졸려 거의 죽을 뻔했는데, 다른 환자가 우연히 지나간 덕분에 살아날 수 있었다. 아담은 그때 자기 행동을 진심으로 걱정하며 우리에게 도움을 요청했다. 톰은 분개했고, 조제는 아무 말도 하지 않았지만 무척 걱정하는 얼굴이었다. 나는 이 상황을 어떻게 극복해야 할지 생각했다. 그렇다고 여전히 고통 속에 있는 아담을 중환자병동에서 내보내 일반 수감동으로 돌려보낼 수는 없는 노릇이었다. 그는 너무나 위험했다.

아담이 환각과 환청 증상을 겪는다는 사실이 확실해졌다.

"남자 하나와 여자애 둘이 나한테 어떤 행동을 하라고 강요하고 텔레파시로 나를 조종하려고 해요. 그 여자애들은 자신들 중 하나를 내가 꼭 죽여주길 바라요. 여자애 하나가 '날 죽여.'라고 하면, 다른 애가 '나야, 날 죽여.'라고 하죠."

목소리들은 명령을 내리기도 한다. 교도소에서 목소리들이 "너를 고문해."라고 명령해서 아담은 먼저 왼쪽 귀 일부를 자른 다음 "신경질이 나서" 오른쪽 귀를 잘랐다고 했다.

아담은 다른 환자들이 자신이 뭘 할지 예측한다고 의심했다. 그런 말을 하면 목소리들은 아담을 협박했다. 아담은 목소리들의 존재에 비판("그건 내 무의식에서 온다고 생각해요.")과 초보적 망상("악마가 그들을 내 머릿속에 쑤셔 넣은 거예요.") 사이를 오가며 갈피를 잡지 못했다. 교도소에서는 목소리들이 라디오를 통해 말했다고 했다. "너는 자살해서 죽을 거야."

고용량 항우울제 치료로 강박장애가 빠르게 진정되었다. 성적인 문제는 아담의 동의를 받아 항호르몬제(성욕을 억제하는 치료)의 용량을 높이고 신경이완제도 추가했다. 심리 치료로 강박적인 살인 충동은 어느 정도 진정이 되었지만, 우울증과 자해 생각 문제가 다시 나타났다. 목소리들은 점점 잦아들더니 어느새 사라졌다.

살인 충동이 다시 나타나 클로자핀을 처방했다. 클로자핀(Clozapine)은 다루기가 어렵고 심각한 부작용이 나타날 수 있어 다른 항정신병제가 듣지 않을 때 사용하는 약물이다. 여기에 세로토닌계 항우울제와 안드로쿨도 추가했다.

그러자 증상이 전반적으로 크게 나아졌다. 불안감과 우울증, 자해 문제가 사라지고 강박장애 증상이 줄어들고 환청이 사라지고 살해 충동과 도착적인 성 욕구가 감소했다.

1년 후 아담은 눈빛이 상냥하고, 잘 웃고, 통통한 젊은이가 되어 있었다. 그는 우리에게 약혼자가 있다고 자랑스럽게 말했다. 두 번째로 열린 심의위원회에서 일반 수감동으로 돌아가도 좋다는 평가를 내렸다. 또다시 1년 후, 일반 수감동 정신보건센터의 의사와 전화 통화를 했는데, 처방 약이 너무 많아서 놀랐다며 바꾸는 걸 생각하고 있다고 했다. 하지만 결국 바꾸지 않았다. 아담은 똑같은 처방전으로 안정을 유지하며 수감 생활을 계속하고 있다.

아담을 임상적으로 관찰하면서 우리가 정신장애와 정신의 기능에 대해 질병학적, 정신병리학적으로 뭔가 배운 게 있었는지 생각해본다. 진단 문제는 끊임없이 제기되었다. 아담은 어린 시절에 범죄의 피해자가 되어 강박적인 습관으로 자신을 방어했고, 정신적으로 힘든 순간을 거쳐, 무의식적으로 자신과 가해자를 동일시하여 가학적 성범죄자가 되었다. 그는 사이코패스일까, 아니면 가성(pseudo) 사이코패스인 망상성 조현병(paranoid schizophrenia) 환자일까? 패륜적인 상상과 강박적인 살인 충동은 사이코패스의 가학성이 아니라 정신병적 증상으로 환청이나 환각에 침해되어 망상이 형성되기 직전인 상태였을까?

아담의 도움 요청, 협조적인 태도, 치료의 효과는 진단 방향을 잘 잡는 데 도움이 되었을까? 단정하기는 어렵다. 아담이 다른 사람들과 관계를 맺는 방식은 어땠는가? 사이코패스의 특징인 파충류가 떠오르는 텅 빈 눈빛을 하고 병동 내에서 잠재적인 피해자를 찾았다. 하지만 치료를 받고 나니 중환자병동에 처음 도착했을 때와는 완전히 다른 편안하고 잘 웃고 통통한 젊은이로 변했다.

결국, 우리는 조현병에 맞는 치료를 했지만, 어떤 진단을 선택했건 간에 예방하는 치료를 했다는 점이 중요하다. 아담이 우리에게 이야기했던 내용을 정말 행동으로 옮기려고 했을까? 우리 팀의 누구도 그를 의심한 사람은 없었다. 병동 내에서 아담이 살인 계획을 실행에 옮기기 시작했다고 자책했을 때 우리 중 누구도 조작했다고 생각하지 않았다. 치료의 효과는 긍정적인 것으로 보였다. 치료 방식이 바뀌었다면, 아담이 치료를 거부하거나 중단했다면, 그의 각종 충동이나 환상은 어떻게 되었을까? 아담은 그의 약혼녀와 어떤 계획이 있을까? 그 자신, 특히 약혼녀에게는 어떤 위험이 있을까? 현재 아담은 출소한 상태이며, 근황에 관해서는 아는 바가 없다. 최근에 미셸과 커피를 마시며 아담의 이야기를 나누었는데, 미셸은 그를 잘 기억했다.

2. 정신 나간 연인

나는 아담을 몰래 '죽음의 약혼자'라는 별명으로 자주 불렀는데, 그의 '여성판' 이야기가 있었다. 역시 믿을 수 없을 정도로 끔찍한 사건이었다. 그 날 아침, 새로운 입원 허가 요청들에 관해 이야기하면서 여느 때와는 달리 내가 미셸에게 커피를 내려서 가져다준 기억이 난다. 병원장은 결국 신제품 구속복을 도입할 계획을 포기했다. 톰은 여전히 내 새신발에 대해 아는 척했고 조제는 휴가 중이었다. 비좁은 회의실에서 여러 요청을 정확히 전달하려고 아침 직원회의를 하는데 베르사유여성교도소에서 전화가 왔다. 미셸이 잠깐 자리를 비웠다가 돌아와서 평소 습관대로 약간 상기된 표정으로 말했다.

"어떤 여자가 애인을 토막 냈고, 상태가 안 좋대요. 응급으로 우리한테 보냈으면 한다는군요."

루이즈는 마흔세 살이었다. 교도소에서 일하는 담당 의사는 그녀가 자살을 시도했다고 보고했다. 수감된 이유는 의도적 살인, 증거 은닉, 시신 훼손이었다. 여성환자병동에 배치되지 않아서 내가 담당할 수는 없었지만, 토요일 아침 회진을 돌면서 만나게 될 터였다. 나는 환자를 만나기 전에 자료를 미리 살피는 걸 좋아해서 읽어보고 그녀를 만나러 갔다. 천사 같은 금발에 동안인 미모의, 조용하고 늘씬한 여성이었다. 면담 분위기는 좋으면서도 침울했다. 환자는 극도로 불안하며 도움을 요청했다. 몹시 당황하고 자신이 저지른 사건에 경악하는 것 같았다. 내 질문에 대답하며, 마치 악몽 이야기를 하듯 사건의 진행 과정을 이야기했다. 침대에 웅크리고 앉아 소녀 같은 목소리로 소곤거렸다.

애인은 나이가 스물다섯 살 정도였다. 거의 몸만 섞는 사이였지만 속내를 털어놓을 만큼 가깝기도 해서 바람둥이였던 애인의 여성 편력 이야기를 많이 들어주었다고 했다. 그러다가 그의 약혼자가 임신했으며, 그때가 3월이었는데 5월에 출산 예정이라는 소식을 들었다.

그때부터 루이즈의 태도가 달라지기 시작했다. 과도하게 활동적이 되어 살이 10킬로그램이나 빠지고, 늘 긴장감을 느끼고, 잠을 거의 자지 못했다. 식구들이 전문가를 만나 진단을 받아보라고 권해서 정신과 의사와 약속을 잡았다. 하지만 약속한 날이 되기 전에 돌이킬 수 없는 일이 벌어졌다.

애인과 에로틱한 게임을 하던 도중에 루이즈가 산탄 권총을 보여주었다. 기억은 불확실하지만 아마 "당신한테 쏴볼까?"와 비슷한 말이 오갔던 듯하다.

루이즈는 애인에게 총을 겨누고 여섯 발을 쏘았다. 그 후의 기억은 꿈처럼 흘러가서 확실하지 않다. 그녀는 도끼로 시신을 토막 냈다고 기억한다(하지만 경찰 조사 결과 사용한 도구는 양의 넓적다리 고기를 자르는 용도의 대형 식칼이었다). 그런 다음 애인의 손을 잡고 잠이 들었다고 했다.

토막 낸 사지는 그녀가 누운 침대 속, 혹은 밤을 보낸 소파에 놓여 있었다. 나중에 잠에서 깨서 바닥에 흥건히 고인 피를 닦아내고 시체 토막들을 쓰레기봉투에 넣어서 정원에 모조리 파묻었다고 했다. 그리고 바로 그 순간 정서적 마비 상태에서 벗어나서 자신이 무슨 짓을 하는지 깨달았다.

루이즈는 외국에 사는 전남편에게 전화하여 위험 상황임을 알렸다. 그런 다음 진료를 받으러 가기로 했던 정신과 의사에게 전화했는데, 의사는 그녀에게 경찰에 자수하라고 권했다. 루이스는 교도소에 수용되었고, 다음 날 아침 수용실에서 목매달아 거의 죽기 직전에 경비원들에게 발견되었다. 그녀는 쇼크 상태에 빠져서 울면서 도움을 요청했고, 결국 중환자병동으로 왔다.

조용한 간호사실에서 자료를 다시 읽어보았다. 식사 시간이라 환자와 간호사 들은 식당에 있었다. 모두 기분이 무척 좋아 보이고 밝고 활기찬 분위기가 내가 읽는 사례와 사뭇 달랐다. 루이즈가 살아온 내력은 평범했다. 좋은 집안 환경에서 부모의 관심을 받으며 자랐다. 바칼로레아를 무난히 통과하여 교직원 자격증을 취득한 후, 경범죄를 예방하는 교육 서비스의 책임자로 일했다. 한 번 결혼하고 이혼했으며, 딸이 둘 있었다. 범죄 전력은 없지만 젊은 시절에 자살 시도를 두 번 한 적이 있었다. 그때마다 2주 동안 입원했으며, 어린 시절에는 경련 발작과 과다 활동 문제를 겪었다. 아버지는 폭력적인 만성 알코올중독자였고, 여러 차례 강제 입원을 했다. 루이즈가 취약한 상태였음을 알 수 있었다.

회진 이후로 나는 루이즈를 볼 기회가 없었다. 입원한 후 그녀의 상태는 빠르게 좋아졌다. 외모에 신경을 쓰기 시작하고, 잠을 다시 잘 수 있고, 요구 사항도 다양해졌다. 자살 생각은 사라지고, 그밖에 정신병적 요소도 전혀 감지되지 않았다. 경미한 불안감과 혼란, 사건이 촉발되고 시작되었을 때부터 일어난 기억상실 문제가 남았는데, 루이즈는 자신에게 "뭔가 부족하다."라는 걸 잘 알았다. 일반 수감동으로 돌려보낼 준비를 하는데, 상황에 어울리지 않게 그녀가 우리에게 "나는 여러분을 떠나야 할 거예요."라는 말을 했다.

루이즈는 2주 이하의 입원을 마치고 진정제와 항불안제 처방전과 함께 퇴원했다. 그로부터 5개월 후에 자살 관념화와 급성 정신병 증상 때문에 다시 우리 병동으로 왔다. 병동에 도착했을 때 시각적 환상이 "닥쳐왔다."라고 했고, 피해자에 대해 이상한 말을 했다(피해자와 전화통화를 하고 싶다고 함). 그래도 현실 부정이나 망상은 덜 했고, (단순히) 현실을 받아들이는 데 어려움을 느끼는 수준이었다. 식이장애와 우울감도 지속되었는데, 곧 해결되었다. 루이즈는 진실성이 거의 없어 보이고, 현실과 동떨어져 있으며, 연극적인 행동을 보였다. 1달 후에 이번에는 항우울제 처방전을 가지고 일반 수감동으로 돌아갔다.

남성인 아담, 여성인 루이즈. 한 사람은 젊고 다른 한 사람은 젊은 축에 속했다. 외모도 꽤 괜찮고, 지적인 능력도 꽤 우수한 편이었다. 여러 가지 개인적인 실패를 겪고, 다소 복잡한 어린 시절을 보냈지만, 가족 관계는 그리 나쁘지 않았다. 실제로 겉으로 보기에는('실제'와 '겉보기'는 같은 말이 아닌가?) 평범하기만 했다. 여기서 그들의 개인사와 정신질환을 낱낱이 해부하며 범죄에 관해 설명하고 싶지는 않고, 이런 질문을 던지고 싶다. 겉으로 보기에 정상인 이 두 사람의 어디에서, 그리고 어떻게 괴물이 갑자기 나타났을까? 이 어두운 부분은 어떤 성질을 띨까? 끔찍한 일을 저지르면서 그들은 무엇을 보았을까? 그리고 우리는 그 사건에서 무엇을 볼까?

아담에게 범죄는 곧 일어날 미래였다(하지만 우리가 알다시피 그가 몇 가지 행동을 실행에 옮기기 시작했었으므로 범죄가 일어나지 않았다고 할 수도 없다). 그는 밤낮 할 것 없이 하루에도 몇 번씩 범죄를 꿈꾸었다. 프로이트의 긴장·긴장 감소 도식에 비춰보자면, 아담은 무엇보다 충동적인 이유로 범죄를 실현했을 것이다.

루이즈에게 범죄는 이미 실현되었다. 그것도 살인 사건이었는데, 비밀을 추구하며 증거를 은닉하여 극악무도함을 드러냈다는 점에서 범죄가 '완벽하게' 실현되었다고 하겠다. 루이즈의 범죄는 정신화(mentalizaion, 타인의 행동이 어떤 감정, 어떤 의도에서 나온 것인지 이해하는 능력이 형성되는 과정—옮긴이 주)가 전혀 없는 행위다. 행위자가 자신이 하는 행동에 대해 어떤 예상도, 어떤 지식도 없다. 그 행동은 마치 꿈처럼 이루어지며, 행위자는 각기 다른 범죄 장면에서 자신이 어떻게 행동하는지를 스스로 본다.

아담은 범죄를 상상하는 것이 몹시 즐거웠다. 상상을 실행으로 옮기려고 했던 이유 중 하나가 범죄 시나리오를 실현하면 더욱 흥분이 되지 않을까 하는 생각 때문이었다. 따라서 아담은 자신이 할 수 있고 해야만 하는 일에 대해, 그뿐만 아니라 자신이 그 일에서 얻어낼 쾌락에 대해 생각하는 성찰적 의식(reflective conscience)이 있었다. 반면 루이즈는 문제가 좀 더 복잡하다. 그녀는 범죄 장면을 상상하며 쾌락을 느낀적이 없었는데, 갑작스럽게 행동으로 옮겼다. 그런데 우리가 간파한 바로는 사건이 진행되는 동안, 루이즈가 끔찍한 행동을 현실로 옮기면서 느낀 쾌락이 전혀 없지는 않았다. 그녀는 차마 말하지 못했지만, 살인 행위 하나하나에서 벅찬 기쁨을 느꼈다. 그렇다면 루이즈는 어느 쪽에 자리 잡고 있는가?

아담은 "할지 말지"를 끊임없이 되새겼다. 그는 충동과 쾌락에 대한 욕망에 저항했다. 루이즈는 느닷없이 경계선 바깥으로 밀려나간 것처럼 완전히 다른 국면으로 가버렸다. 그 순간은 자신의 의지가 마비되고 결정론에 사로잡힌 듯했다. 하지만 역설적이게도 루이즈는 다른 존재가 아닌 자신이 내리는 명령을 실행했다. 그녀 자신이 주인인 동시에 종이었던 것이다. 아담은 자기 문제를 거의 언제나 인식하고 어느 정도 통제하고 있었다. 하지만 루이즈는 자기 존재를 정상적으로 통제하다가 어느 시점에 이르러 완전히 놓쳐버렸고, 그 모든 것에 관해 아무것도 알지 못했다.

아담은 자신이 속속들이 아는 공상에 매혹되었다. 하지만 아담이 생각하는 것은 자신을 강하게 빨아들일 힘이 있었다. 또한, 그는 공상을 실현할 자신의 잠재력, 생각이 구체적으로 이루어진다는 것에도 매혹되었다. 랭보라면 허위와 진실 사이에 열린 이러한 틈에서 현기증을 느낀다고 했을 것이다. 이러한 실존적인 도약, 욕망의 끄트머리에 선

존재의 전율이 아담을 한없이 흥분시켰다. 아담은 자신이 저지르기를 원하는 끔찍한 행위뿐만 아니라 그것을 실현할 수 있는 자신의 능력에 열광했다.

루이즈는 자신의 행위에 매료되었고, 마치 악몽에서 깨어나지 못한 것처럼 그 행위에서 빠져나올 수 없었다. 그녀는 행위의 주체인 동시에 관망자였다. 능력과 욕구의 간격에서 오는 현기증은 없었다. 그 대신 무의식적인 과정들이 서로 겹쳐지게 한 정신적 구조와 현실 파악 사이에 형성된 쭈글쭈글한 주름이 있었다. 비밀이 밝혀졌을 때 느끼게 되는 열광도 없었다.

아담은 "내가 할 수 있을 것이므로 나는 이런 사람이다. 혹은 나는 그걸 거의 할 뻔했다."라고 말한다. 하지만 루이즈에게는 "네가 그걸 했으므로 너는 그런 사람이다."라는 말을 해줄 수 있다. 아담은 생각하므로, 어쩌면 행동할 것이므로 자유롭지 않다. 그 일을 저지르기 전에, 루이즈는 자신이 그걸 할 수 있다고 자유롭게 생각할 수 있었다.

결국, 그들을 치료하는 우리가 골몰하는 것도 이런 문제다. 지식이라는 안락의자에 파묻혀 있지만, 우리 역시 인간이므로 던질 수밖에 없는 질문이다. 범죄자에게 자유란 어떤 것일까? 반은 병들고, 반은 정상인, 반은 미치고, 반은 비열한 이들 범죄자는 결국 우리와 다를 바 없는 인간이다. 루이즈가 한 행동을, 자신이 몰랐다 해도, 하지 않을 수도 있지 않았을까? 아담이 계획한 범죄를, 자신이 알았기에, 하지 않는 것이 가능하지 않았을까?

"매혹, 사람의 마음을 사로잡아 호림"이라고 사전에 나온다. 우리

인류에서 모습을 드러내고, 우리 속에 섞여드는 괴물의 모습 너머에는 범죄와 범죄자가 제기하는 자유에 대한 질문이 있을지도 모른다. 과시적이고, 피에 젖고, 끝이 없고, 불가능한 자유.

어머니 얼굴을 한
여자를 죽인 아들

그해에 나는 과장이 되었다. 한겨울에 아버지가 돌아가셨는데, 그보다 정확히 두 달 전에 그 소식을 전해드릴 수 있어서 자랑스러웠다. 그해 여름은 끔찍했다. 아버지가 아프기 시작했고, 극도의 불안 증세에 시달리는 서른세 살의 남성 환자를 만났다. 마치 나이 든 소년 같은 그 남자는 어머니에게서 소식이 없다고 걱정했는데, 최악의 상황을 예감했다. 나는 몇 달 동안 그와 함께 힘겹게 나아갔다. 우리는 함께 부모와 환상을 잃었다. 그의 얼굴이 여전히 눈에 선하다. 끝없이 사과하는 사람처럼 서글프면서도 겸연쩍은 웃음을 띤 표정이었다. 마치 내 아버지처럼, 그는 다정하고 연약한 사람이었다.

주앙의 아버지는 브라질 사람, 어머니는 프랑스 알자스(Alsace) 지방 사람이었다. 그는 성의 일부를 따서 이름을 지었는데, 내게는 무척 특이하게 느껴졌다. 1국에 주앙이 처음 왔을 때 교도소 이감 관련 서류에서 읽었는데, 갈색 봉투에 든 의료 차트에 적힌 이름은 다시 봐도 특이

하다는 생각이 들었다.

"감시가 필요한 심각한 정신질환, 지적으로 매우 제한적이며, 면회도 없고, 고립되어 지냄."

그 밑에는 이런 내용도 있었다.

"치료감호에서 복귀, 반복 없음(두 번 강조), 여러 해에 걸친 정신과 치료, 심각한 망상 증상(세 번 강조)."

"최근에 소중한 존재를 잃음."이라는 칸이 있었는데 "예"에 표시가 되어 있었고, 괄호 안에 "그가 죽인 어머니"라고 쓰여 있었다.

사건이 일어난 후 주앙은 이블린 지방에 있는 병원에 입원하도록 조처되었다. 차트와 상세 보고서는 그때 작성된 것 같았다. 보고서는 주앙의 상태를 간결한 문체로 설명했다.

"가정에서 자행된 타인에 대한 폭력(hetero-aggression)이 직·간접적으로 모친의 죽음을 불러일으킴. 이러한 폭력은 만성적인 망상증이 재발한 것이며, 브르타뉴(Bretagne) 지방에 있는 병원에서 환자의 망상증을 인지하고 치료한 바 있음."

처방 약물 목록을 보니 망상 증상을 없애는 데 주안점을 두었다. 망상을 억제하는 데 초점을 둔 항정신병제와 진정제가 주를 이루었다. 확실히 드러나 있진 않았지만, 환자가 사건이 일어나기 전에 치료를 중단한 사실을 알 수 있었다.

주앙이 교도소에 처음 도착했을 때 만난 정신과 의사는 에디트였다. 지금은 작가지만 당시에는 뛰어난 정신과 의사였고, 섬세하고 우아한 방식으로 진료를 했다. 주앙은 에디트에게 파리 지역에 사는 어머니 집으로 가야 해서 치료를 중단했다고 이야기했다. 그런데 어머니 집에 있던 여자가 주앙이 잘 알던 사람이 아니었다고 말했다. 어머니와 꼭 닮은 다른 사람이었다는 것이다. 주앙은 불안에 사로잡혀서 그 여자의 목을 졸라 죽였다. 조용히 귀를 기울이는 에디트에게 주앙이 호소했다.

"죽은 그 여자가 내 어머니일 리 없어요. 얼굴을 이식한 거예요. 그거 많이 하잖아요, 선생님."

그는 또한 '그 여자'가 끝없이 반복해서 듣는 음산한 비올라다감바(viola da gamba, 첼로의 전신이라고 할 수 있는 원전 악기-옮긴이 주) 연주곡 역시 견딜 수 없었고, 자기더러 정신병원에 돌아가라고 하는 것도 싫었다. 주앙의 목소리는 감정이 거의 없이 단조롭고, 그 자신은 어딘가 먼 곳에 있는 것 같았다. 에디트는 망상성 조현병이라는 진단을 내렸다.

그다음 주에 앙투아네트가 2국에서 주앙을 진찰했다. 앙투아네트는 무척 똑똑하지만 근심이 많은 성격이었다. 임상 기록은 조금씩 변해 갔다. 주앙은 현실을 좀 더 잘 인식하기 시작했고, 자신의 확신에 의문을 품었다. 소식이 없는 어머니는 어쩌면 자신이 죽인 그 사람이 아닐까? 주앙은 자신의 미래를 무척 불안해하고 걱정했으며, 아버지와 두 형제를 만나고 싶어 했다. 앙투아네트는 주앙이 금세라도 눈물을 쏟을 것 같았다고 차트에 썼다. 그리고 주앙에게 정신과입원병동에 입원할 것을 권했다.

파란 공책에 적힌 내 필체를 알아보자 침착하고 신중한 간호사 아녜스와 함께 주앙을 만났던 기억이 떠올랐다. 나는 이렇게 썼다.

"혼란스럽고 불안해하며 어머니를 죽였는지 확실하지 않다고 설명함. 자신이 중국인 연쇄살인범을 상대한 적이 있었는데, 그가 어머니를 독살할 계획이 있었다고 생각함. 중국인 연쇄살인범은 머리를 이식했다고 함."

주앙은 끔찍한 의심 때문에 괴로워했다. 상황을 분석하고 결과를 받아들일 준비가 거의 다 되었지만, 너무나 끔찍하고 고통스러운 일이었다.

"하지만 선생님, 어머니에게서 여전히 소식이 없어요."

슬픔에 잠긴 주앙의 얼굴이 너무나 어려 보였다. 그는 정말로 많이 아팠다. 아녜스는 감정이 복받치는 듯했고, 나도 마음이 아팠다. 나는 어린 주앙이 엄마와 보냈을 행복한 순간을 그려보았다. 임상의로 일하는 건 너무 힘들다는 생각이 들었고, 과장이 되면 일이 좀 더 쉬울 것 같았다. 물론 내 생각이 틀렸지만, 어느 정도 맞는 부분도 있었다.

신경이완제를 투여한 덕분에 주앙의 상태는 빠르게 호전되었다. 2주 후, 나는 "환자가 사건에 대해 생각하고 면담에도 무척 호의적임"이라고 적었다. 감정 표현이 점점 더 늘어갔다. 이유는 잊었지만 아름다운 갈색 머리의 법무부 장관이 정신과입원병동을 방문한 적이 있었는데, 우리는 장관이 환자 몇 명과 이야기를 나누고 싶어 할지 모른다고 예상하고 준비했다. 결국, 장관과의 대화는 없었지만, 주앙이 하겠다고 흔쾌히 동의했다. 오후에 나는 장관에게 기관을 짧게 소개했다. 물론 나를 향한 것은 아니었지만 여기저기에서 터지는 사진 플래시, 숲처럼 빼곡히 들어찬 마이크가 기억난다. 법무부 장관은 우리의 환대에 감사를 표하고 떠났다. 나는 할 말을 아주 많이 준비했는데, 정신적으로 엄청난 고통을 받는 수감자들, 성범죄자 치료, 언제나 동의하에 이뤄지는 치료, 여러 영역의 전문가들로 구성된 팀 등을 이야기한 기억이 난다. 장관이 방문한 30분 동안 다른 환자들처럼 주앙도 머릿속에 병적인 생각을 품고서 텔레비전이 켜진 수용실 구석에 서 있었다.

여러 달이 지났다. 환자와 우리는 처방과 치료, 내면의 싸움, 개인적인 후회와 더불어 모두 앞으로 나아갔다. 내 아버지는 조용히 숨을 거두었고, 나는 과장이 되었다. 인사 변동이 많아 정신없는 한 해였다. 내 후임을 맡은 실비는 주앙을 점점 더 잘 알게 되었다. 주앙은 스스럼없이 속내를 털어놓고, 실의에 빠지는 일도 거의 없으며, 현실에 점점 더 안착했다. 망상 증상은 오래전에 사라졌고, 자신의 행위를 비판할 줄도 알았다. 사건도 잘 인지하고 있었다. 그런 행동을 저지른 것은 망상적인 이유 때문이란 것을 알고, 자신이 어떤 병에 걸렸는지도 알았다. 치료를 중단해서 문제가 생겼음도 알았다. 주앙은 자신이 치료를 평생 받아야 하며, 사건 당시에 치료를 계속 받았더라면 어머니도 살아 있으리란 것도 알았다.

팀원이 모두 참가하는 임상 토론에서 우리는 주앙이 어떤 사람이며, 이제는 뿔뿔이 흩어진 가족 내에서 어떤 위치에 있었는지 알아보기로 했다. 내가 평소에 사용하던 것과는 다른 방식이었다.

주앙의 아버지는 화가였는데, 스물네 살 때 열여덟 살 먹은 가출 소녀를 만나 아이들을 낳고 함께 살았다. 주앙의 어머니는 정서가 매우 불안정한 사람이었던 듯하다. 두 사람은 아들 셋을 낳고 갈라섰다. 둘째 주앙이 일곱 살이었던 해였다. 아버지는 고국으로 돌아가서 살다가 프랑스로 다시 돌아와서 브라질 대사관에서 일했다. 어머니는 부모의 집이 있는 고향 알자스로 돌아갔다. 외조부모는 부유한 사람들이었고, 주앙은 그들을 무척 좋아했다. 하지만 군인이었던 외조부와 약사였던 외조모는 약간 엄하고 구식이었다. 어머니는 프랑스어 교사가 되었고, 주앙은 스물네 살이 될 때까지 어머니와 함께 살았다.

형은 클라브생(clavecin, 하프시코드(harpsichord), 겉모습은 그랜드 피아노를 작게 만든 것처럼 생긴 대형 쳄발로-편집자 주) 연주자로 오스트리아에서 고음악을 가르쳤다. 주앙은 아버지처럼 화가였지만 장애수당으로 근근이 살아갔다. 그는 정신과입원병동의 수용실에서 간호사들에게 색연필을 빌려서 그림을 그렸다.

주앙은 네 살 때부터 소아정신과 의사를 여럿 거쳤다. 부모가 다투기 시작하면서 주앙의 상태가 안 좋아졌기 때문이다. 청소년기에 들어서자 성적이 떨어지고 반항적인 성격이 되었다고 했다. 환각 버섯을 먹기도 했다. 어머니가 프랑스어 교사인 만큼 시를 여러 편 썼고, 문학 과목 성적은 좋았다.

"어머니는 폭력적이고 권위적이었어요. 내 삶의 많은 부분을 차지했죠. 너무 많은 부분을요."

주앙은 눈에 눈물을 가득 담은 채 나지막한 목소리로 이 말을 했다. 어머니는 우울증에 걸린 불행한 여성이었으며, 자신은 늘 어머니에게 이해받지 못한다고 느꼈다고도 했다. 주앙은 어머니를 사랑하는 동시에 증오했다. 외조부모가 사망했을 때 어머니는 가족의 추억이 담긴 물건과 재산을 모조리 팔아치웠다. 그 일로 주앙은 어머니를 무척 미워

했다. 조현병 환자 특유의 양가감정이다. 사랑과 증오라는 상반되는 감정을 동시에 느끼는 것이다. 낯선 얼굴을 한 어머니를 죽이고, 동시에 어머니의 안부를 궁금해하는 것도 이와 같은 맥락이다.

주앙은 열일곱 살 때 처음으로 정신병원에 입원했다. 열아홉 살 때 두 번째로 입원하고, 그로부터 4년 후에 또 입원했다. 살인 사건 이후에 마지막 입원 생활을 시작했다.

정신과입원병동에서 주앙은 그룹 치료와 명상에 참여할 만큼 상태가 호전했다. 신경이완제 치료도 더는 겁내지 않았다. 한 달에 한 번 주사 투여로 안정을 유지할 수 있기 때문이었다.

"겁을 내던 것만큼 아주 아프지는 않더라고요. 요즘은 기분이 좋아요."

주사를 놓을 때 주앙이 한 말을 간호사가 분홍색 용지에 적어 놓았다.

나는 교도소에 아들을 면회 온 주앙의 아버지를 만났다. 다부지고, 주의 깊고, 총명해 보였다. 주앙은 아버지의 외모를 많이 닮았다. 그리 크지 않은 키, 이마 선, 웃는 모습, 신중하고 약간 수줍은 듯한 태도도 비슷했다. 자신이 예전에 사랑했던 여자를 목 졸라 죽인 자식을 둔 남자. 그는 아들을 버리지 않았다. 아들을 사랑하고, 아들이 아프다는 걸 알므로 계속 아들의 편에 섰다. 주앙은 아버지에 대한 믿음을 절대 잃지 않았다.

주앙이 지독한 습진에 시달리기 시작했다. 처음에는 다리 앞쪽에 생겼다가 넓적다리까지 올라가서, 몇 달이 지나자 사타구니 안쪽까지 퍼졌다. 그는 불안해하며 산책하다가 갈취를 당했다고 우리에게 털어놓았다. 한 수감자에게 창문을 통해 담배 몇 개비를 넣어주기까지 해야 했지만, 당연하게도 누군지 말하기는 싫어했다. 주앙이 두려워서 우리는 경비원을 호출해서 한 시간 내에 수용실을 옮기라고 지시했다. 그런 다음 조사를 시작했지만, 자료에 그 결과가 나오지 않아서 주앙을 갈취한 수감자가 누군지는 여전히 기억이 나지 않는다.

친절한 교도관 딕은 가슴팍에 금빛으로 빛나는 계급장 두 개를 자랑스럽게 붙이고 다녔다. 그는 뛰어난 교도관이자 정신과입원병동에서 가장 뛰어난 간호사 중 한 명의 남편이었다. 조사가 끝날 때까지 좋은 분위기가 유지되도록 혼신의 힘을 다하는 모습을 보니 의지할 수 있는 사람이었다. 현재 그는 직급이 높아져서 여전히 우리와 함께 일하긴 해도 직접적으로 하진 않는다. 나 역시 다른 곳에서 일한다.

이제 의료 팀과 환자가 함께하는 여행의 막바지에 다다랐다. 여행은 1년 남짓 이어졌다. 면소 판결이 다가오자 주앙은 불안해했고, 실비는 그에게 법적 결정이 내려진 이후에 정신병원에 입원하게 될 거라고 알려주었다. 공판은 주앙 없이 가족만 참석한 가운데 11월에 열렸다. 특히 클라브생 연주자인 형은 이 기이하고 서글픈 모임에 참석하려고 오스트리아에서 베르사유까지 와야 했다. 주앙을 담당하는 사회복지사 말로는 변호사가 대신 전달한 주앙의 이야기에 모든 사람이 감격했다. 교도소와 정신과입원병동을 떠날 준비를 하던 주앙은 한결 마음이 놓였다.

결국, 전문가의 추천에 따라 주앙은 중환자병동에 입원하게 되었다. 망상도 완전히 사라지고, 자신이 한 행동 전체를 비판할 줄 알게 되었다. 진료받을 때 보이는 태도도 굉장히 좋아서 거친 행동은 절대 하지 않았다. 주앙은 그곳에서 몇 달 머물다가 다른 곳으로 이감되어 갔다. 어쩌면 지금은 출소했을지도 모르겠다.

주앙이 지금도 그림을 그릴까? 꿈을 꿀까? 아버지는 여전히 아들을 사랑하고 도울까? 주앙은 형이 평생을 바친 바로크음악을 연주하는 걸 들을 수 있었을까? 치료를 꼬박꼬박 받을까? 어느 날 길에서 우연히 그를 마주칠 수 있을까? 주앙은 어머니를 끔찍이 사랑했고, 항상 곁을 지키는 아버지가 있었다. 마침 나도 부모님을 모두 여의었을 때라, 주앙을 보며 세대 간 갈등이라는 소용돌이에 비하면 심각해 보이지 않지만 어머니와 아들 사이, 아버지와 딸 사이, 부모와 자식 사이가 얼마나 강하면서도 복잡한가 하는 생각을 했다. 자식에 대한 부모의 사랑, 그리고 부모에 대한 자식의 사랑은 경이적이고, 저주스럽고, 마법 같은 것이다. 이 사랑은 모든 것을 할 수 있고 변화시킬 수 있다. 내 아버지의 사랑처럼. 내 아이들의 사랑처럼.

지옥에
사는 남자

직원 사무실 커피메이커에 커피가 담겨 있었다. 폭우가 내리는 아침, 비에 흠뻑 젖어 출근한 나는 커피가 정말로 필요했지만, 한 잔 마실 시간조차 없었다. 도착하자마자 사무실 창문 너머로 미셸이 나를 향해 수화기를 흔들어대는 모습이 보였기 때문이다. 비서인 미셸에게 나는 과장 자리를 빚졌다. 과장 자리에 지원하던 날, 저녁에 나는 두려움과 의심에 가득 차서 미셸한테 내 지원서를 원장에게 제출하지 말라고 말했다. 지원서에 이미 서명은 해둔 상태였다. 미셸은 언제나 그렇듯 다정하고 신뢰하는 눈빛으로 나를 바라보더니 말했다.

"아, 안 돼요. 너무 늦었어요. 아무래도 그러실 것 같아서 제가 이미 다 보냈거든요."

그리고 우여곡절 끝에 마침내 나는 과장을 맡게 되었다. 미셸에게 다시 한 번 감사한다. 신뢰는 엄청난 무기다.

아무튼 그날 아침, 부아다르시의 지역정신보건센터장이 즉시 와줄 수 있는 중환자병동의 의사를 찾았다. 살해 용의자를 긴급하게 입원시켜야 한다는 것이다. 그는 교도관들을 구타하고 치료를 거부했지만, 솔리안(Solian, 항정신병제)과 아스피린을 요구하고 징벌 구역에 틀어박혀서 아무도 가까이 오지 못하게 했다.

그에 대해 확실히 알려진 사실은 별로 없고 막연한 소문밖에 없어서 확인이 필요했다. 교도소에 전화를 걸었다. 일단 구금을 중단하고 다음 날에 신입환자병동으로 오기로 했다.

그렇게 해서 오게 된 벤은 중간 키, 바라진 체격에 불만 가득한 얼굴의 30대 남자였다. 남자 간호사들이 그를 데려가서 헐렁한 원피스형 환자복으로 갈아입혔다. 나를 포함해 모든 사람이 그를 경계했다. 벤이 정확히 어떤 사건을 저질렀는지 확실치 않았기 때문이다. 교도소 서류에는 살인이라고 나와 있었지만, 동료 의사가 전화로 그가 여러 건의 살인을 저질렀다는 의혹을 받고 있다고 알려주었다. 벤은 전날 오후 늦게 도착했고, 밤을 무사히 잘 보냈다고 당직 직원이 보고했다. 나는 커피를 단숨에 들이키고(미셸에게 커피 맛이 형편없다고 했는데, 정말 그랬다) 진찰실로 뛰어 내려갔다. 별다른 장식 없이 휑한 작은 진찰실에는 안전상의 이유로 뾰족하거나 거친 물건이 하나도 없었다. 탁자 위에 무거운 램프를 두거나 환자 앞에 잘 깎인 연필을 가득 담은 연필꽂이를 놓지 않았다. 간호사들이 벤을 데려왔다. 벤은 아침 식사를 했는데 자신의 기준으론 커피가 차갑다고 잔소리했다고 한다(물론 그랬을 것이다).

벤은 경계가 지나쳐 거의 적대적인 태도로 내게 느닷없이 약을 달라고 했다. 나중에 나는 그가 왜 그렇게 약을 원했는지 알게 되었다. 나는 벤과 마주보고 앉고, 간호사인 톰과 실뱅이 벤의 뒤에 섰다. 톰은 진찰실에 들어오기 전에 내 부츠를 칭찬했고, 실뱅은 가운 잠그는 걸 잊었다. 두 간호사는 전문가적인 태도로 집중해서 들었다. 조용히 서 있다가 벤의 태도에 문제라도 발생하면 언제라도 개입할 태세를 갖추었다. 중환자병동은 벨에포크(Belle Epoque, 20세기 초 유럽의 평화롭고 풍요로운 시기-편집자 주) 시대의 건축가가 설계한 건물이다. 나는 그 시대 건축가는 빈틈없이 꼼꼼하다고 생각한다. 그도 그럴 것이, 이 좁은 진료실에도 문이 두 개나 있는데, 하나는 들어올 때 쓰는 문이고, 또 하나는 내 뒤 복도 쪽으로 나 있는 문이다. 복도로 난 문은 나오지 않으려는 환자를 데리고 나올 때, 아니면 혹시 발생할지 모를 인질극에 대비하는 용도로 사용한다. 위험한 정신병자를 격리 수용하던 건물은 1차 세계대전 이전에 지어졌으며, 이제는 중환자병동으로 사용된다. 설계에 무척 신경을 써서 모든 사무실, 병실, 공동실에 각각 두 개의 문이 있다. 문이 두 개 있는 조그맣고 한적한 진찰실에 우리 네 사람이 있었다. 깨지지 않는 유리창을 11월의 차가운 비가 쉴 새 없이 두드렸다. 시끄러운 빗소리 때문에 불안과 경계심이 가득한 표정으로 조용하게 이어가는 환자의 말소리를 들으려면 귀를 쫑긋 곤두세워야 했다.

벤은 아주 희한하게 말했다. 단어에 자기만 아는 의미를 넣어서 사용했는데, '두드려 박기'라고 하면 적을 의미하는 걸로 알아차려야 하는 식이다. 배리(背理, paralogism, 고의적은 아니지만 논리 규범에 어긋나는 추리 작용-옮긴이 주)는 조현병의 특징적인 증상이다. 또한, 새로운 말을 지어내서(조어증, 造語症, onomatopoia 혹은 neologism) 상대방도 당연히 의미를 아는 것처럼 뜻을 설명하지 않고 사용하는 것도 증상 중 하나다. 벤은 우리에게 자신은 눈앞에 일종의 빛 신호인 '뤼젠'이 깜박거린다고 했다. 그의 표현을 들으며 나는 속으로 빙그레 웃었다.

처음엔 한껏 경계하던 벤이 조금씩 마음의 문을 열었다. 지지부진하던 대화가 조금씩 궤도로 올라가는 동안 잦아든 비가 계속 내렸다. 벤은 이야기하다가 갑자기 문장 중간에 말을 뚝 끊기도 했다. 마치 이상한 마법에 걸려서 일시 정지되기라도 하는 것 같았다. 그렇게 몇 초가 지나고 나서 정확히 끊었던 부분에서 다시 이야기를 시작했다. 뜬금없는 침묵에 대해 전혀 말이 없는 걸 보면 자신조차 알아차리지 못하는 듯했다.

톰과 실뱅은 내가 아주 높게 평가하는 간호사다. 예리한 갈색 눈빛을 지닌 톰은 눈치가 빠르고, 머리를 밀고 귀고리를 단 실뱅은 운동선수처럼 몸이 좋고 세련되었다. 두 사람은 현재 상황을 아주 잘 파악하고 있었고, 서로 눈빛을 교환하며 희미하게 미소를 주고받았다. 물론 조롱의 의미는 전혀 없었다. 그들은 조어증과 '사고 정지'를 알아차렸다. '사고 정지'란 조현병 환자가 환청을 듣거나 해서 말하는 도중에 갑자기 중단하는 증상이다. 그러다 환자는 다시 아무 일도 없었다는 듯이 말을 계속 이어나간다. 어떤 환청을 듣느냐에 따라 불안한 모습을 보이기도 하고(대개 그렇다), 흡족한 표정을 짓기도 한다(간혹 우스운 환청이 들리기도 하는데, 특히 간호사에 관한 내용이거나 의료진에 대한 짓궂은 농담일 때가 많다. '목소리'가 의료진을 따끔하게 혼내줬다고 서슴없이 말해주는 환자도 있다). 때때로 환자가 우리를 웃기기도 한다. 마치 줄타기 곡예사가 줄을 타듯이 우리에겐 눈길조차 주지 않고 자신의 말을 아슬아슬하게 이어갈 때가 그렇다.

그날은 톰과 실뱅의 기분이 좋아서 가벼운 분위기에서 면담을 시작했지만, 진행될수록 분위기가 무겁게 가라앉았다. 벤은 매우 주저하며 우리에게 비밀을 털어놓았다. 머릿속에서 "하느님을 공격하라."라는 목소리가 계속 들리며, 억지로 나쁜 생각을 하게 한다고 했다. 싸워보려고 했지만 소용이 없다고도 했다. 이 모든 생각 때문에 "머리가 지끈거려서" 아스피린이 필요하다고 했다. 이런 고통을 끝내려면 솔리안도 필요하며, 그 약의 효능은 잘 안다는 말도 덧붙였다. 중환자병동에 입원한 첫 주 동안 벤은 무척 경계하고 침울해했으며, 담당 간호사들과 거의 이야기하지 않고 예측할 수 없는 태도를 보였다. 마치 벽에 비친 그림자 같았다.

그렇게 며칠, 몇 주가 흐르면서 벤은 자신의 처지가 어떤지 이해하기 시작했고, 우리도 어떻게 그에게 접근해야 할지 알아가기 시작했다. 벤은 중환자병동의 생활 리듬에 적응했다.

매일 아침 환자는 네 명씩 차례로 기상했다. 수납장도 모조리 바깥 복도에 있어서 병실에는 아무것도 없고, 샤워실도 벤이 입원하고 몇 년이 지난 뒤에야 생겼다. 벤이 입원했을 당시에는 환자를 한 명씩 욕실로 일일이 데리고 가야 했다. 열쇠 소리, 발소리, 말소리, 물 흐르는 소리가 차례대로 이어진 다음, 환자는 병실로 되돌아가서 규정에 맞는 안전한 환자복으로 갈아입었다. 끈과 허리띠가 없는 운동복과 편한 실내화인데, 환자가 병동에 도착하면 간호보조사가 찾아다 준다. 모든 준비가 끝나면 처방 약을 타러 간다. 환자는 각자의 약이 담긴 작은 플라스틱 컵이 줄지어 놓인 수레 뒤로 줄 서서 기다린다. 복용량만큼 정확히 재서 주기가 더 편리하므로 알약은 거의 없고 주로 물약이다.

아침 식사 시간, 간호사는 어떤 환자를 식탁에 함께 앉힐지 혹은 떨어뜨려 놓을지 미리 생각해서 계획해둔다. 동료와 어울릴 만한 상태가 아니라서 독방에서 생활하는 이를 제외하고는 모든 환자가 함께 모이므로 식사 시간은 사실 아주 민감한 순간이다. 다툼이 일어날 가능성이 늘 존재하며, 힘의 관계는 결코 균형을 이루지 않는다. 신입환자병동의 환자 열여덟 명에 간호사 네다섯 명이 배치되었다.

임상 경험이 중요하지 숫자는 그리 중요하지 않으며, 환자의 상태를 면밀히 검사하면 취약성에도 불구하고 그가 공동생활, 자기 태도에 대한 해석, 엄격한 규칙을 견뎌낼 수 있는지 알 수 있다.

오늘 아침만 해도 어떤 남성 간호사가 내게 보고하길, 한 환자가 험한 눈으로 "근처를 지나갈 때 내 '심벌'을 빼앗아 가는 짓을 그만둬라."라고 했다고 한다. 사람들이 자신을 약탈하고, 심장과 존재까지 빼앗아간다는 것이다. 정확히 '심장'과 '존재'라는 단어를 사용하진 않았지만 그런 말을 하려고 애썼다. 망상과 와해한 언어 증상이다. 간호사는 늘 둘씩 짝지어 벽을 등지고 선다. 안전 수칙을 숙지하며, 영혼에 상처를 입은 환자를 안심시키려고 늘 노력한다.

예전에 국철 승차장에서 기다리던 여자를 철로로 떠민 환자가 있었다. 냉정하고 태연한 얼굴의 남성 환자였는데, 내가 담당하여 여러 해 동안 치료하려 애썼지만 여전히 다른 환자를 포크로 공격하곤 했다. 그런 공격을 여러 번 시도했지만 환자에게선 겉으로 드러나는 망상적 행동을 찾아볼 수 없었다. 어쩌면 망상적 행동을 드러내긴 했어도 전달되지 않았다고 하는 편이 맞겠다. 그가 유일하게 이야기한 망상은 병동에서 나가게 되면 미국제 고급 승용차를 사겠다는 거창한 계획뿐이었다. 환자는 세 기관을 거쳐 왔는데, 감정도 생각도 없는 그와 이야기하면 텅 빈 성을 방문하는 것 같았다. 가장 걱정스럽고 속을 알 수 없는 환자 중 하나였다. 사건 당시 자신의 행동을 설명할 때도 시종일관 무덤덤하고 기계적인 목소리로 이야기했다. 밖에 있는 걸 견딜 수 없어서 감옥이나 병원으로 가고 싶었다고 했고, 그 말은 확실히 사실이었다.

그때 이후로 나는 지하철 플랫폼에 서 있을 때 반드시 뒤쪽을 확인하고 더러운 타일 벽을 등지고 선다. 열차를 기다리며 중환자병동에서 일한 세월을 떠올릴 때가 많다.

중환자병동의 일과 이야기를 계속하자. 커피 시간이 지나면 담배를 나눠주고(간호사는 환자의 담뱃갑을 꼼꼼히 정리하고 이름표를 붙여놓는다), 정원으로 가는 문을 열어준다. 환자는 무언가에 사로잡힌 뇌, 환청을 듣는 귀로 조각조각 분열되어 있다. 우리는 그런 환자와 함께 안쪽과 바깥쪽, 경계선의 문제를 훈련한다. 환자는 교도소 수감자처럼 정원을 맴돌며 이야기도 나눈다. 볕이 좋은 날이면 정원 중간에 있는 커다란 마로니에들 아래 풀밭에서 쉬는 환자가 몇 명 있다. 나는 그들이 꿈도 꾸길 바란다. 겨울에는 너무 춥고 날씨도 들쑥날쑥하다. 비가 오다가 희미하게 햇빛이 비치기도 하고, 헐벗은 마로니에 나뭇가지 위에 구름이 흘러간다. 12월의 마로니에는 추워 보이긴 해도 윤곽선이 무척 우아하다. 20세기 초에 만들어진 도랑과 담장이 정원을 에워싸고 있었고, 건물 전체를 두른 정원에서 환자는 탁 트인 전망을 감상할 수 있었었다. 하지만 옛날 도랑은 공사로 사라지고 높다란 철책이 들어서서 정원은 칙칙하고 슬픈 우리처럼 변했다. 왜 그렇게 바꿨는지 도대체 영문을 모르겠다.

오늘 같은 경우는 비가 다시 내리기 시작해서 환자들이 지붕이 있는 안마당에 모여서 담배를 피운다. 잠시 뒤 그들은 점심을 먹고 병실로 돌아가서 낮잠을 자거나 휴식을 취할 것이다. 처방 약이 독할 때가 많아서 휴식 시간이 필요한데, 이때 직원들도 잠시 숨통을 틔운다. 또한, 이 시간을 이용해 새벽에 출근한 아침 근무 팀과 오후에 출근해서 저녁 늦게 퇴근하는 오후 근무 팀 간호사가 정보를 교환하기도 한다. 나머지 일과 역시 똑같이 흘러간다. 낮잠 자는 환자를 깨우고, 원하는 이에게 비스킷이나 단 과자류 같은 가벼운 간식을 준다. 환자 가족이 가져오는 과자류의 양이 너무 많아서 섭취량을 절제시켜야 한다. 그다음으로 정원에서 나무, 바람, 담배, 산책과 담배, 대화, 철책 앞에서 굳어진 침묵을 누릴 시간이다. 정원에 나가보면 환자들이 한 덩어리처럼 빽빽이 들러붙어 있다. 경계선이 없고, 사회 규칙에 대한 이해가 없는 정신질환자 특유의 모습이다. 예전 상사는 그들이 아이처럼 "직설적"이라고 했다.

"선생님, 선생님!"

환자 서넛이 움직이기 시작하더니 나를 부르며 다가온다. 마치 발레를 하는 것처럼 톰, 실뱅, 조제와 다른 간호사들도 그들의 동선에 맞춰 움직인다. 정원에서 하는 대화는 대체로 호의적인 분위기에서 진행된다. 나는 환자와 이렇게 단순하고 솔직한 대화를 나누는 걸 무척 좋아한다.

"선생님, 우리 언제 만날 수 있어요? 우리 어머니랑 연락했어요? 처방 약이 너무 센 것 같은데 좀 약한 거로 주세요. 오늘 날씨가 썩 좋지 않죠, 선생님?"

고작 몇 분 동안 온갖 이야기를 다 나누고 있으면 간호사가 끼어든다.

"좀 있으면 선생님을 만날 거예요. 선생님 숨 좀 쉬시게 해줘요. 가서 햇볕이나 더 쬐어요!"

나는 이런 기분 좋은 순간을 떠올리는 게 좋다. 하지만 요즘 정원은 춥고 환자는 거실에 머문다. 어디에나 간호사가 있다. 겨울철 저녁 식사는 여름철보다 이른 시각인 오후 여섯 시에 제공된다. 그리고 취침 시간이 다가오면, 환자는 마지막 담배를 태운 후에 약을 먹고 꿈 없는 잠을 잔다.

여러 주가 지나자 벤의 태도가 누그러졌고, 우리를 신뢰하기 시작했다. 처방 약 덕분에 불안감과 의심을 덜 느꼈고, 우리에게 자신의 이야기를 털어놓았다.

벤은 말리(Mali)에서 태어나서 가족과 함께 프랑스에 이민을 왔다. 학교 성적은 중간쯤이었고, 졸업하면서 일반 기술 직업적성자격증을 통과했다. 직장 생활은 순탄치 않았다. 카페 종업원, 화물 트럭 운전사, 호텔 잡부 등을 차례로 거쳤지만, 실업자로 지내는 날이 많았다. 그래서 미혼에 아이도 없었다. 그 시절 벤은 하루에 대마초 세 대씩을 피웠는데, 그래야 "근근이 버텨낼 수 있었다."라고 했다. 마약류 관련법 위반으로 경범죄 처벌을 두 번 받고, 여러 개월 수감 생활을 한 다음 치료감호 처분을 받았다. 10년 동안 정신 의료 기관에 세 번 입원했으며, 통원 치료를 정기적으로 받았다. 보건진료소에서 정신과 의사에게 솔리안과 할돌데카노아스(Haldol Decanoas)를 처방받았는데, 모두 중추신경계에 작용하는 항정신병제다. 처방 약이 잘 들어서 망상과 환각 증상이 진정되고 불안감도 사라졌다. 그러자 벤은 치료와 검사를 중단하기로 한다. 치료에 얽매이기 싫고 다른 사람들처럼 자유롭게 지내고 싶었기 때문이라고 했다. 그래서 그는 의료진에게 아무런 소식도 남기지 않고 자취를 감췄다. 당시 의료진이 치료를 다시 하자는 연락을 여러 번 했던 것으로 보인다.

처음에 벤은 살인 혐의를 모두 부인했다. 우리는 사건에 관해 아는 게 별로 없었는데, 그건 당연한 일이었다. 사법 당국에서 의료 기관에 관련 정보를 넘겨줘야 할 의무는 없으며, 의료 기관 역시 판사나 검찰의 요청이 없는 한 사법 혹은 교정 당국에 환자의 정보를 절대 넘겨주지 않는다. 입원한 지 7개월 만에 겨우 벤이 자신이 저지른 첫 범죄에 관해 입을 열었다. 면회를 온 아버지가 "하느님의 눈을 벗어날 수 있는 건 아무것도 없단다."라는 말을 해주며 용기를 북돋워주었다고 했다. 좀 더 시간이 흐르고 살인과 살인미수에 관한 조사를 여러 번 받은 후에 벤은 자신이 저지르고 경험한 모든 일을 우리에게 털어놓았다.

수개월이 흐르자 벤의 말투에서 우리에 대한 신뢰가 느껴졌다. 그는 이제 자기 상태와 치료나 입원을 중단하고 난 후 자신이 처했던 상황을 이해했다.

"목소리가 다시 들려왔어요. 돈이 없어서 집세를 낼 수 없었지요. 하지만 그래도 먹을 것은 사야 했어요."

신비주의적인 주제의 망상과 환각이 완전히 자리 잡았고, 걸핏하면 나타나서 생활에 방해될 정도였다. 벤은 그 시절에 경험했던 일이 실제가 아니었다는 사실을 받아들이는 것을 아직도 어려워했다. 그가 묘사하는 환각은 무시무시했다.

"지옥을 봤어요. 믿기 어렵다는 거 알아요. 하지만 나는 별의별 것들을 다 봤어요. 검은 망토를 입은 이도 있었어요. 나를 억지로 걷게 하고, 내 어머니를 공격하기를 바랐지요. '죽여야 한다.'라고 시도 때도 없이 말했어요."

벤은 억지로 신성모독적인 말을 해야 했는데, 이런 상황을 견딜 수 없었지만 저항할 수도 없었다.

"하느님께 세상에서 제일 구역질 나는 욕이란 욕은 다 해야 했어요. 배알이 꼬이는 것 같아서 더 말할 수가 없었죠. 그이가 나한테 요구하는 건 하는 게 낫다고 생각했어요. 나는 많이 울었어요. 그이가 나를 협박하고, 내 가족을 공격하고 싶어 했어요."

여기서 '그이'란 당연히 사탄(벤은 지금도 여전히 그 이름을 입 밖으로 내길 꺼린다)이며, 벤에게 요구한 건 살인이다.

사는 게 악몽보다 더 끔찍했던 벤은 자살을 한 번 시도했다. 그는 우리에게 자신을 괴롭히던 잔혹한 악마에 관해 이야기했다.

"짐승들이 내게 말을 했어요. 창문을 통해 괴물들이 보였어요. 하루는 밤에 침대 시트를 걷었는데, 매트리스에서 검은 것이 튀어나와 나를 덮치는 거예요. 아마 저주였을 거예요. 끔찍했어요. 나는 기도하기 시작했죠."

벤의 이야기를 들으니 일본 공포 만화가 떠올랐다. 공포에 대한 묘사라면 그림 역시 막강한 힘이 있다.

"매트리스에서 검은 것이 튀어나왔어요. 그것이 내게 사람을 죽이지 않으면 가족에게 해코지하겠다고 했어요. 머리가 셋 달린 개를 시켜 우리 가족을 공격하겠다고 했죠."

저승 세계 타르타로스(Tartaros)의 입구를 지키는 머리 셋 달린 개 케르베로스(Kerberos)가 떠오르는 대목이다. 나는 벤이 이런 형상을 어떻게, 그리고 왜 연상하는지 궁금했지만 차마 묻진 못했다.

벤이 묘사하는 '그것'은 너무나 무서워서 오히려 인위적으로 느껴졌다. 나는 그가 다른 세상으로 던져졌다는 걸 알았다. 그곳은 지옥이었고, 벤은 빠져나올 방법을 찾고 있었다.

첫 번째 사건은 12월에 일어났다.

"내 뇌가 나를 말도 못 하게 못살게 굴었어요. 질식하지 않으려면 옷을 입고 나가야 했어요. 그이가 말하길, 나는 커질 것이고 자기 날개 밑에 나를 품을 거라고 했어요. 나는 생각했어요. 거기로 가야 한다고."

벤은 무척 불안해 보였다. 자신의 행동을 되돌아보면서 느끼는 감정 때문이기도 했지만, 당시의 공포가 다시 떠올라서 그런 것 같았다. 작은 진찰실에 침묵이 무겁게 내려앉았다. 사건에 대한 고백뿐만 아니라 벤의 깊은 속내까지 듣게 되리라는 것을 알았기에, 나는 이야기가 계속 흘러나오도록 아무 말 없이 가만히 있었다.

환자는 대부분 지극히 직설적이고 적나라한 방식으로, 꾸밈이 전혀 없는 날것의 언어로 사건을 이야기한다. 통상적인 사건 설명 방식과는 전혀 다르다.

"거리에 한 남자가 서 있었어요. 나는 그를 정면에서 칼로 찔렀죠. 남자는 자기 갈 길을 갔고, 나는 내 갈 길을 갔어요. 나중에 나는 기도하고 몸을 씻었어요. 하늘나라에 내 자리가 있길 바라며 기도했지요."

네 건의 연쇄살인 중 첫 번째 살인을 저지르고 나서 환각의 압박이 약간 느슨해졌다. "목소리가 덜 들렸어요. 그래서 국립고용청(ANPE)에 등록도 하고, 외출도 할 수 있게 되었죠. 신문도 사러 가고, 카페에서 커피도 마실 수 있었어요."

상담이 거듭될 때마다 벤은 속내를 털어놓았다. 망상이 또다시 그를 덮쳤다고 했다. 두 번째 살인은 3월에 있었다. 언제나 똑같은 건조한 말투로 이야기했다. 지각이 있는 사람이라면 자연히 느꼈을 심적 부담이 전혀 느껴지지 않았다,

"아침이었어요. 망상에 너무 시달리느라 밤에 제대로 잠을 못 잤어요. 나 자신을 보호하고 싶었어요. 작은 공원으로 가서 남자 한 명을 봤죠. 그를 칼로 찔렀어요. 나는 사람을 죽여야 했거든요."

이번에도 벤은 일시적으로 환각에서 놓여났다. 주변 사람들은 그가 어떤 일을 겪는지, 무슨 짓을 하는지 전혀 몰랐다. 하지만 벤의 상태를 걱정하기 시작했다. 아버지가 벤을 데리고 정신과 의사를 만났지만 소용이 없었다. 응급 입원을 하기로 결정되었지만 벤은 병원에 머물지 않고 집으로 돌아갔다.

"정말 무서웠어요. 하지만 약을 다시 먹을 생각은 전혀 없었어요."

여전히 치료받지 않은 상태에서 벤은 세 번째, 곧이어 네 번째 살인을 저질렀고, 정신적인 고통도 정점에 이르렀다. 살아도 산 것 같지 않은 상태를 나는 상상해보았다. 벤은 애써 우리를 이해시키려 했다.

"나는 미치도록 화가 났어요. 몸을 덜덜 떨었죠. 하늘나라로 가고 싶어서 팔에 일부러 상처를 냈어요. 이런 일을 정말로 끝내고 싶었어요. 아버지가 날 죽일 거라 믿었어요. 하지만 아버진 내가 정말 많이 아프다고 생각했지요. 나는 아버지 말을 듣지 않았어요. 무서웠어요. 공황 상태에 빠지고, 식은땀을 흘리고, 늘 똑같았어요. 이 병은 아주 고집불통이에요. 제일 끔찍한 욕이 머릿속에서 줄줄이 들려왔어요. 한낮에 그가 내게 말했죠. '여자를 죽여야 해.' 그래서 나는 그대로 했어요. 나중에 그게 정말 심각한 일이라는 생각이 들어서 기도하러 갔어요. 나는 아무 데나 갔어요. 마치 부랑자 같았지요."

깊디깊은 나락으로 떨어지던 벤은 기나긴 추락을 끝냈다.

"같은 날 저녁 나는 돌아가서…… 세 명 아니면 네 명을 칼로 찔렀어요."

한 명이 부상 정도가 심해서 치료 중 사망했으므로 사실은 네 명이다. 벤은 다음 날 밤에 출동한 경찰 기동대에 체포되었다. 교도소에 수용되었지만 바뀐 건 아무것도 없었다.

"나를 독방에 가뒀어요. 환각이 너무 심해져서 벽에서 지옥의 장면을 볼 정도였어요. 방 안이 추웠어요. 벽에 머리를 찧고, 그들이 공격해오는 것보다 더 빨리 기도하려고 애썼어요. 아침, 정오, 저녁에 서른 번 기도했죠."

지역정신보건센터에서는 긴급하게 중환자병동에 입원할 것을 권했다.

결국 벤은 네 건의 각기 다른 사건으로 조사를 받게 되었다. 여러 개월 간격을 두고 벌어진 두 건의 고의적 살인(모살, 謀殺), 세 건의 우발적 살인(고살, 故殺), 같은 날 벌어진 살인 시도 세 건이다.

수사판사가 내게 조사 초기에 얼마나 어려웠는지 이야기해주었다. 피해자들, 행위, 각각의 범죄 현장 사이에 연관성이 전혀 없었기 때문이다. 동기 역시 전혀 드러나지 않아서 피해자들이 알 수 없는 목적으로 무작위로 선택되었다고 추측할 수밖에 없었다. 사건은 모두 마르세유 북쪽 거리에서 벌어지긴 했지만, 살인 현장이 지리적으로 멀리 떨어져 있었다. 살해된 사람들이 분명 더 있을 것 같았다. 검사 이야기로는 벤이 노인 한 명을 거칠게 유리창에 메어꽂았는데, 다행히 지나가던 사람들이 끼어들어 말렸다고 했다.

벤은 사건들을 우리에게 점점 더 솔직하게 털어놓았다. 하지만 그중 두 건은 판사에게 질문을 받고 심리가 이루어진 후에야 이야기를 꺼냈다. 나는 어쩌면 벤이 자신의 행위를 잊으려 한 게 아닐까 하는 생각을 지울 수 없었다. 잊으려 했지만 새로운 심리가 시작되어서 어쩔 수 없이 기억하게 된 것이다. 입원 기간이 끝나갈 때쯤 벤은 모든 걸 고백했다고 잘라 말했다. 입원 초기, 벤은 난폭했고, 네 번이나 동료 환자들을 구타했으며, 대개 동성애와 관련한 망상적인 동기가 있긴 했지만 행동을 전혀 예측할 수 없었다. 벤에게 클로자핀을 처방하고 치료를 시작했다. 조현증을 치료하는 항정신병제인 클로자핀은 효과는 뛰어나지만 심각한 부작용이 있을 수 있다. 따라서 다른 치료법이 모두 실패했을 때(벤이 그런 경우였다) 사용한다. 클로자핀 치료를 하자 비로소 망상이 현저히 줄어들고(완전히 사라진 건 아니었다), 망상으로 말미암은 폭력적인 행동도 멈추었다.

벤이 중환자병동에서 퇴원하여 교도소로 돌아갈 때가 다가왔다. 그 사이 벤은 30킬로그램가량 살이 쪘다. 실뱅이 벤의 어깨를 두드려주었고, 톰은 윙크했으며, 나는 항정신병제와 클로자핀 처방전을 주었다. 벤은 아직 약간 불안한 모습을 보일 때도 있지만 훨씬 조용하고, 침착하고, 공손해졌으며, 가끔 웃는 얼굴도 보여주었다. 그는 자신이 예전에 아팠고, 지금도 여전히 아프다는 사실을 받아들였다. 병원 생활에 잘 적응하고, 규칙을 잘 지키며, 직원들이나 다른 환자들과도 잘 지냈다. 작업치료 활동에도 꾸준히 참여했는데, 무척 좋아했다. 벤은 자신이 매우 심각한 사건을 저질렀다는 생각도 했다.

"그분들의 가족과 내 가족에게 죄를 지었어요."

벤의 사건을 맡은 수사판사가 네 건의 살인과 살인미수 전체에 대해 면소 판결이 내려질 것이라고 했다. 몇 달 후에 최종 판결이 나면 벤은 주소지에서 가까운 정신 의료 시설에서 치료감호를 받을 것이다.

이후로 벤이 어떻게 되었는지 소식을 듣지 못했다. 미셸은 낡은 커피메이커를 버렸고, 우리의 잃어버린 감각을 네스프레소 커피추출기가 대신 채워주고 있다.

여장을 한
은행털이범

교도소에서 직무를 수행하면서 참 좋았지만, 예전에 알고 지냈던 환자를 간간이 마주칠 때도 있었다. 그중 몇몇 환자는 전 직장인 중환자병동에 입원했던 이들이었다. 영국인 연쇄살인범, 치료를 잘 받지 않으면 위험한 망상성 조현병 환자, 당시 재임 중이던 프랑스 대통령에게 사면받은 마지막 사형수(그는 아주 똑똑한데, 망상증이 있고, 여러 사람을 살해했다), 그리고 프랑크가 생각난다.

그날 아침 센터장의 호출을 받았을 때, 친절한 경비원이 열어준 교도소의 네 번째 문에 막 들어서던 참이었다. 미닫이, 자물쇠가 달린 문, 자동 혹은 전기식 문, 육중하건 가볍건 다시는 보지 않아도 될 마지막 문이었다.

센터장이 말했다.

"프랑크의 상태가 너무 안 좋고, 더 안 좋아지고 있어요. 앞으로 받게 될 재판 생각을 견디질 못해요. 무척 걱정스럽네요."

프랑크가 자살할까 봐 불안하다는 그녀의 말을 들으니 나도 걱정되었다.

프랑크는 정신보건센터에서 카메라를 몰래 설치해놓고 자신을 찍는다고 내게 말했다. 그래서 "자신이 뭘 하는지 모두 안다."라는 것이다. 여러 해 전에 나는 프랑크의 정신감정을 한 적이 있었고, 두 번째는 병원에서 만났다. 이제 교도소에서 만나보니 여전히 경직돼 있고, 영리하고, 섬세했지만 자신이 현재 겪는, 과거 몇 년에 걸쳐 겪었던 부조리한 일에 대한 비판력이 전혀 없는 상태였다.

나는 프랑크를 꽤 좋아했다. 성실한 성격이 무척 인상적이었다. 객관적으로 보면 프랑크는 끔찍한 범죄를 저질렀다. 정신과 의사 여덟 명이 두 명씩 팀을 이뤄서 그의 정신감정을 했다. 그중 한 팀만이 사건 당시 프랑크의 판단력이 손상되었다고 평가했고, 나를 포함해 나머지 팀의 의사 여섯 명이 모두 프랑크의 판단력이 완전히 소실되었다는 결론을 내렸다.

통상적으로 정신과 의사 한 명, 사건에 따라(중범죄, 대체로 성범죄) 두 명씩 전문가로 위임받는다. 두 명이 팀을 이루면 함께 서명한 보고서를 내거나 의견이 갈린다면 각각 다른 보고서를 내야 한다. 판사가 다른 의견을 검토해야 한다고 판단하면 재감정을 요청한다. 재감정 후에 처음과 결론이 달라지면 판사는 제삼자가 참여하는 3차 감정을 명할 수 있고, 우세한 쪽 의견을 채택한다. 내 기억으로는 프랑크 사건의 3차 감정은 형식상의 문제(날짜 오류)로 무효가 되었고, 네 번째 팀이 임명되었다. 하지만 어찌됐건 수사판사는 전문가의 결론에 아랑곳하지 않고 범인에 대한 기소를 유지할 수 있다. 이 사건도 수사판사는 전문가가 내린 결론을 무시하고 기소를 유지할 조건이 충분히 갖춰졌다고 판단했다.

프랑크를 교도소로 보낸 사건은 구상부터 실행까지 믿을 수 없을 정도로 끔찍했다. 어느 1월의 토요일, 프랑스 중부지방의 소도시 거리에 있던 한 은행 지점에서 그 사건이 벌어졌다.

시작은 마치 비(B)급 영화 같았다. 은행이 문을 열고 얼마 후, 가발을 쓰고 화장을 한 여장 남자가 들어왔다. 그는 가방 두 개를 들고 소음장치가 달린 권총을 손에 쥐고 있었다. 은행 안에는 10여 명쯤 있었는데, 남자는 공포에 떠는 사람들에게 한데 모여 있으라고 명령했고, 직원 한 명에게 총을 쏴서 가슴에 상처를 입혔다. 그리고 나서 출입문 앞에 은행을 늦게 연다는 표지판을 붙이고 전화 수화기를 모두 내려놓은 다음, 인질들을 지하 금고가 있는 방 근처로 데리고 내려갔다.

지하에서 지점장을 시켜서 직원과 손님 들을 접착테이프로 결박하게 했다. 그런 다음, 권총으로 위협해서 지점장을 1층으로 데리고 올라가서 현금인출기와 안전 금고를 열게 했다. 몇 분 후 직원 한 명을 불러 지점장을 돕도록 했는데, 그 직원이 범인에게 달려들어 권총을 빼앗으려 하자 머리에 총을 쏴서 죽였다. 범인은 당황하여 물걸레로 바닥을 닦았다. 그러는 사이 전화기를 손에 든 지점장을 보고 남자는 놀라서 지점장에게 총 여섯 발을 쏴서 죽이고 시신을 접착테이프로 감아놓았다.

경찰 특공대가 바깥에 자리를 잡자 범인은 안뜰 쪽으로 난 유리

벽을 소화기로 부수며 탈출을 시도했지만 이내 포기했다. 당황한 와중에도 첫 번째 희생자의 옷을 벗겼다. 그의 옷에 자신의 혈흔이 남았기 때문이다.

사건이 일어난 지 약 다섯 시간이 지난 후, 여전히 여장한 범인이 인질 두 명을 방패 삼아 은행 출입문 앞에 나타났다. 훔친 돈은 없었고, 실내에는 시신 두 구와 부상자 두 명이 있었다. 총알이 오가는 가운데에서도 범인은 차 주인에게 총을 쏘아 다치게 하고 차량을 탈취했다. 혼란을 틈타 인질들은 도망치는 데 성공했고, 범인은 몇 킬로미터 가다가 타고 간 차를 버리고 다른 차량을 빼앗았다. 두 번째 차 주인은 머리에 정통으로 총알 두 발을 맞았고, 부인은 중상을 입었다. 차 시동이 걸리지 않자 범인은 다른 차 두 대에 총을 쏴서 빼앗으려고 했지만 실패했다. 뛰어서 도주하게 된 범인은 경찰이 도처에 깔렸는데도 자취를 감추는 데 성공했다. 결국, 사망자 세 명, 부상자 여섯 명으로 상황이 종결되었다.

다음 날 아침 동거녀의 집에서 체포된 프랑크는 범행을 순순히 인정했다. 그다음 날, 라디에이터에 묶인 수갑에서 손을 빼낸 뒤 4층에서 뛰어내려 경찰서를 탈출하려고 시도했다. 떨어지면서 상처를 입고 다시 잡혀서 입원한 다음 교도소에 수용되었다.

그로부터 1년 뒤 나는 프랑크가 수용된 교도소에 그의 정신감정을 하러 갔다. 주 출입문 앞에 끝이 보이지 않는 기나긴 줄이 늘어서 있었다. 접견을 기다리는 가족들이었다. 전 연령대의 여성이 다 있었고, 이슬람식 베일을 착용한 이도 있고 아닌 이도 있었는데, 큰 소리로 말하거나 조그맣게 웅얼거렸다. 섹시한 옷을 입은 젊은 여자, 조용히 시키기 힘들 정도로 울고 웃으며 시끄럽게 떠들어대는 아이들도 있었다.

남자들은 심각한 표정이었다. 젊은이들은 피곤해 보였고, 몇몇은 잔뜩 얼어 있었다. 비닐봉지에 가득 담은 짐은 대부분 옷가지였는데, 그것이 그들을 더욱 초라하고 슬퍼 보이게 했다. 경비원이 차례로 호출해주면 한 가족씩 앞으로 나아갔다. 나는 이곳의 통행증이나 마찬가지인 법원 명령서를 손에 쥐고 차례를 기다렸다.

마침내 파란 옷을 입은 남자가 창을 등지고 서서 내게 말을 걸어왔다. 정말로 추웠으므로 내 차례가 와서 기뻤다.

"변호사 접견실에 오는 전문가분이시죠. 휴대전화 있으세요?"

물론 없었다. 휴대전화는 들어오기 전에 임시 보관소에 넣어두었다가 입구에서 찾아가야 하는데, 1유로짜리 동전이 없어서 잠가두지도 못했다. 나는 서둘러서 신발을 벗고 손가방을 엑스선 투과기에 통과시키고 맨발로 금속 탐지문을 통과했는데 다행히 아무 소리도 나지 않았다.

중키의 가냘픈 젊은이가 창문도 없이 작은 탁자와 플라스틱 의자 두 개가 놓인 비좁은 접견실로 들어왔다. 그는 동안에 안경을 쓰고 옷매무새에 무척 신경을 썼다. 경비원이 우리 뒤에 있는 손잡이 없는 문을 닫았다. 문을 두드리면 밖에서 열어주고, 그렇지 않으면 꼼짝없이 갇혀야 했다. 처음에 프랑크는 슬픈 표정으로 입을 꾹 다물고 앉아 있었지만 조금씩 이야기를 털어놓기 시작했다. 그는 소심하면서도 정확하고 섬세했다. 위에서 내려다보는 시각으로 자신을 바라보려고 하는 걸 보니 심리 치료를 시작한 것 같았다. 갑자기 그가 무척 연약하고 예민해 보였다. 일반적으로 권총 강도는 잘생긴 젊은이가 많다. 그들은 거칠고 때로는 유혹적이지만 충동적이고 무덤덤하다. 잘 흔들리는 모습을 보이고, 자신과 세계에 심한 결핍감을 느낀다. 감정의 기복이 심하고, 내향적이며, 자기 확신이 거의 없고, 병적이긴 하지만 내면세계가 풍부하다. 환자는 불안해하고, 나이를 알 수 없고, 때로는 고양이처럼 조용하다.

프랑크는 다른 사람들과 함께 있으면 불편하고 무섭다고 했다. 그리고 자신이 순진하고 귀가 얇아서 조종당하거나 착취당하기 쉽다고 했다. 의심이 많고 잘 불안해하던 그는 주위 세상이 적대적이라고 자주 느꼈다. 어려움에 부딪히면 시도 때도 없이 실망하고 절망감에 빠졌다고 했다. 내가 보기에 프랑크는 자기 이미지를 과소평가하는 것 같았다. 처음 얼마 동안 프랑크는 마냥 불편해하기만 했다. 하지만 시간이 어느 정도 지나자 마음을 열기 시작하여, 내 질문에 성의를 다해 대답하고, 자신이 어떻게 살아왔는지도 스스럼없이 이야기했다.

국적은 프랑스지만 프랑크는 다른 유럽 국가에서 태어나서 몇 해 동안 그곳에서 살다가 부모의 결정으로 프랑스로 돌아와서 정착했다. 아버지는 회사원이었고, 프랑크는 안정적인 가정환경에서 자랐다. 우수한 성적으로 고등학교를 졸업하고, 과학 분야의 바칼로레아에 합격하여 2년 후에 기술전문대학 수료증을 취득했다. 백화점 진열 책임자로 무난히 취직한 다음 병역의 의무를 이행하고자 군대에 가야 했다. 군대에서 처음으로 고통스러운 경험을 했던 것 같다.

"그들이 나를 괴롭혔어요. 나를 놀리고…… 학대했어요."

퇴행과 함께 찾아온 학대당했다는 감정은 비정상적인 감수성과 연약함의 또 다른 표현이었다.

민간인으로 돌아온 후 몇 달 동안 무직자로 지내다가 문제의 그 은행 지점에 취직했다. 하지만 그곳에서도 일이 안 좋게 돌아가서 프랑크는 얼마 못 다니고 해고되었다.

"공금을 횡령했다며 나를 고소했어요. 그런 적 없는데!"

해고된 뒤에도 프랑크는 굴하지 않고 다이어트 제품을 파는 회사를 만들었다. 하지만 불행히도 총기 강도를 당해서 사업을 접고 비정규직을 전전하게 되었다. 그러다가 과거에 발목을 붙잡히게 되는데, 은행에서 해고된 계기가 된 횡령 혐의로 조사받은 것이었다. 조사 때문에 1년 동안 소득이 최저통합수당(RMI, Revenu Minimum d`Insertion, 프랑스의 정부 수당 중 하나로서 1988년 12월부터 2009년 5월 31일까지 시행되었으며, 일정한 고정 수입이 없는 자, 수입이 기초 생활비에 미치지 못하는 자들을 상대로 지급되었다.-옮긴이 주)밖에 없었다.

프랑크는 급격히 약해졌다. 권총 강도를 저지르기 전, 5~7월까지 우울증에 시달렸지만 진료를 받으러 가지 않았다. 자동차 사고를 고의로 일으켜 자살을 두 번 시도했다. 그 시기에 술을 많이 마시고 약봉지(벤조다이아제핀(신경안정제) 중독이었다)를 입에 털어 넣은 적도 있었다고 했다. 나는 프랑크가 무척 아프다는 것을 알고, 대답이 예상되는 질문을 하나 했다. 그는 고개를 푹 숙인 채 울면서 환청이 들린다고 했다.

언뜻 보기에도 극도로 감정에 복받치고 불안해했으며 말조차 잇기 힘들어했다. 한동안의 침묵을 깨고 프랑크가 입을 열었다.

"나를 바깥으로 밀어낸 사람들에게 집착했어요. 은행에서 해고당했을 때 너무 수치스러웠어요. 주위의 모든 것이 무너지는 느낌이었죠. 내가 어디에 있는지 더는 알 수도 없었어요. 다시 뭔가를 시작해보려 노력했었는데……, 구치소에 갇히고 보니 모든 게 끝난 것 같았어요."

프랑크가 정말 횡령했을까? 정신의학 전문가로서 그 사건을 판단할 자료가 없어서 잘은 모르겠지만, 구속 수감의 경험은 확실히 프랑크에게 깊은 상처를 남겼다. 프랑크의 삶은 송두리째 흔들렸고, 프랑크는 망상에 시달리기 시작했다. 비좁은 변호사 접견실에서 마주 앉은 프랑크는 자신이 그때 어떤 일을 겪었는지 털어놓았다.

"그놈들이 계속 내 뒤에 있다고 생각했어요. 나를 따라온다고 생각했어요. 내가 하는 일은 모조리 실패하는 중이었고, 모든 배후에 그놈들이 있다고 생각했어요."

"그놈들"이란 은행의 상사였다. 프랑크에게 자신이 정말로 위험에 빠졌다는 생각이 들게 한 사건이 있었다.

"구치소에서 나오면서 예기치 않게 자동차 사고를 당했어요. 그놈들이 일으켰다는 느낌이 들었어요. 나를 늘 따라다니거든요. 언젠가는 나를 덮치리라 생각하던 참이었죠. 그래서 내가 늘 총을 가지고 다녔던 거예요."

프랑크는 그 기억을 이야기하면서 무척 감정에 복받쳤다. 내가 보기에 그는 정말로 무슨 일이 일어났는지 여전히 이해하지 못하는 듯했다. 게다가 그의 행동은 고통을 조금도 덜어주지 못했다.

"권총 강도를 당했을 때도 그놈들 짓이라고 생각했어요. 강도를 당한 바로 직후에 구치소에 들어갔거든요. 그때 나는 그놈들이 나를 악착스럽게 따라다닌다는 확신을 얻게 되었어요."

적들이 숨통을 죄어오고 희망이 없었다.

"아무것도 할 수 있는 게 없어서 술을 마셨어요. 머릿속이 금세라도 터질 것 같았죠."

프랑크는 병적인 증후 비슷한 것을 감지했다.

"뭔가 이미지가, 괴물 같은 형체가 보이는 느낌이 들었어요. 머리는 늑대 같은 동물이었고요. 마치 악마 같았는데, 내 속에도 그게 있는 듯했어요. 내가 전혀 다른 사람이 된 것 같았죠."

여전히 긴장되고 불안해하는 표정으로 그는 입을 다물었다. 또다시 침묵이 내려앉았고, 나는 가만히 기다렸다. 프랑크가 결국 내게 속내를 다 털어놓으리라는 걸 알았고, 그의 진정성을 조금도 의심하지 않았다.

몇 분 후 프랑크가 다시 말을 이었다.

"매일 나는 그 이미지와 함께 사는데, 그놈들은 나를 조롱하고 쫓아왔어요. 내가 죽음의 위험에 빠졌다고 생각했어요. 처음부터 그놈들은 내가 곤경에 빠지길 바라는 것 같았어요."

그는 이야기하면서도 자신이 위험하고 괴롭힘을 당한다는 확신에 추호도 의심이 없는 듯했다. 사건이 발생한 지 거의 1년이 지난 시점이었지만, 프랑크는 열을 내며 기억을 되새겼다. 자신의 행동을 정당화하기도 했다.

"내가 반격에 나서야 했어요. 그놈들이 뒤에 있으면 난 아무것도 할 수 없었어요. 그래서 그놈들에게 나도 자기방어를 할 수 있다는 걸 보여줘야 했어요. 하지만 나는 술만 마시고 아무것도 할 수 없었죠. 그래서 머리가 아팠어요."

사건을 이야기해주길 기대했지만, 프랑크는 공포심에 사로잡혀 아무 말도 하지 못했다.

"내가 그런 짓을 했다니 믿을 수가 없어요. 나는 그럴 사람이 아니에요. 남한테 해코지한 적이 전혀 없는데요, 다들 내가 그랬다고 하더라고요. 그런 경험은 한 적도 없고, 녹화된 영상을 봐도 모르겠더라고요. 마치 영화 같았어요. 말도 안 돼요. 실감이 전혀 안 났어요."

체포된 뒤 경찰 앞에서는 범행을 순순히 인정했지만, 지나고 보니 받아들일 수 없는 모양이었다. 기억에 공백이 있고 인질극이 끝난 뒤부터 다시 이어진다고 했다.

"문득 정신을 차려 보니 밤 열한 시쯤 바깥에 나가 있더라고요. 총을 들고 있고 사방에 피가 튀어 있었어요. 허벅지에 총을 한 방 맞았고요. 나는 한데서 잤어요. 가발을 쓰고 있었고요. 집에 돌아오니 그놈들이 나를 붙잡으려고 기다리고 있더군요."

피, 총, 부상, 가발 등 프랑크가 떠올린 세세한 부분들은 그가 사건에 객관적으로 관련이 있음을 가리키는 것이었다. 하지만 프랑크는 자신에게 죄가 있다는 사실을 끝내 받아들이지 못했다. 자신은 삶, 사회, 박해자들의 희생자라고 줄곧 여겼다. 은행 상사들만 자신을 괴롭히는 게 아니라고 했다.

"아무도 내게 기회를 주지 않았어요. 아버지는 늘 나를 우습게 여겼고, 경찰은 내가 치료받을 수 있게 해주지 않았어요."

크레치머(Ernst Kretschmer, 1888~1964, 독일의 정신의학자-편집자 주)가 처음으로 주장한 개념인 과민관계망상(sensitive delusion of reference, 과민하거나 소심하고 상처받기 쉽고 자존심이나 명예심이 강한 민감성격자에게 치욕적인 경험을 계기로 서서히 나타나는 망상-편집자 주)은 아주 심각한 중범죄로 이어질 수도 있는 병이다. 이 병에 걸린 환자는 자신이 학대를 당한다고 믿고, 그런 생각은 우울하거나 자기 비하적인 상황에서 더욱 커진다. 그래서 행동을 취하면 나중에 자신과 그 행동에 혐오감을 느낀다. 반면 망상장애 환자는 복수의 천사처럼 냉정하게 행동한다. 열정적이긴 하지만 행동할 권리를 정당하게 위임받았다고 여기며, 자신의 행동에 우울해하기는커녕 당연히 해야 할 일을 했다고 덤덤하게 받아들일 때가 많다.

국제질병분류표의 정신질환 관련 부분에서는 이 두 질병 단위(과민관계망상, 망상장애)를 구분하지 않고 '망상성 장애'로 통칭한다. 하지만 환자의 성격적인 면, 특히 자존감, 행동할 때와 한 후의 경험, 약물치료적 접근법까지 다 다르다. 과민관계망상에 잘 걸리는 예민한 성격의 사람은 우울해하고 후회하지만, 망상장애 환자는 무관심하고 냉담한 모습만 보인다. 따라서 과민관계망상 환자에게는 망상 증상을 없애는 데 초점을 맞춘 항정신병제 외에 항우울제를 처방해야 한다.

그날 저녁, 교도소 정신과입원병동에서 나온 의료 팀이 프랑크를 기다리고 있었다. 교도관 딕 말로는 프랑크는 재판에 출석하러 갔다고 했다. 그날이 프랑크 사건의 재판 첫날이었는데 재판은 다른 지역에서 열렸다. 수사판사는 사건 구성의 치밀함, 상대적으로 양호한 프랑크의 뇌 상태를 고려해 유죄를 확신했다. 판사는 프랑크도 사건에 일정 부분 책임이 있다고 유일하게 주장하는 정신과 의사 팀의 결론을 취했다.

나는 며칠 전부터 하루에 한 번씩 간호사 한두 명과 함께 프랑크를 면담했다. 주로 함께하는 간호사는 온건하고 매력적인 아녜스였고, 발랄하고 주의 깊은 나디아가 함께할 때도 있었다. 예전에는 수용실이었던 1층 사무실에서 이들과 함께 프랑크를 만났다. 늘 자살하고 싶다고 말했으므로 방지 차원에서 진정제 처방을 강화했는데, 재판 중에 자기표현을 정확히 해야 하므로 약이 너무 독하지 않게 수위를 조절했다.

프랑크가 돌아오기 전에 모든 것이 벌써 준비되었다. 안전한 수용실에 커다란 스펀지 매트리스, 병원 재봉실에서 만든 찢어지지 않는 담요 두 개, 목을 매려고 하면 스스로 풀려버리는 안전 환자복, 당직 남성 간호사의 세심한 감시, 불안과 불면에 시달릴 때 복용할 약 처방 등이었다.

프랑크는 밤 아홉 시에 도착했다. 얼이 빠진 얼굴로 울고 있어서 우리는 그를 맞아주고 이야기를 들어주었다. 다음 날, 프랑크는 재판에 출석하기를 한사코 거부했다. 그래서 무척 이례적이지만 중죄법원장이 프랑크의 이야기를 듣고자 교도소로 찾아왔다. 그녀는 프랑크의 병이 매우 심각하고, 그가 상황을 책임질 능력이 없다는 사실을 알았다.

프랑크는 결국 20년간 임시 석방이 없는 30년 징역형을 선고받았다. 판결문에 "프랑스 시민의 이름으로"라는 인상적인 표현이 있었다. 배심원들은 정신의학 전문가 대다수의 소견을 채택하지 않았다. 항소는 없었다. 판결 다음 날, 나는 프랑크가 갈, '취약한' 선고자가 가는 프랑스 동부에 있는 교도소에 보낼 자료를 만들기 시작했다. 그곳에는 프랑크처럼 중형을 받고 복역하는 정신질환자가 많이 있었다. 프랑크가 그 교도소로 이감되었다는 사실은 알지만, 그 후로 어떤 소식도 듣지 못했다.

비 오는 밤 프렌교도소는 어딘지 모르게 연약해 보였다. 오래되었지만 기품이 있는 건물이었다. 소리 없이 고요한 가운데 빗물이 졸졸 흐르는 가로수 길을 따라가니 검은 건물 세 채가 나왔다. 아침이면 줄줄이 이어지는 경찰차와 승합차로 관내가 북적였다. 교도소 직원 자녀들이 책가방을 메고 즐겁게 재잘거리며 학교에 갔다. 오후가 시작되면 다양한 사람들이 면회실로 들이닥쳤다. 머리부터 발끝까지 이슬람식 베일을 둘러쓴 여자, 기진맥진한 엄마, 통굽 부츠를 신고 손바닥만 한 옷을 걸친 예쁜 젊은 여자, 시끄럽게 떠들고 뛰어다니다가 혼이 나서 우는 아이들. 남자는 거의 없었다. 이런 소란 가운데 의료진은 교정 직원들과 함께 식사했다. 남자 죄수 수감동 바로 앞에서 우리는 햇볕을 쬐고 커피를 마시며 면회실에 오는 사람들을 바라보았다. 밤마다 수감동 창문 너머로 작게 비명이 들려오곤 했다. 쥐들이 복도 곳곳을 소리 없이 뛰어다녀서 주의를 기울여서 지나가지 않으면 밟고 넘어지기 일쑤였다.

8월에 지역정신보건센터에 도착했다. 센터장이 그곳에 나를 배정했는데, 그녀는 머리가 좋고 유머 감각이 뛰어나며 약속은 반드시 지키는 여성이었다. 수감자들과 센터를 위해 아주 열심히 일해서 나도 돕고 싶었다. 정신과입원병동은 옛 사형수 수감동이었던 별관에 있었다. 병실로 사용되는 수용실은 모두 마흔다섯 개가 있었다. 어두컴컴한 좁은 통로, 삐걱거리는 자물쇠, 지독한 체취, 수감자와 교도관의 고함, 한 사람에게 허락된 9제곱미터 넓이의 공간. 옛 수용실을 사무실로 사용했으므로 나도 마찬가지였다. 교도소로 다시 돌아간 실감이 났다.

전임자에게 물려받은 사무실은 더럽고 먼지에 절은 70년대풍 주황색 깔개가 깔려 있었다. 그래서 나는 도착한 첫 달에 딕의 도움을 받아 사무실을 하얀색으로 칠했다. 서글서글한 딕은 정신과입원병동에서 일하던 '보조'들의 책임자급이었다. 병동에서 일을 도와주던 수감자를 우리는 '보조'라고 불렀다. 휴대전화와 컴퓨터는 금지되었고, 관내에서만 사용할 수 있는 무선전화기를 받았다.

나는 사무실을 다시 정리하면서 센터의 관리 방식을 재편할 방법을 궁리했다. 복도에서 알약을 거래하는 행위를 막고자 약은 물약으로 점적(點滴) 투여하고, 충동조절장애(충동으로 말미암아 긴장감이 증가하면 이를 해소하고자 해가되는 행동을 막는 정신질환-편집자 주)가 있는 환자는 신속하게 나눠서 수용했다. 그들을 진정시키려면 센터 인력이 너무 많이 동원되기 때문이었다. 진정이 필요한 환자는 육체적으로 피곤하게 해서 힘을 빼놓아야 했다. 또한, 입원 체계도 물 흐르듯 이루어지도록 개편했다. 환자가 도착하면 1층에서 사흘 동안 관찰한 후, 진정한 사람들은 2층으로 올려 보내서 미술 요법, 그림 그리기, 이완 요법 등의 활동을 하게 했다.

규칙상 환자는 치료에 동의해야 한다. 치료가 필요한 상태인데 거부한다면 환자를 폴기로병원에 이송하여 입원하도록 조치하며, 위험 행동을 할 우려가 있는 환자는 앙리콜랭병동으로 보낸다.

나는 치료감호 처분을 받은 환자를 다시 만날 생각에 기분이 좋았다. 그중 몇몇은 일반 수감동에서 수감 생활을 했기 때문이다. 그런 환자는 수감 생활을 하다가 면소(免訴) 처분이 내려지기도 하지만, 정신질환을 인정받아도 유죄 판결이 내려질 때가 있다.

위법 행위를 해서 수감된 정신질환자는 일반 수감자와 똑같이 취급한다. 내가 그들에게 행위를 저질렀을 당시의 이야기나 질환과의 연관성에 관해 들으려고 시도하면, 그들은 사건 담당 변호사와 의논하기를 기다린다는 등의 엉뚱한 대답을 했다. 그럴 때면 나는 취약한 상태에 놓인 그들이 사회가 부여하고자 하는 이미지대로 자신을 규정하려 한다는 생각이 들었다. 자신이 무슨 짓을 했는지 똑바로 알도록 치료받아야 하는 환자가 아니라 변호를 준비하거나 형벌을 감당해야 하는 일반적인 수감자로 말이다. 교도소에서는 자신은 물론 다른 사람이 무슨 짓을 저질렀는지도 말하지 않는다. 사건에 대해 질문하는 것을 곱지 않은 시선으로 본다. 나는 다른 방식으로 일해야 한다는 사실을 깨달았다. 한편으로 나는 앙리콜랭병동에서 치료했던 환자들을 떠올렸다. 감호소 산책로를 걷다가 유쾌한 목소리로 "안녕하세요, 선생님. 저 알아보시겠어요?"라며 인사를 건넸던 환자들. 시곗바늘을 뒤로 돌려 그들을 괴롭히던 끊임없는 순환을 끊어내고 나서야 얻어낸 결과였다.

연쇄살인을 저지른 에스파냐인 부랑자가 있었다. 앙리콜랭병동에서는 맹수같이 거칠었는데, 정신과입원병동에서는 호감 가는 히피가 되어 간호사를 유혹하기까지 했다. 불안정한 조울증 환자가 또다시 살인을 저지르고 들어온 사례도 있었다. 어떤 50대 남자는 자신이 외계인에게 고문을 당했다고 믿었다. 그래서 자신이 어린 희생자를 죽인 건 외계인들이 그 아이를 살아 있는 표적으로 삼아서 단검을 던지도록 명령했기 때문이라고 주장했다.

변기 물을 마신다는 이유로 온 남자도 있었다. 교도소 당국에서 음식에 독을 넣어 자신을 죽이려고 하기 때문이라고 했다. 그는 망상으로 고통받으며 화장실에서 웅크리고 지냈다. 프랑스에서 가장 오래 수감 생활을 한 죄수는 40년이 넘는 세월을 교도소와 중환자병동을 오가며 보냈다. 그는 중증 기분장애를 앓았고, 여러 건의 살인으로 무기징역을 선고받았다. 해외에서 꽤 유명했지만 바뀌는 건 아무것도 없었다. 우리가 그를 비행기로 호송했을 때 공항에서 사람들이 플래카드를 들고 기다리고 있었다. 사건이 있었던 1960년대에 그는 여러 주 동안 경찰에 맞섰고, 지역 주민들은 그의 편을 들었다. 프랑스의 알제리 식민 지배를 비판한 것으로 영웅이 되어서 그를 신고한 빵집 주인 여자의 가게가 엉망이 되기도 했다. 그는 40년이 넘도록 석방되지 못했는데, 보건 당국과 교정 기관에서 그를 담당했던 외젠은 그가 교도소에서 꽤 만족스러운 생활을 했다고 한다. 그는 석방되고 몇 년 후에 생을 마쳤다.

정신과입원병동에서 하던 일은 대체로 좋았지만 가끔 무척 어려운 도전도 있었다. 교도소에 수용된 환자는 중환자병동에 있는 환자와 매우 다르다. 부당하게 수감되어 고통에 시달리는 정신질환자의 현실에 사람들은 거의 관심을 두지 않는데, 그나마 다행히 그런 이들의 수는 얼마 되지 않는다. 우리는 간헐적 폭발장애(간헐적으로 공격 충동이 억제되지 않아서 심각한 폭력이나 파괴적 행동 같은 폭발적 행동이 자기 의사와 상관없이 발작적으로 일어나는 정신질환-편집자 주), 정신적 미성숙, 충동조절장애, 우울증, 마약중독, 알코올중독, 경계성 인격장애 환자를 치료한다. 광기 자체는 덜 침투적이며, 대체로 정신질환의 리듬에 지배된다. 응급 상황, 비명, 난폭한 행동, 면도칼로 자기 몸을 그어 상처를 내는 자해 행위 등에는 바로바로 대응해야 한다. 자해 행위는 눈 깜짝할 사이에 이루어진다. 이런 경우 응급조치를 하고, 환자를 만나서 정신과입원병동으로 옮겨 보내고, 주사를 투여하고, 교도관들을 안심시켜야 한다. 이러한 폭력은 대부분 예측할 수 있는데, 감당할 수 없는 좌절감이나 스트레스에서 원인을 찾을 수 있다. 하지만 광기에 의한 폭력은 냉정하고, 불투명하고, 이해할 수 없고, 놀라울 때가 많다. 그런 이유로 현장에서 우리는 늘 촉각을 곤두세우며 일한다.

가족이나 친지에게 안 좋은 일이 일어났다는 소식은 수감자를 힘들게 한다. 가까운 이들이 사망, 출생, 파산 등의 일을 겪는다 해도 수감자는 할 수 있는 게 아무것도 없기 때문이다. 이럴 때 여자는 물론 남자도 약해지는데, 특히 아이와 관련한 문제라면 더 그렇다. 학제 간 연구가 지속해서 이루어지고 있는데, 통계에 따르면 프랑스 교도소 내 자살률이 일반인보다 열한 배 더 높다고 한다. 수감자는 목을 매거나 약물을 지나치게 복용하여 자살한다. 정신과입원병동이나 지역정신보건센터와는 달리 일반 교도소에서는 처방 약을 일주일에 한 번이나 여러 번 이름이 적힌 약봉지에 담아 수감자에게 건네므로 매트리스 밑에 쉽게 모아둘 수 있다.

경계성 인격장애 환자도 정신과입원병동에 입원한다. 여러 해가 지난 후에 그중 한 환자를 앙리콜랭중환자병동의 특별 개조 병실에서 다시 만난 적이 있었다. 인도양의 섬 출신인 아주 젊은 남자였는데, 정신과입원병동에서 유일하게 구속복을 입은 상태로 수용돼 있었고, 앙리콜랭병동으로 이송되기를 기다리고 있었다. 목숨을 살리려면 구속복을 입히는 수밖에 없었다. 그는 손에 잡히는 아무 도구로나 늘 자기 몸에 상처를 내고, 상처를 꿰맨 자리를 손가락으로 헤집고 실밥을 뽑아내서 수용실에 항상 피가 흥건했다. 심지어 구두 깔창까지 뭐든 닥치는 대로 삼키기까지 했다. 내가 그를 다시 보았을 때도 그는 구속복을 입고 있었다. 얼굴은 피투성이였는데 입가에 득의만면한 미소를 띠고 있었다. 혀가 잘리기 시작할 때까지 깨물고 있었다고 했다. 몇 달 전에 그 환자 역시 나를 알아보고 "마갈리 선생님, 마갈리 선생님!" 하며 사근사근하게 인사를 건넸다. 몸무게가 20킬로그램가량 불었고, 튀어나온 배를 보란 듯이 내밀고 있었다. 칼로 그어서 낸 기다란 흉터가 배 한가운데 흉하게 자리 잡고 있었다. 아무거나 집어삼키는 버릇은 여전해서 엑스선 촬영을 하러 가는 중이었다. 그를 다시 만나니 반갑기도 하고 서글프기도 했다. 앞으로도 다시 만날 기회가 있기를 바란다.

경계성 인격장애 환자는 혼자서 살아나가질 못한다. 그들은 기관이건 개인이건 보호자가 반드시 있어야 한다. 남들의 주의를 끌고자 자해하는 이들도 있다. 경계성 인격장애 환자는 남이 자신을 소홀히 대하면 우울해하고 좌절, 기대, 더 나아가 삶 자체를 견디질 못한다. 그러다 결국 자살이나 자해라는 나쁜 결과로 이어질 때가 많다. 흔히 경계성 인격장애를 반사회적 인격장애와 혼동하곤 한다. 하지만 반사회적 인격장애자는 냉정하고 내면이 텅 비어 있으며, 비상식적으로 부풀려진 자신에 대한 이미지에 집착하므로 절대 자신을 해치지 않는다. 그들은 언제나 타인을 해친다. 결국, 나르시시즘으로 자신을 보호하는 셈이다. 반대로 타인에 대한 의존 성향을 보이는 경계성 인격장애 환자는 자신을 해친다.

정신과입원병동 3층에는 성범죄자를 담당하는 부서가 있었다. 성범죄자 담당 팀의 구성원 중 일부는 캐나다에서 교육받고 왔다. 나는 다수의 성범죄자를 평가한 경험이 있었으므로 그 분야를 조금 아는 편이었다. 동료 의사, 간호사 들과 함께 진료 계획을 면밀히 검토하면서 우리는 그룹 치료에 기초한 6개월짜리 프로그램을 내놓았다. 프로그램의 첫 번째 세션은 2007년 9월에 시작했다. 그렇게 성범죄자치료병동(UHILIS, unité hospitalière et de liaison pour infracteurs sexuels)이 탄생했다.

우리의 계획은 개별적인 상담과 약물 치료를 비롯해 광범위하고 다양한 정신요법을 제시하는 것이었다. 환자는 소그룹으로 나뉘어서 간호사의 유도에 따라 동의서에 서명했다.

한 그룹에서는 정신역학적인 접근을 통해 성범죄 행위의 의미를 찾는 작업을 했다. 어떤 강간범은 항상 같은 타입의 여자만 공격한다고 한다. 이것이 그에게 어떤 의미가 있을까? 그의 개인사에서 나타난 심리적인 표상은 무엇이며, 그것이 형성된 이유와 방법은 어떤 것일까? 반대로 어떤 행동의 의미와 상징을 찾으려 하지 않고 인지적 행동 치료로 교정하는 데 집중하는 그룹도 있었다.

재범을 예방하는 방법은 환자와 함께 불법행위가 일어난 연쇄반응을 밝혀내는 작업에서부터 시작한다. 연쇄반응이 무엇인지 밝히면 환자가 자신의 위험 행동이 무엇인지 알 수 있게 된다.

예를 들어 어떤 강간범은 동거녀와 다툰 후 술을 마시고, 밤이 되자 기계적으로 차를 몰고 텅 빈 주차장으로 갔다. 맨 처음 지나가는 여자를 강간할 셈이었다. 이 상황 전체를 에로틱한 욕망의 도식이 지배한다. 다투고 술을 마신 후 밤에 혼자 차를 몰면서 환자는 흥분하기 시작했으며, 이 감정은 순식간에 성적 흥분으로 바뀌었고, 강간에서 정점에 이르렀다. 환자가 이를 알아채기는 어려웠을 것이다(아니, 절대 알아채지 못했을 것이다). 그런데 자신이 하는 행동의 의미를 분명히 인식한다면 차에서 즉시 다시 내리기로 쉽게 결정할 수 있다.

환자가 행동의 의미를 인식하게 하는 작업을 하고자 전문적으로 훈련한 간호사가 각자가 맡은 그룹의 환자에게 피해자의 모습을 담은 영상을 틀어주었다. 또한, 사회성을 기르는 훈련을 중점적으로 하면서, 환자에게 가계도를 그려보게 하였다. 가계도를 통해 근친 강간범의 가계 내에서 자주 나타나는 암묵적인 비밀, 세대 간 근친상간, 가족 내에서 피해자의 위치 등을 연구할 수 있다.

치료 세션은 계속 이어졌다. 나는 여러 그룹을 담당하며, 환자를 개인적으로 만나서 요청받으면 성욕을 억제하는 약을 처방해주었다. 부끄러워하는 이들도 있고, 허세를 부리는 이들도 있었다. 충동 조절이 안 되는 사람, 코카인중독자, 실패자, 알코올중독자, 병적인 거짓말쟁이, 그들 모두 우리와 다를 바 없었다.

정신이 분열된 환자와 함께 일하다 보면 인간성이 형성되는 과정이 얼마나 복잡한지를 깊이 생각하게 된다. 환자 중에는 어릴 적에 학대를 당한 경우가 많았다. 그중에는 실제라고는 믿기 어려울 만큼 끔찍한 경험을 한 이들도 있었다. 그런 경험은 슬프고 끔찍해도 그나마 흔히 벌어지는 일일 때도 있지만, 당황스러울 정도로 꼼꼼하게 극악무도할 때도 있었다. 사실 그런 경험이 어땠는지는 크게 중요하지 않았다. 중요한 건 이를 통해 환자가 알지 못하는 실제 이야기가 드러나는 것이었다. 그러한 실제 이야기가 환자가 무의식적으로 한 행동의 기반이 되기 때문이었다.

우리는 때때로 치료에 성공했다. 교도소에서 감사 편지를 보내는 환자도 있었다. 그들 중에는 무거운 형을 선고받고 수감 생활을 끝까지 마쳐야 하는 이들도 있었다. 프랑스에서 유일한 성범죄자치료병동은 프랑스국립의학아카데미에서 상을 받기도 했다. 열두 번째 치료 세션은 2014년 9월부터 시작되었다.

인간은 고귀한 영혼과
어둠을 함께 갖고 있다

지역정신보건센터의 센터장을 맡고 몇 주 후에 아버지가 돌아가셨다. 다음 해에 1년 임기로 앙리콜랭병동의 책임자 대리직에 임명되었다. 그리고 또 다음 해에는 어머니가 돌아가셨고, 나는 기운이 완전히 빠져버렸다. 결국, 나는 프렌지역정신보건센터장 하나만 맡고 계속 관심을 쏟던 프로젝트를 실현하는 데 집중하기로 했다. 폴기로병원 내에 60병상 규모의 특수 병동을 만드는 일이었다. 이 병동에 정신과 입원이 필요한 일드프랑스(Ile-de-France) 지역의 수감자를 수용하여 환자에게 맞춤식 치료를 할 계획이었다. 여름이 시작될 무렵 건축 공모를 시작했고, 2011년 11월 차가운 비가 내리는 가운데 첫 삽을 떴다. 그리하여 완공된 폴베를렌(Paul-Verlaine)특수병동(UHSA, unité hopitalière spécialement aménagé)은 2013년 4월 어느 아침에 첫 환자를 받았다. 베를렌은 살인자가 될 뻔 했고(아르투르 랭보에게 총을 쏨), 어쩌면 소아성애자였을지도 모르고(남학생 몇 명을 유혹함), 알코올중독에 시달렸다. 벨기에에서 투옥되었을 때 감방 안에서 『예지(Sagesse)』를 썼다. 나는 '폴 베를렌'이라는 한 환자, 그리고 모든 환자에게 경의를 표시하고 싶었다. "희망은 외양간의 지푸라기처럼 빛난다……."

지역정신보건센터와 특수병동은 이제 핵심 기관이 되었다. 의사, 간호사, 관리자, 비서, 임상심리사, 사회복지사, 구급차 기사 등 직원 200명이 근무한다. 보건 구역, 간호 배치, 돌봄 제공 같은 새로운 개념을 도입하여 환자가 겪는 어려움에 대처할 수 있는 치료 방법이 무엇인지 판별할 수 있게 되었다. 이것이 바로 환자 맞춤형 기관이다. 핵심 기관이라는 이름에 걸맞은 여러 서비스를 단계적으로 해나가고 있기도 하다. 프렌센터의 분원을 순회하며 진찰과 치료를 하고, 수감자 중 마약과 알코올에 중독된 이들의 치료와 약물중독 예방 사업(수감자를 위한 중독치료·보조·예방센터(CSAPA, Centre de soin, d'accompagnement et de prévention en addictologie) 운영)을 한다. 수감된 환자들이 낮 동안 교도소 내 정신과입원병동에 상주하며 치료받을 수 있게 하고, 폴베를렌특수병동과 폴기로병원에 입원할 수 있도록 주선하기도 한다.

출소할 때 환자가 형법상 강제 치료 대상이거나 아니더라도 본인이 원한다면 폴기로병원에 있는 정신보건센터에서 외래 진료를 받을 수 있는데, 환자 자신의 행동에 중점을 둔 특별 치료를 받게 된다. 금세라도 무너질 것 같지만 계속 사용하고 있는 조악한 임시 건물에서 옛 강간범, 과거를 후회하는 살인범, 소심한 소아성애자, 불쾌하거나 거만하거나 불안정한 표정을 짓는 불량배 들이 복도에 놓인 접의자에 앉아서 대기한다. 센터에는 접수실이 없고 전용 번호가 따로 있는 전화로 연락한다. 환자들은 약속 시간을 잡을 때 강제 치료 통지문을 지참하고 병원에 나오라는 안내를 받지만, 통지문을 가져오는 사람은 아무도 없다.

"형을 선고받은 이유가 무엇입니까?"

"아, 그거요? 내가 조카딸의 엉덩이에 손을 대서 그렇다더군요……."

그러면 다시 처음부터 시작한다. 행동을 검토하기, 취약성을 인식하기(사춘기 이전 어린이에게 성적인 관심을 품는 것을 소아성애라고 부른다는 것), 치료를 성실히 받겠다는 약속 받기, 정서적인 반응 찾기 등이다. 진료 팀은 정신과 의사, 임상심리사, 전문 간호사, 비서, 사회복지사들로 구성된다. 이 프로젝트는 전임 센터장의 혜안으로 10년 전에 시작되었는데, 지역정신보건센터는 이에 대한 재정적 지원을 한 푼도 받지 못했다. 지속해서 유지할 수 있도록 모든 수단을 동원하였다. 우리 동료들은 환자를 상담하고자 반나절, 혹은 몇 시간 이리저리 짬을 내야 했다. 현재 적어도 1년에 한 번 치료받는 환자 수가 수백 명이며, 매년 1000번이 넘는 문제 행동이 일어나고 있다.

형법상 강제 치료를 하다 보면 복잡한 감정이 든다. 몇 달 전 상습 성추행범 환자에게 성욕 억제 치료를 하던 중 딜레마에 부딪힌 적이 있다. 언론에서 '화학적 거세'라고 부르는 치료인데, 이 용어는 과학적으로 틀렸다. 정말 '거세'한 것처럼 근본적으로 성욕을 없애는 것이 아니라서 치료를 중단하면 성욕이 온전히 다시 돌아오기 때문이다. 환자는 머리가 좋고 활력이 넘치는 엔지니어였는데, 성추행으로 수없이 교도소를 들락거리던 끝에 성욕 억제 치료를 해달라고 요청해왔다. 성범죄자치료병동에 다녀봤지만 다시 범죄를 저질렀기 때문이었다. 그는 아내를 사랑했다. 하지만 그가 교도소에 있는 동안 첫 아이를 임신 중이던 아내는 남편과 헤어지려는 마음을 굳히고 있었다. 특히 심각했던 마지막 범죄를 저지른 후, 마침내 환자는 자신이 안정을 찾아야 구제받을 수 있다는 사실을 깨닫고 다시는 추락하지 않겠다고 다짐했다. 트립토렐린(triptorelin)은 테스토스테론(testosterone, 정소에서 분비되는 대표적인 남성호르몬-편집자 주)의 분비를 조절하는 뇌의 부위인 시상하부에 직접 작용하는 약물이다. 효과가 탁월하며 3개월마다 근육주사로 투여해야 한다.

치료를 받자 환자의 성욕이 감퇴했고 안정감을 느끼기 시작했다. 그는 예전에는 신체 노출을 하고 싶다는 생각이 들면 일하러 가지도 않고 여러 시간 동안 숨어서 피해자를 물색하며 기다렸다고 내게 털어놓았었다. 그러나 이제 그런 일은 전혀 없으며 다시 태어난 것 같다고 했다. 아내는 성적인 면에서 요구가 많은 편이 아니고, 딸이 자라고 있었다. 그는 주말마다 집에 가서 아이를 만날 수 있는 면접권이 있었는데 횟수가 이틀에 한 번으로 늘어났다. 그러다 혼자 머무는 원룸을 비우고 집에 들어가 함께 살게 되었다. 치료가 성공적으로 진행된 덕분에 무기 계약직으로 일자리를 구할 수 있게 되었다. 아이 방을 공사하기로 했다며 환자가 자랑스러운 표정을 지으며 휴대전화에 저장된 사진들을 보여주었다. 마흔 살이 다 되어가는 아내는 둘째 아이를 갖고 싶어했다. 환자는 내게 치료를 멈춰 달라고 요청했다. 지금의 안정적인 생활이 무엇보다 소중하며 결코 잃고 싶지 않다고 했다. 나는 어떻게 해야 할지 알 수 없었다. '강제 치료'라고는 하지만 중환자병동이 아니므로 환자의 의사에 반하여 치료를 강제로 받게 할 수는 없다.

나는 환자와 함께 신중하게 생각한 끝에 약물 투여를 중지하기로 했다. 마지막으로 주사를 맞고 몇 달 후 그의 아내가 임신했고, 아들을 출산했다. 그리고 그는 더는 치료를 받고 싶지 않다고 했다. 이제 위험하다는 느낌이 들지 않는다는 것이다. 나는 한 달에 한 번, 담당 심리상담사는 일주일에 한 번 그를 만나고 있다. 부부는 집을 살 계획도 세우고 있다. 그 환자는 성범죄자치료병동에 끈으로 매인 듯 계속 와야 한다.

폴기로병원에 직접 차를 몰고 온 한 집안의 가장도 있다. 나는 약간 통통한 그 남자의 이야기도 오래 들어주고 싶다. 사람 사이의 믿음은 과학의 영역이 아니다. 그래도…….

요즘 나는 환자를 직접 진료하지 않는다. 정말로 원하지 않았지만 조직을 관리하는 일에 발목이 붙잡혔다. 현장에서 활동하면서 느꼈던 기쁨은 무척 컸다. 현장에서는 배치하고, 구성하고, 조직화하고, 동기를 주고, 방향을 제시하고, 상상력을 발휘해야 한다. 내가 예전에 그랬던 것처럼 동료 의사들이 특수병동에 오는 환자, 프렌교도소에 처음 온 환자, 정신과입원병동에 들어가는 피로에 지친 수감자, 자신이 복용하려 하거나 동료의 협박에 못 이겨 아편 유사제를 요구하는 중독 환자들을 치료하고 그들의 이야기에 귀를 기울인다. 각 병동에서 주 중에 여러 번 열리는 임상회의에 참석하면 치료가 어느 정도 진전되고 있는지 알 수 있다. 지역정신보건센터와 특수병동에 인턴을 네 명 더 증원하고, 대학과 제휴하여 젊은 정신과 의사를 위한 세미나를 열기도 한다.

매달 센터 내에서 환자 공개 상담이 진행한다. 법의학적인 문제를 좀 더 다각적으로 논의하기 위한 자리다. 환자는 물론 사전에 통지를 받고 동의한 상태지만 간호진, 의료진, 사무직원, 세미나에 등록한 인턴 등 30여 명의 사람을 앞에 두면 놀라고 긴장하게 된다. 그래도 대부분 환자가 아는 이들이다. 방 안에 있는 다른 이들을 환자와 나누는 대화와 분리하는 것이 기술의 핵심이다. 마치 우리 둘밖에 없는 것처럼 환자는 오로지 나에게만 이야기하고, 나는 환자에게만 이야기한다. 환자가 사람들에게 둘러싸여 있다는 걸 잊어야 감춰진 내면이 드러난다.

물론 성공적인 상담을 할 때가 많지만 무미건조한 이야기가 나올 때도 간혹 있다. 상담에서 중요한 건 범죄행위가 있기 전 마지막으로 사진처럼 찍힌 과거의 삶, 심리적 상태, 사건의 진행 과정 등을 드러나도록 하는 것이다.

"그래서 무슨 일이 있었던 겁니까?"

"그 여자가 나를 조롱하자 더는 아무 생각도 나지 않았어요. 여러 사람의 목소리가 들려서 정신이 혼란스러웠죠. 그 사람들이 전화로 나한테 나쁜 짓을 저지르라고 하는데 너무 이상했어요. 그래서 나는 더는 견딜 수가 없어서 마약을 하고 위스키를 마셨죠. 술을 계속 마셨어요. 하루는 여자가 나를 배신했다는 걸 알게 됐는데, 성관계 도중에 여자가 나를 비웃었어요. 목소리들이 내게 '그 여자를 죽여, 죽여.'라고 말했어요. 견디지 못하고 여자의 목을 졸랐어요. 여자는 울었죠. 무엇에 홀린 듯 여자를 매달았어요. 목소리들이 어서 하라고 부추겼지요. 그래서 나는 여자를 칼로 여러 번 깊숙이 찔렀어요."

"얼마나요?"

"예순 번, 그쯤 찔렀다더군요. 내가 정말 그랬는지 믿을 수 없어요. 여자가 무슨 샌드백이라도 되는 것처럼 찔렀어요. 후회해요. 나는 그 여자를 사랑했어요……."

침묵에 잠긴 방 안에 벅찬 감정이 넘실거린다. 그 감정에는 환자에 대한 존중의 마음도 담겼다. 그는 우리에게 자신의 내면을 선물해주었고, 그것은 품격과 신뢰가 담긴 행동이었다. 환자가 퇴장하면 우리는 진단, 치료법, 예후를 논의하고 토론한다. 어떤 동료는 환자가 조현병에 걸렸다고 생각한다. 목소리들이 자신을 조종하고 괴롭힌다고 믿기 때문이다. 경계성 인격장애라고 생각하는 동료도 있다. 중독적이고 취약하며 정신병질적 일탈을 보이기 때문이다. 무엇보다 옆에 누가 없으면 견디지 못하는 의존 우울증과 약물이나 알코올에 의존하는 성향을 보면 더욱 의심이 간다는 것이다.

이렇게 최대한 임상적으로 정확하게 접근하며 치료하려는 열정이 독자에게 전해지길 바란다. 법정신의학계에서 일하면서 심연에 대한 나 자신의 불안감뿐만 아니라 두려움의 실체를 극복하려고 노력해왔다. 공포의 모습은 개별적인 동시에 보편적이다. 로트레아몽과 랭보에 푹 빠졌던 이후, 환자를 만나며 나는 끝없는 인간의 고통을 접하고 저주받은 진실에 가까이 갔다. 환자들은 매번 내게 충격을 주었다.

결국, 나는 인간은 여러 색깔로 이루어졌으며, 각자 고귀한 영혼과 어둠을 한 조각씩 가졌다고 믿는다. 누구를 만나더라도 때로는 악마를, 때로는 천사를 보았지만 그 때문에 절망한 적은 없었다. 살짝 내

비치는 진솔함이 기회이고, 감정 하나하나가 인간성을 되살릴 가능성이다. 끔찍한 범죄를 저지른 자들을 마주할 수 있는 건, 그들이 아주 조금 보여주는 본연의 모습에 공감하게 되는 순간이 있기 때문이다. 그런 순간을 붙잡아서 받아들이는 것이 환자를 치료하는 우리의 과제다.

나는 '공감(empathy)'이라는 말을 자주 언급해왔다. 이는 정신과 전문의로서 환자를 만나고 모든 치료를 하는 데 핵심적인 개념이기 때문이다. 공감은 다른 사람의 자리에 자신이 서 보고, 그의 고통과 약함을 이해하려고 시도하는 능력이다. 또한, 환자의 치료가 잘될지 알아보는 시금석이기도 하다. 내가 그를 이해하려고 노력하므로 환자 역시 나를 이해하려고 할 수도 있고, 그리하여 결국 그가 자신을 비춰볼 수 있다면 언젠가 완전히 나을 수 있지 않을까…….

목소리, 살인, 소멸에 대한 두려움, 신성한 임무를 받았다는 확신 등 환자가 어떤 일을 저질렀는지, 무엇을 느꼈는지를 진심으로 털어놓을 때 나는 언제나 고마움을 느낀다. 이러한 신뢰를 받는다는 건 영광스러운 일이라, 환자에게도 항상 그렇게 이야기한다. 그리 흔한 일은 아니지만 때때로 상담하며 두려움과 불안감이 섞인 감정, 자아가 폭발하는 듯한 이상한 느낌, 끔찍한 것이 들러붙어서 손을 박박 씻거나 큰 잔에 물을 가득 담아 마시고 싶은 욕구가 들기도 한다.

하지만 나 자신도 정신병에 걸린 것 같은 당황스러운 느낌은 치료가 성공적으로 이루어지고 있다는 의미이기도 하다. 환자는 실컷 울고 나서 후련해진 아이처럼 한결 가뿐해한다. 전이는 실제로 이루어진다. 우리가 모두 시간 속에 던져진 빛과 같은 존재이기 때문이다. 우리는 서로서로가 필요하다.

10대였을 때 나는 음악을 살아 숨 쉬게 하고 싶어서 연주자나 작곡가보다는 지휘자가 되고 싶었다. 음악은 무(無)에서 나와서 어디론가 사라진다. 달리기할 때도 마찬가지다. 한 발 한 발 내디딜 때마다, 숨을 내쉴 때마다 우리의 영혼이 육체를 초월해 날아가는 느낌이 든다. 아스팔트를 딛는 운동화의 규칙적인 리듬, 이마에 맺힌 땀방울을 식혀주는 아침 바람, 귀에 꽂힌 이어폰에서 들려오는 음악 소리. 영원이 펼쳐지는 느낌이다. 환자는 우리의 인생과 진료실을 가로질러간다. 쓸쓸하거나 사람들이 꽉 찬 진료실에서 환자는 모두 내게 경악할 만큼 기이한 단서를 조금씩 남겨주었고, 나는 그 단서를 모아 수수께끼를 풀려고 애쓴다. 정신과 병동은 살아 있고, 사람들이 살아가는 곳이다. 또한, 아름다운 선율이 흘러나올 수 있도록 떨림을 만들어내야 하는 악기이기도 하다.

마갈리 보동 브뤼젤

인간성에 대한 고귀한 희망과 믿음

이 책을 처음 접할 때는 어떤 이야기를 담고 있을지 쉽게 예상할 수 없었다. 올리버 색스의『아내를 모자로 착각한 남자』와 비슷한, 따뜻하고 감동적인 정신의학 교양서이리라 짐작했다. 그런데 읽을수록 끔찍한 내용에 등골이 오싹하고 마음이 무거워졌다. 아마 아무런 사전 지식 없이 이 책을 읽기 시작한 독자도 그런 느낌이 들 것 같다.『엄마를 요리하고 싶었던 남자』가 '진짜' 엄마 머리를 잘라서 갖은 양념을 넣고 냄비에 삶아 요리로 만들어버렸을 줄 누가 알았겠는가!

예상하던 내용과는 전혀 달랐지만, 이 책을 번역하고 싶다는 생각이 든 이유는 저자인 정신과 의사 마갈리 보동 브뤼젤에게서 무척 감명을 받았기 때문이다. 그녀는 자신의 직업을 사랑하고 열정을 다하며, 동료와 환자 모두에게 신뢰받는 인간미 넘치는 의사다(여성이라 더욱 좋았다). 소설 속 주인공으로 삼아도 좋을 만큼 흥미로운 인물이다. 공동 저자인 소설가 레지 데코트는 브뤼젤에게서 착안한 인물을『38 병동』이라는 소설에 주인공으로 등장시켰고, 그는 이 작품으로 큰 인기를 누렸다.

마갈리 보동 브뤼젤은 원래 오케스트라 지휘자가 되고 싶었지만, 의사였던 엄마의 권유로 의대에 들어가고, '광기'에 흥미를 느껴 정신과로 진로를 정한다. 인간 내면을 탐구해야 하는 정신과 의사였던 만큼 문학에도 관심이 많았다. 소아청소년 정신병원, 부유층이나 노인이 주로 입원하는 요양병원 등에서 경력을 쌓았다. 이후 법정신의학을 공부하여 교도소에 수감된 정신질환자들을 치료하는 일을 하게 되었으며, 현재 프랑스 프렌교도소 지역정신보건센터와 정신과 핵심 기관장을 맡고 있다.

요즘 우리 사회에서는 정신과의원을 찾는 환자가 꾸준히 증가하고 있다. 조현병 환자가 몇 년 새 부쩍 늘었다고 한다. 경쟁과 개인주의가 심화하여 스트레스와 불안을 양산하는 현대사회의 우울한 단면일 것이다. 여기에서 나아가 정신질환자들이 방화, 살인, 강간 등의 형태로 저지르는 '묻지마 범죄'도 증가하는 추세라고 한다.

엄마를 죽이고 머리를 잘라 요리로 만든 남자, 세 아이를 차례로 목 졸라 죽인 엄마, 주치의를 토막 살해한 남자, 애인의 머리를 도끼로 내려친 남자…….

브뤼젤이 만난 환자들은 상상조차 하기 힘든 끔찍한 범죄를 저지른 정신질환자들이다. 반인륜적 범죄는 요즘 관련 보도가 부쩍 늘어 자주 목격하게 된다. 딸아이를 죽이고 미라가 되도록 방치한 아버지, 어린 아들을 구타하고 죽인 계모……. 차마 인간이 다른 인간에게 저지를 수 있으리라 생각지 못한 일을 저지른 사람을 보면, 저들도 똑같은 일을 당해야 한다고 나도 모르게 저주하게 된다. "만일 네가 괴물의 심연을 오랫동안 들여다보고 있으면, 심연도 네 안으로 들어가 너를 들여다본다." 는 니체의 말이 이해되는 순간이다. 그러나 가장 인상적이었던 점은 브뤼젤이 그토록 많은 '심연'을 들여다보았으면서도 그 자신이 '심연'이 되지 않았다는 것이었다. 인간에 대한 냉소보다는 인간성에 대한 희망과 기대를 버리지 않는다. 그녀는 그들이 저지른 '범죄'가 아닌 '병'에 시선을 맞춘다. 감정에 휘둘리지 않고 지극히 과학적인 관점에서 병을 바라보고, 환자를 그 병과 함께 싸우는 '동료'로 여긴다.

"장애에 대해 깊이 생각하면서 나는 "병들었다"는 말을 "증상이 있다"로 바꿀 수 있음을 알게 되었다. 우리는 환자에게 그의 인간성은 온전하며 그의 존재는 손상되지 않았지만, 취약한 부분이 생겨서 계속 주의해서 관찰해야 하며, 틈날 때마다 조절해줘야 한다고 이야기했다. 그 약한 부분과 더불어 계속 살아갈 수 있다는 이야기도 빼놓지 않았다. 완벽한 사람은 아무도 없다! (Nobody's perfect!)"

번역을 하며 이 대목이 가장 인상적이었다. 20년 넘게 고질적인 알레르기 비염을 앓고 있어서 더욱 와 닿았는지도 모르겠다. 정신질환과 약물치료에 관한 선입견도 내려놓을 수 있었다. 뜻밖에도 때로는 피해자가 아닌 가해자에 대한 공감, 감정이 아니라 이성이 '인간성'을 더욱 완성해줄 때가 있다는 생각도 해 보게 되었다.

머지않아 인공지능과 로봇이 인간의 일자리를 모두 대신하고, 결국 대다수 인간은 기계, 혹은 기계를 지배하는 소수의 인간의 노예가 된다는 심란한 전망이 나오고 있다.

인공지능은 점점 발달하여 '초지능'이 되어, 결국 모든 것을 결정하게 되고 '인간은 필요 없다'는 결론을 내리게 되어 인간이 멸망할 수도 있다고 예견하는 이들도 있다. 인간이란 세상에 꼭 필요한 존재인가? 과연 인간은 무엇인가, 인간성이란 무엇인가 하는 고찰은 어쩌면 생존을 위해 꼭 필요한 물음이 되었는지도 모르겠다.

이 책은 이러한 물음들에 새로운 관점을 제시해준다. 인간의 정신은 수많은 고귀한 가치를 만들어내기도 하지만, 병이 들어 가장 끔찍한 망상을 만들어낼 수도 있다. 인간은 고귀한 이상도, 끔찍한 망상도 실현할 수 있는 존재다.

결국 '인간성'에 대한 논의는 인간의 이런 면들을 인정하고 받아들이는 것에서부터 시작한다는 생각이 든다. 이 책은 인간의 다양한 모습에 대해, 그런 모습을 대하고 받아들이는 '태도'에 대해 보여준다.

이희정

용어 해설

성범죄자치료병동(UHILIS, Unité hospitalière et de liaison pour infracteurs sexuels)

순회 진료와 간호국(UCSA, Unité de consultation et de soins ambulatoires)

시판 허가량(AAM, Autorisation de mise sur le marché)

정신과입원병동(UPH, Unité psychiatric d'hospitatlisation)

정신과중환자병동(UMD, Unité pour malades difficiles)

중독치료 · 보조 · 예방센터(CSAPA, Centre de soin, d'accompagnement et de prévention en addictologie)

지역정신보건센터(SMPR, Service médico-psychologique régional)

특수병동(UHSA, Unité hopitalière spécialement aménagé)

강박장애(Obsessive compulsive disorder) : 원하지 않는 강박적 행동과 말을 반복하는 정신질환.

동반 자살(suicide accompanied) : 중요한 사람을 함께 죽음으로 이끄는 자살 행동. 그를 잃거나 떠나고 싶지 않아서 시도하는 경우가 많다.

망상(Delusions) : 현실감을 잃은 환자가 보여주는 다양한 방식의 잘못된 확신.

망상장애(Delusional disorder) : 괴이하지 않은 체계적인 망상이 지속되는 만성적인 정신과 질환.

무관심(Incurique) : 외모를 가꾸거나 씻는 데 전혀 관심이 없고 할 수도 없는 상태.

반사회적 인격장애(사이코패스, Psychopath) : 반사회적인 행동, 공감 결여, 충동적인 성격, 자기도취적인 측면 등으로 규정할 수 있는 인격장애.

세로토닌계 항우울제(serotonergic antidepressant) : 세로토닌(serotonin)의 재흡수를 억제하는(SRI, serotonin reuptake inhibitor) 항우울제. 세로토닌은 뇌의 시상하부 중추에 존재하는 신경전달물질이며, 분비량이 적어지면 우울증과 불안증 같은 기분장애가 올 수 있다. 세로토닌계 항우울제는 세로토닌의 분비량을 늘려서 기분장애를 막는 약물이다.

신경이완제(Neuroleptic) : 항정신병제 참조

실인증(失認症, Agnosia) : 병이나 장애를 인식하지 못하는 증상. 이 증상 자체가 병이 원인인 경우가 많다.

실행증(Apraxia) : 운동이나 몸짓을 할 수 없는 장애. 조현병, 중증 우울증, 일부 신경 장애 환자에게서 관찰된다.

우울성 혼미(Depressive stupor) : 중증의 우울 상태에서 자발적인 행동이나 의사 표현이 거의 없거나 상실된 상태.

이타적 자살(altruistic suicide) : 중요한 사람을 보호하고자 함께 죽음으로 이끄는 자살 행동.

조울증(Bipolar disorder) : 양극성기분장애라고도 하며, 기분이 들뜨는 조증과 가라 앉는 울증이 나타나는 기분장애.

조현병(Schizophrenia) : 성인 초기에 발병하는 정신질환으로 현실 감각을 점차 상실하는 것이 특징이다.

증후학(Semiology, Symptomatology) : 임상 증상에 대한 연구.

치료 순응(Compliance) : 치료를 순순히 받아들이고 잘 받는 환자의 태도.

클라이노필리아(Clinophilia) : 하루 내내 아무것도 하지 않고 깨어 있는 동안에도 여러 시간 동안 침대에 누워 있기를 좋아하는 성향.

편집망상(Paranoid delusions) : 조현병의 주된 망상적 증상. 환각, 환상, 상상, 해석 등 종류가 다양하며, 체계적이거나 조직적이지 않다. 다시 말해 어떤 내부적인 논리가 없다.

항불안제(Anxiolytic) : 불안 증상을 완화하거나 억제하는 작용을 하는 약.

항우울제(Antidepressants) : 환자의 기분을 회복시켜주는 작용을 하는 약.

항정신병제(Antipsychotics) : 망상, 환각, 각종 결핍 증상, 광적 흥분, 망상적 우울감 등 정신 증상을 완화하는 약. 신경이완제도 항정신병제로 작용한다.

환각(Hallucinations) : 대상 없는 지각. 감각기관을 자극하는 외부 자극이 없는데도 마치 있는 것처럼 지각함.